卞尺丹几乙し丹卞と
Translated Language Learning

Das Bildnis von Dorian Gray
(Erster Teil)

The Picture of Dorian Gray
(Part One)

Oscar Wilde

Deutsch / English

Copyright © 2024 Tranzlaty
All rights reserved
Published by Tranzlaty
ISBN: 978-1-83566-274-8
The Piture of Dorian Gray
Original text by Oscar Wilde
First published in 1891
www.tranzlaty.com

Forward
Preface

Der Künstler ist der Schöpfer schöner Dinge
The artist is the creator of beautiful things

Kunst zu enthüllen und den Künstler zu verbergen, ist das Ziel der Kunst
To reveal art and conceal the artist is art's aim

Der Kritiker ist derjenige, der seinen Eindruck von schönen Dingen in eine andere Art und Weise oder in ein neues Material übersetzen kann
The critic is he who can translate into another manner or a new material his impression of beautiful things

Die höchste wie die niedrigste Form der Kritik ist eine Art der Autobiographie
The highest as the lowest form of criticism is a mode of autobiography

Diejenigen, die hässliche Bedeutungen in schönen Dingen finden, sind korrupt, ohne charmant zu sein
Those who find ugly meanings in beautiful things are corrupt without being charming

Das ist ein Fehler
This is a fault

Diejenigen, die schöne Bedeutungen in schönen Dingen finden, sind die Kultivierten
Those who find beautiful meanings in beautiful things are the cultivated

Für diese gibt es Hoffnung
For these there is hope

Sie sind die Auserwählten, für die schöne Dinge nur Schönheit bedeuten
They are the elect to whom beautiful things mean only beauty

So etwas wie ein moralisches oder ein unmoralisches Buch gibt es nicht
There is no such thing as a moral or an immoral book

Bücher sind entweder gut geschrieben, oder schlecht geschrieben, das ist alles
Books are either well written, or badly written, that is all

Die Abneigung des neunzehnten Jahrhunderts gegen den Realismus ist die Wut von Caliban, der sein eigenes Gesicht in einem Glas sieht
The nineteenth century dislike of realism is the rage of Caliban seeing

his own face in a glass

Die Abneigung des neunzehnten Jahrhunderts gegen die Romantik ist die Wut von Caliban, der sein eigenes Gesicht nicht in einem Glas sieht

The nineteenth century dislike of romanticism is the rage of Caliban not seeing his own face in a glass

Das sittliche Leben des Menschen gehört zum Gegenstand des Künstlers

The moral life of man forms part of the subject-matter of the artist

Aber die Moral der Kunst besteht im vollkommenen Gebrauch eines unvollkommenen Mediums

but the morality of art consists in the perfect use of an imperfect medium

Kein Künstler will irgendetwas beweisen

No artist desires to prove anything

Sogar Dinge, die wahr sind, können bewiesen werden

Even things that are true can be proved

Kein Künstler hat ethische Sympathien

No artist has ethical sympathies

Eine ethische Sympathie für einen Künstler ist ein unverzeihlicher Manierismus des Stils

An ethical sympathy in an artist is an unpardonable mannerism of style

Kein Künstler ist jemals morbide

No artist is ever morbid

Der Künstler kann alles ausdrücken

The artist can express everything

Das Denken und die Sprache sind für den Künstler Instrumente einer Kunst

Thought and language are to the artist instruments of an art

Laster und Tugend sind für den Künstler Stoff für eine Kunst

Vice and virtue are to the artist materials for an art

Vom Standpunkt der Form aus gesehen ist der Typus aller Künste die Kunst des Musikers

From the point of view of form, the type of all the arts is the art of the musician

Vom Standpunkt des Gefühls aus gesehen ist das Handwerk des Schauspielers der Typus

From the point of view of feeling, the actor's craft is the type

Alle Kunst ist Fläche und Symbol zugleich

All art is at once surface and symbol

Diejenigen, die unter die Oberfläche gehen, tun dies auf eigene Gefahr
Those who go beneath the surface do so at their peril
Wer das Symbol liest, tut dies auf eigene Gefahr
Those who read the symbol do so at their peril
Es ist der Zuschauer und nicht das Leben, das die Kunst wirklich widerspiegelt
It is the spectator, and not life, that art really mirrors
Die Meinungsvielfalt über ein Kunstwerk zeigt, dass das Werk neu, komplex und lebendig ist
Diversity of opinion about a work of art shows that the work is new, complex, and vital
Wenn Kritiker anderer Meinung sind, ist der Künstler mit sich selbst im Reinen
When critics disagree, the artist is in accord with himself
Wir können einem Menschen verzeihen, wenn er etwas Nützliches macht, solange er es nicht bewundert
We can forgive a man for making a useful thing as long as he does not admire it
Die einzige Entschuldigung dafür, etwas Unnützes zu machen, ist, dass man es intensiv bewundert
The only excuse for making a useless thing is that one admires it intensely
Alle Kunst ist ganz nutzlos
All art is quite useless

OSCAR WILDE

Erstes Kapitel
Chapter One

Das Atelier war erfüllt vom reichen Duft von Rosen
The studio was filled with the rich odour of roses
der leichte Sommerwind regte sich zwischen den Bäumen des Gartens
the light summer wind stirred amidst the trees of the garden
und durch die offene Tür drang der schwere Duft des Flieders
and there came through the open door the heavy scent of the lilac
und da kam der zartere Duft des rosa blühenden Dorns
and there came the more delicate perfume of the pink-flowering thorn
Von der Ecke des Diwans mit persischen Satteltaschen, auf denen er lag
From the corner of the divan of Persian saddle-bags on which he was lying
er rauchte, wie es seine Gewohnheit war, unzählige Zigaretten
he was smoking, as was his custom, innumerable cigarettes
Lord Henry Wotton fing den Glanz der honigfarbenen Blüten eines Goldregens ein
Lord Henry Wotton caught the gleam of the honey coloured blossoms of a laburnum
ihre zitternden Zweige konnten kaum die Last ihrer flammenartigen Schönheit tragen
their tremulous branches could hardly bear the burden of their flamelike beauty
Fantastische Schatten von Vögeln huschten über die langen Tussore-Seidenvorhänge
fantastic shadows of birds flitted across the long tussore-silk curtains
die Vorhänge, die vor dem riesigen Fenster gespannt waren
the curtains that were stretched in front of the huge window
die Vorhänge erzeugten eine Art momentanen japanischen Effekt
the curtains produced a kind of momentary Japanese effect
er musste an diese bleichen, jadegesichtigen Maler von Tokio denken
he had to think of those pallid, jade-faced painters of Tokyo
sie versuchen, das Gefühl von Schnelligkeit und Bewegung durch das Medium einer Kunst zu vermitteln, die notwendigerweise unbeweglich ist
they seek to convey the sense of swiftness and motion through the medium of an art that is necessarily immobile

Ein mürrisches Murmeln der Bienen, die sich ihren Weg durch das hohe Gras bahnten
There was a sullen murmur of the bees shouldering their way through the long grass
die Bienen kreisten um die staubigen vergoldeten Hörner der umherirrenden Binse
the bees circled round the dusty gilt horns of the straggling woodbine
ihr monotones, beharrliches Summen schien die Stille noch beklemmender zu machen
their monotonous insistent buzzing seemed to make the stillness more oppressive
Das dumpfe Dröhnen Londons war wie der Bourdon-Ton einer fernen Orgel
The dim roar of London was like the bourdon note of a distant organ
In der Mitte des Raumes stand das Ganzkörperporträt eines jungen Mannes
In the centre of the room stood the full-length portrait of a young man
Das Porträt des jungen Mannes war an eine aufrechte Staffelei geklemmt
the portrait of the young man was clamped to an upright easel
ein junger Mann von außergewöhnlicher persönlicher Schönheit
a young man of extraordinary personal beauty
In einiger Entfernung vor dem Gemälde saß der Künstler selbst
a little distance in front of the painting was sitting the artist himself
Basil Hallward, der vor einigen Jahren plötzlich verschwunden war
Basil Hallward, who had suddenly disappeared some years ago
Sein Verschwinden löste damals große öffentliche Aufregung aus
his disappearance caused, at the time, great public excitement
und sein Verschwinden gab Anlaß zu so vielen seltsamen Vermutungen
and his disappearance gave rise to so many strange conjectures
Der Maler betrachtete die anmutige und anmutige Gestalt
the painter looked at the gracious and comely form
die anmutige Gestalt, die er in seiner Kunst so gekonnt gespiegelt hatte
the comely form he had so skilfully mirrored in his art
ein Lächeln der Freude huschte über sein Gesicht
a smile of pleasure passed across his face
und das Vergnügen schien dort zu verweilen
and the pleasure seemed like it was going to linger there

Doch plötzlich erhob sich der Künstler von seinem Platz
But the artist suddenly got up from his seat
Er schloss die Augen und legte die Finger auf die Augenlider
closing his eyes, he placed his fingers upon his eyelids
als ob er einen seltsamen Traum in seinem Gehirn einsperren wollte
as though he sought to imprison within his brain some curious dream
ein Traum, aus dem er zu erwachen fürchtete
a dream from which he feared he might awake
Lord Henry lobte träge Basils Gemälde
Lord Henry languidly complimented Basil's painting
»Es ist dein bestes Werk, Basil, das Beste, was du je getan hast.«
"It is your best work, Basil, the best thing you have ever done"
»Sie müssen es auf jeden Fall nächstes Jahr an den Grosvenor schicken.«
"You must certainly send it next year to the Grosvenor"
"Die Akademie ist zu groß und zu vulgär"
"The Academy is too large and too vulgar"
"Entweder sind es so viele Menschen, dass man die Bilder nicht sehen kann"
"either there are so many people that you can't see the pictures"
"Die Bilder nicht zu sehen, ist schrecklich"
"not seeing the pictures is dreadful"
"Oder es gibt so viele Bilder, dass man die Menschen nicht sehen kann"
"or there are so many pictures that you can't see the people"
"Die Menschen nicht zu sehen, ist noch schlimmer!"
"not seeing the people is even worse!"
"Das Grosvenor ist wirklich der einzige Ort"
"The Grosvenor is really the only place"
»Ich glaube nicht, daß ich es irgendwohin schicken werde«, antwortete er
"I don't think I shall send it anywhere," he answered
Er warf den Kopf auf seine eigene Weise zurück
he tossed his head back in his own particular manner
auf die seltsame Weise, die seine Freunde in Oxford immer zum Lachen brachte
in the odd way that always used to make his Oxford friends laugh
"Nein, ich werde es nirgendwo hinschicken", bestätigte er
"No, I won't send it anywhere," he confirmed

Lord Henry hob die Augenbrauen und sah ihn erstaunt an
Lord Henry elevated his eyebrows and looked at him in amazement
er blickte durch die dünnen blauen Rauchkränze
he looked through the thin blue wreaths of smoke
schwere, phantasievolle Rauchwirbel aus seiner opiumverseuchten Zigarette
heavy fanciful whorls of smoke from his opium-tainted cigarette
"Sie haben nicht vor, es irgendwohin zu schicken? Mein lieber Freund, warum?«
"you don't plan to send it anywhere? My dear fellow, why?"
»Haben Sie irgendeinen Grund, es nirgendwohin zu schicken?«
"Have you any reason not to send it anywhere?"
»Ich muß sagen, was für sonderbare Kerle ihr Maler seid!«
"I must say, what odd chaps you painters are!"
"Du tust alles auf der Welt, um dir einen Ruf zu verschaffen"
"You do anything in the world to gain a reputation"
"Sobald man einen Ruf hat, scheint man ihn wegwerfen zu wollen"
"As soon as you have a reputation, you seem to want to throw it away"
»es ist dumm von Ihnen, ich kann mir keine andere Schlußfolgerung vorstellen.«
"it is silly of you, I can think of no other conclusion"
"Es gibt nur eine Sache auf der Welt, die schlimmer ist, als wenn andere Leute über dich reden"
"there is only one thing in the world worse than other people talking about you"
"Das Schlimmste auf der Welt ist, wenn andere überhaupt nicht über dich sprechen!"
"the worst thing in the world is when others do not talk about you at all!"
"Ein Porträt wie dieses würde Sie weit über alle jungen Männer in England stellen"
"A portrait like this would set you far above all the young men in England"
"Ein solches Porträt würde die alten Männer ziemlich neidisch machen"
"such a portrait would make the old men quite jealous"
"Wenn alte Männer überhaupt zu irgendeiner Emotion fähig sind"
"if old men are even capable of any emotion"
»Ich weiß, daß Sie mich auslachen werden«, erwiderte er
"I know you will laugh at me," he replied

"aber ich kann dieses Bild wirklich nicht ausstellen"
"but I really can't exhibit this picture"
"Ich habe zu viel von mir selbst in das Bild gesteckt"
"I have put too much of myself into the picture"
Lord Henry streckte sich auf dem Diwan aus und lachte
Lord Henry stretched himself out on the divan and laughed
»Ja, ich wußte, daß du mich auslachen würdest, aber es ist doch ganz wahr.«
"Yes, I knew you would laugh at me, but it is quite true, all the same"
"Zu viel von dir selbst auf einem Bild! Auf mein Wort, Basil.«
"Too much of yourself in a picture! Upon my word, Basil"
"Ich wusste nicht, dass du so eitel bist", lachte er
"I didn't know you were so vain," he laughed
"Ich kann wirklich keine Ähnlichkeit zwischen dir und diesem jungen Adonis erkennen."
"I really can't see any resemblance between you and this young Adonis"
"Du mit deinem rauhen, starken Gesicht und deinem kohlschwarzen Haar"
"you with your rugged strong face, and your coal-black hair"
"und dieser junge Adonis, aus Elfenbein und Rosenblättern"
"and this young Adonis, made out of ivory and rose-leaves"
»Nun, mein lieber Basil, er ist ein Narzissen.«
"Why, my dear Basil, he is a Narcissus"
"Und du, nun, natürlich hast du einen intellektuellen Ausdruck"
"and you, well, of course you have an intellectual expression"
"Aber Schönheit, wahre Schönheit, hört dort auf, wo ein intellektueller Ausdruck beginnt"
"But beauty, real beauty, ends where an intellectual expression begins"
"Der Intellekt ist an sich schon ein Modus der Übertreibung"
"Intellect is in itself a mode of exaggeration"
"und der Intellekt zerstört die Harmonie eines jeden Gesichts"
"and intellect destroys the harmony of any face"
"In dem Moment, in dem man sich hinsetzt, um nachzudenken, übernimmt ein Feature"
"The moment you sit down to think, one feature takes over"
"Man wird ganz Nase oder ganz Stirn oder etwas Schreckliches"
"one becomes all nose, or all forehead, or something horrid"
"Schauen Sie sich die erfolgreichen Männer in jedem der erlernten Berufe an"

"Look at the successful men in any of the learned professions"
»Wie abscheulich die Gelehrten alle sind!«
"How perfectly hideous the learned men all are!"
"Außer natürlich die Gelehrten der Kirche"
"Except, of course, the learned men of the Church"
"Aber in der Kirche denken sie nicht"
"But then, in the Church they don't think"
"Ein Bischof sagt sein ganzes Leben lang dasselbe"
"a bishop says the same thing for all his life"
"Im Alter von achtzig Jahren sagt er, was ihm als achtzehnjähriger Junge gesagt wurde"
"at the age of eighty he says what he was told to as a boy of eighteen"
"Und als natürliche Folge sieht er immer absolut entzückend aus"
"and, as a natural consequence, he always looks absolutely delightful"
"Dein mysteriöser junger Freund denkt nie nach"
"Your mysterious young friend never thinks"
"Dein geheimnisvoller Freund, dessen Bild mich wirklich fasziniert"
"your mysterious friend whose picture really fascinates me"
"Dein geheimnisvoller Freund, dessen Namen du mir nie genannt hast"
"your mysterious friend whose name you have never told me"
»Ich bin mir ziemlich sicher, daß er nie einen Gedanken im Kopf gehabt hat.«
"I feel quite sure that he has never had a thought in his mind"
"Er ist ein hirnloses, schönes Geschöpf"
"He is some brainless beautiful creature"
"Er sollte im Winter hier sein, wenn wir keine Blumen zum Anschauen haben"
"he should be here in winter when we have no flowers to look at"
»und er sollte im Sommer hier sein, um unsere Intelligenz zu kühlen.«
"and he should be here in summer to chill our intelligence"
»Schmeicheln Sie sich nicht, Basil: Sie sind ihm nicht im geringsten ähnlich.«
"Don't flatter yourself, Basil: you are not in the least like him"
»Du verstehst mich nicht, Harry«, antwortete der Künstler
"You don't understand me, Harry," answered the artist
"Natürlich bin ich nicht wie er, das weiß ich ganz genau"
"Of course I am not like him, I know that perfectly well"

»In der Tat, es würde mir leid tun, so auszusehen wie er.«
"Indeed, I should be sorry to look like him"
"Du zuckst mit den Schultern? Ich sage Ihnen die Wahrheit."
"You shrug your shoulders? I am telling you the truth"
"Es gibt ein Verhängnis über alle physischen und intellektuellen Unterschiede"
"There is a fatality about all physical and intellectual distinction"
"Ein Verhängnis, das die zögernden Schritte der Könige verfolgt hat"
"a fatality that has dogged the faltering steps of kings"
"Es ist besser, nicht anders zu sein als seine Mitmenschen"
"It is better not to be different from one's fellows"
"Die Hässlichen und Dummen haben das Beste auf dieser Welt"
"The ugly and the stupid have the best of it in this world"
"Sie können in Ruhe sitzen und das Stück anstarren"
"They can sit at their ease and gape at the play"
"Sie wissen vielleicht nichts vom Sieg"
"they might not know anything of victory"
"Aber das Wissen um die Niederlage bleibt ihnen erspart"
"but they are spared the knowledge of defeat"
"Sie leben, wie wir alle leben sollten; ungestört und gleichgültig"
"They live as we all should live; undisturbed and indifferent"
"Sie bringen weder Verderben über andere, noch empfangen sie es"
"They neither bring ruin upon others, nor do they receive it"
"Dein Rang und dein Reichtum, Harry. Meine Gehirne, wie sie meine Kunst sind"
"Your rank and wealth, Harry. My brains, such as they are my art"
"und Dorian Gray, er sieht gut aus"
"and Dorian Gray, he has his good looks"
"Wir werden alle leiden unter dem, was die Götter uns gegeben haben"
"we shall all suffer from what the gods have given us"
"Dorian Gray? Ist das sein Name?« fragte Lord Henry
"Dorian Gray? Is that his name?" asked Lord Henry
er ging durch das Atelier auf Basil Hallward zu
he walked across the studio towards Basil Hallward
»Ja, das ist sein Name. Ich hatte nicht vor, es dir zu erzählen."
"Yes, that is his name. I didn't intend to tell it to you"
»Aber warum haben Sie mir seinen Namen vorenthalten?«
"But why were you keeping his name from me?"

"Oh, ich kann es nicht erklären", gab Basil geschlagen zu
"Oh, I can't explain," Basil admitted in defeat
"Wenn ich Menschen sehr mag, sage ich niemandem ihren Namen"
"When I like people immensely, I never tell anyone their name"
"Es ist, als würde man einen Teil von ihnen aufgeben"
"It is like surrendering a part of them"
"Ich habe gelernt, die Geheimhaltung zu lieben"
"I have grown to love secrecy"
"Es scheint das Einzige zu sein, was das moderne Leben mysteriös machen kann"
"It seems to be the one thing that can make modern life mysterious"
"Es ist das Einzige, was uns etwas zum Staunen gibt"
"it is the only thing that gives us something to marvel over"
"Das Gewöhnlichste ist entzückend, wenn man es nur verbirgt"
"The commonest thing is delightful if one only hides it"
"Wenn ich jetzt die Stadt verlasse, sage ich den Leuten nie, wohin ich gehe"
"When I leave town now I never tell people where I am going"
"Wenn ich es täte, würde ich mein ganzes Vergnügen verlieren"
"If I did, I would lose all my pleasure"
»Es ist eine dumme Angewohnheit, wage ich zu sagen.«
"It is a silly habit, I dare say"
"Aber irgendwie scheint es viel Romantik in das Leben zu bringen"
"but somehow it seems to bring a great deal of romance into one's life"
»Ich nehme an, Sie halten mich dafür für schrecklich dumm?«
"I suppose you think me awfully foolish about it?"
»Keineswegs«, antwortete Lord Henry, »durchaus nicht, mein lieber Basil.«
"Not at all," answered Lord Henry, "not at all, my dear Basil"
"Du scheinst zu vergessen, dass ich verheiratet bin"
"You seem to forget that I am married"
"Und der einzige Reiz der Ehe ist, dass sie ein Leben der Täuschung führt"
"and the one charm of marriage is that it makes a life of deception"
"Und diese Täuschung ist für beide Parteien absolut notwendig"
"and that deception is absolutely necessary for both parties"
"Ich weiß nie, wo meine Frau ist"
"I never know where my wife is"
"Und meine Frau weiß nie, was ich tue"
"and my wife never knows what I am doing"

"Wir treffen uns gelegentlich, wenn wir zusammen essen"
"we do meet occasionally, when we dine out together"
»oder wir treffen uns, wenn wir zum Herzog hinuntergehen.«
"or we meet when we go down to the Duke's"
"Wir erzählen uns die absurdesten Geschichten mit den ernstesten Gesichtern"
"we tell each other the most absurd stories with the most serious faces"
"Meine Frau ist sehr gut darin. Viel besser als ich."
"My wife is very good at it. Much better, in fact, than I am"
"Sie ist nie verwirrt über ihre Tage und Verabredungen, und das tue ich immer."
"She never gets confused over her days and dates, and I always do"
"Aber wenn sie mich herausfindet, macht sie überhaupt keinen Streit."
"But when she does find me out, she makes no row at all"
»Ich wünschte manchmal, sie täte; aber sie lacht mich nur aus."
"I sometimes wish she would; but she merely laughs at me"
"Ich hasse es, wie du über dein Eheleben sprichst, Harry"
"I hate the way you talk about your married life, Harry"
und er schlenderte auf die Tür zu, die in den Garten führte
and he strolled towards the door that led into the garden
"Ich glaube, dass du wirklich ein sehr guter Ehemann bist"
"I believe that you are really a very good husband"
»aber ich glaube, daß Sie sich Ihrer eigenen Tugenden gründlich schämen.«
"but I believe that you are thoroughly ashamed of your own virtues"
"Sie sind ein außergewöhnlicher Kerl"
"You are an extraordinary fellow"
"Man sagt nie etwas Moralisches, und man tut nie etwas Falsches"
"You never say a moral thing, and you never do a wrong thing"
"Dein Zynismus ist einfach eine Pose"
"Your cynicism is simply a pose"
Lord Henry widersprach leidenschaftlich, lachte aber
Lord Henry objected passionately, but laughed
"Natürlich zu sein ist einfach eine Pose, und die irritierendste Pose, die ich kenne"
"Being natural is simply a pose, and the most irritating pose I know"
und die beiden jungen Männer gingen zusammen in den Garten hinaus
and the two young men went out into the garden together

Im Schatten eines hohen Lorbeerstrauchs stand ein langer Bambussitz
in the shade of a tall laurel bush stood a long bamboo seat
Die beiden Männer ließen sich auf dem Bambussitz nieder
the two men ensconced themselves on the bamboo seat
Das Sonnenlicht glitt über die polierten Blätter
The sunlight slipped over the polished leaves
Im Gras zitterten weiße Gänseblümchen
In the grass, white daisies were tremulous
Nach einer Pause zog Lord Henry seine Uhr heraus
After a pause, Lord Henry pulled out his watch
»Ich fürchte, ich muß gehen, Basil«, murmelte er
"I am afraid I must be going, Basil," he murmured
»und bevor ich gehe, bestehe ich darauf, daß Sie eine Frage beantworten.«
"and before I go, I insist on your answering a question"
"Ich hatte dir die Frage schon vor einiger Zeit gestellt"
"I had put the question to you some time ago"
Der Maler hielt seine Augen auf den Boden gerichtet
the painter kept his eyes fixed on the ground
»Welche Frage haben Sie gestellt?« fragte er
"What question do you gave in mind?" he asked
"Du weißt ganz genau, was ich dich fragen möchte"
"You know quite well what I would like to ask you"
"Ich weiß nicht, was du mich fragen möchtest, Harry"
"I do not know what you would like to ask me, Harry"
"Nun, ich werde dir sagen, was ich gerne wissen würde."
"Well, I will tell you what I would like to know"
"Bitte erklären Sie mir, warum Sie Dorian Grays Bild nicht ausstellen wollen"
"please explain to me why you won't exhibit Dorian Gray's picture"
"Ich will den wahren Grund, warum du sein Bild nicht zeigst"
"I want the real reason you don't display his picture"
»Ich habe Ihnen den wahren Grund gesagt«, antwortete Basil
"I told you the real reason," answered Basil
"Nein, du hast mir den wahren Grund nicht gesagt."
"No, you did not tell me the real reason"
"Du sagtest, es sei so, weil zu viel von dir auf dem Bild zu sehen war."
"You said it was because there was too much of yourself in the picture"

"Wir wissen beide, dass das ein kindischer Grund ist, es nicht zu zeigen"
"we both know that is a childish reason not to display it"
»Harry«, sagte Basil Hallward und sah ihm gerade ins Gesicht
"Harry," said Basil Hallward, looking him straight in the face
"Jedes Porträt, das mit Gefühl gemalt wird, ist ein Porträt des Künstlers"
"every portrait that is painted with feeling is a portrait of the artist"
"Es ist kein Bild des Porträtierten"
"it is not a picture of the sitter"
"Der Porträtierte ist nur der Zufall, der Anlass"
"The sitter is merely the accident, the occasion"
"Nicht er ist es, der vom Maler offenbart wird"
"It is not he who is revealed by the painter"
"es ist vielmehr der Maler, der sich auf der farbigen Leinwand offenbart"
"it is rather the painter who, on the coloured canvas, reveals himself"
"Ich werde Ihnen den Grund nennen, warum ich dieses Bild nicht ausstellen werde"
"I will tell you the reason I will not exhibit this picture"
"Ich fürchte, dass ich darin das Geheimnis meiner eigenen Seele gezeigt habe"
"I am afraid that I have shown in it the secret of my own soul"
Lord Henry lachte: "Und was ist das für ein Geheimnis?", fragte er
Lord Henry laughed, "and what is that secret?" he asked
»**Ich will es Ihnen sagen**«, sagte Hallward
"I will tell you," said Hallward
aber ein Ausdruck der Verwirrung ging über sein Gesicht
but an expression of perplexity came over his face
»**Ich erwarte alles, Basil**«, fuhr sein Gefährte fort und warf ihm einen Blick zu
"I am all expectation, Basil," continued his companion, glancing at him
»**Oh, es gibt wirklich sehr wenig zu erzählen, Harry**«, antwortete der Maler
"Oh, there is really very little to tell, Harry," answered the painter
»**und ich fürchte, Sie werden es kaum verstehen.**«
"and I am afraid you will hardly understand it"
»**und ich bezweifle, daß Sie mir überhaupt glauben werden.**«
"and I doubt you will even believe my reason"
Lord Henry lächelte und beugte sich ins Gras

Lord Henry smiled, and he leaned down to the grass
Er pflückte ein rosablättriges Gänseblümchen aus dem Gras und untersuchte es
he plucked a pink-petalled daisy from the grass and examined it
»**Ich bin ganz sicher, daß ich es verstehen werde**«, erwiderte er
"I am quite sure I shall understand it," he replied
und er blickte aufmerksam auf die kleine goldene, weiß gefiederte Scheibe
and he gazed intently at the little golden, white-feathered disk
»**und was das Glauben betrifft, so kann ich alles glauben.**«
"and as for believing things, I can believe anything"
"**Ich kann alles glauben, vorausgesetzt, es ist unglaublich**"
"I can believe anything, provided that it is incredible"
Der Wind schüttelte einige Blüten von den Bäumen
The wind shook some blossoms from the trees
und die schweren Fliederblüten bewegten sich in der trägen Luft hin und her
and the heavy lilac-blooms moved to and fro in the languid air
Eine Heuschrecke begann an der Wand zu zwitschern
A grasshopper began to chirrup by the wall
und wie ein blauer Faden schwebte eine lange, dünne Libelle vorüber.
and like a blue thread a long thin dragon-fly floated past
Lord Henry war es, als hörte er Basil Hallwards Herz schlagen
Lord Henry felt as if he could hear Basil Hallward's heart beating
und er fragte sich, was Basil ihm sagen würde
and he wondered what Basil was about to tell him
»**Die Geschichte ist einfach folgende,**« sagte der Maler nach einiger Zeit
"The story is simply this;" said the painter after some time
"**Vor zwei Monaten war ich bei Lady Brandon's verknallt**"
"Two months ago I went to a crush at Lady Brandon's"
"**Ihr wisst, dass wir armen Künstler uns in der Gesellschaft zeigen müssen**"
"You know we poor artists have to show ourselves in society"
Zumindest müssen wir uns ab und zu zeigen."
at least, we have to show ourselves from time to time"
"**Nur um die Öffentlichkeit daran zu erinnern, dass wir keine Wilden sind**"
"just to remind the public that we are not savages"
"**Wie du mir einmal gesagt hast, kann sich jeder den Ruf erwerben,**

zivilisiert zu sein."
"as you told me once, anybody can gain a reputation for being civilized"
"Selbst ein Börsenmakler kann zivilisiert erscheinen"
"even a stock-broker can appear to be civilized"
"Alles, was Sie brauchen, ist ein Abendmantel und eine weiße Krawatte"
"all you need is an evening coat and a white tie"
"Nun, ich war etwa zehn Minuten im Raum."
"Well, I had been in the room about ten minutes"
"Ich habe mit riesigen, overdressed Witwen und langweiligen Akademikern gesprochen"
"I was talking to huge overdressed dowagers and tedious academicians"
"Da wurde mir plötzlich bewusst, dass mich jemand ansah"
"then I suddenly became conscious that some one was looking at me"
"Ich drehte mich auf halbem Weg um und sah Dorian Gray zum ersten Mal"
"I turned half-way round and saw Dorian Gray for the first time"
"Als sich unsere Blicke trafen, fühlte ich, dass ich blass wurde"
"When our eyes met, I felt that I was growing pale"
"Ein seltsames Gefühl des Entsetzens überkam mich"
"A curious sensation of terror came over me"
»Ich wußte, daß ich jemandem von Angesicht zu Angesicht gegenüberstand«
"I knew that I had come face to face with some one"
"Jemand, dessen bloße Persönlichkeit gefährlich faszinierend war"
"someone whose mere personality was dangerously fascinating"
"wenn ich es zuließe, würde seine Persönlichkeit mein ganzes Wesen absorbieren"
"if I allowed it to do so, his personality would absorb my whole nature"
"Jemand, dessen Persönlichkeit meine ganze Seele absorbieren könnte"
"someone whose personality could absorb my whole soul"
"Jemand, dessen Persönlichkeit meine Kunst selbst absorbieren konnte"
"someone whose personality could absorb my very art itself"
"Ich wollte keinen äußeren Einfluss in meinem Leben"
"I did not want any external influence in my life"
"Weißt du, Harry, wie unabhängig ich von Natur aus bin."

"You know, Harry, how independent I am by nature"
»**Ich bin immer mein eigener Herr gewesen; zumindest war ich es schon immer gewesen.**"
"I have always been my own master; at least I had always been so"
"Ich war immer mein eigener Herr, bis ich Dorian Gray traf"
"I had always been my own master till I met Dorian Gray"
"aber ich weiß nicht, wie ich es dir erklären soll"
"but I don't know how to explain it to you"
"Irgendetwas schien mir etwas sagen zu wollen"
"Something seemed to be trying to tell me something"
"Ich schien am Rande einer schrecklichen Krise in meinem Leben zu stehen"
"I seemed to be on the verge of a terrible crisis in my life"
"Ich hatte ein seltsames Gefühl dafür, was das Schicksal für mich bereithielt"
"I had a strange feeling for what fate had in store for me"
"Das Schicksal hatte exquisite Freuden und exquisite Leiden für mich geplant"
"fate had planned exquisite joys and exquisite sorrows for me"
"Ich bekam Angst und drehte mich um, um den Raum zu verlassen"
"I grew afraid and turned to quit the room"
"Es war nicht das Gewissen, das mich dazu gebracht hat"
"It was not conscience that made me do so"
"Es war eine Art Feigheit, die mich fliehen ließ"
"it was a sort of cowardice that made me flee"
"Ich nehme mir nicht die Ehre zu, dass ich versucht habe zu fliehen"
"I take no credit to myself for trying to escape"
"Gewissen und Feigheit sind wirklich dasselbe, lieber Basil"
"Conscience and cowardice are really the same things, dear Basil"
"Das glaube ich nicht, Harry, und ich glaube auch nicht, dass du es tust."
"I don't believe that, Harry, and I don't believe you do either"
"Was auch immer mein Motiv war, ich kämpfte mich auf jeden Fall bis zur Tür"
"However, whatever was my motive, I certainly struggled to the door"
"Vielleicht war es der Stolz, der mich motiviert hat"
"it may have been pride that motivated me"
"weil ich früher sehr stolz war"

"because I used to be very proud"
"Da bin ich natürlich über Lady Brandon gestolpert."
"There, of course, I stumbled against Lady Brandon"
»Sie werden nicht so schnell weglaufen, Mr. Hallward?« schrie sie
"You are not going to run away so soon, Mr Hallward?" she screamed out
"Kennst du ihre seltsam schrille Stimme?"
"You know her curiously shrill voice?"
»Jawohl; sie ist ein Pfau in allem, nur nicht in Schönheit«, sagte Lord Henry
"Yes; she is a peacock in everything but beauty," said Lord Henry
und er zerrte das Gänseblümchen mit seinen langen, nervösen Fingern
and he pulled the daisy to bits with his long nervous fingers
"Ich konnte sie nicht loswerden, so sehr ich es auch versuchte"
"I could not get rid of her, however much I tried"
"Sie hat mich zu königlichen Leuten erzogen"
"She brought me up to people of royalty"
"Und sie stellte mich Leuten mit Sternen und Strumpfbändern vor"
"and she introduced me to people with stars and garters"
"Und sie brachte mir ältere Damen mit riesigen Diademen"
"and she brought me elderly ladies with gigantic tiaras"
"Und sie brachte alte Männer mit Papageiennasen"
"and she brought be elderly men with parrot noses"
"Sie sprach von mir als ihrer liebsten Freundin"
"She spoke of me as her dearest friend"
"Vor dieser Nacht hatte ich sie nur einmal getroffen"
"before that night I had only met her once before"
"Aber sie hat es sich in den Kopf gesetzt, mich zu vergöttern"
"but she took it into her head to lionize me"
"Ich glaube, ein Bild von mir hatte damals einen großen Erfolg"
"I believe some picture of mine had made a great success at the time"
"Wenigstens waren meine Bilder in den Penny-Zeitungen geplappert worden"
"at least, my pictures had been chattered about in the penny newspapers"
"Es ist der Standard der Unsterblichkeit des neunzehnten Jahrhunderts"
"it is the nineteenth-century standard of immortality"
"Plötzlich stand ich dem jungen Mann von Angesicht zu Angesicht gegenüber"

"Suddenly I found myself face to face with the young man"
"Der junge Mann, dessen Persönlichkeit mich so seltsam bewegt hatte"
"the young man whose personality had so strangely stirred me"
"Wir waren ziemlich nah dran, fast berührend. Unsere Blicke trafen sich wieder"
"We were quite close, almost touching. Our eyes met again"
»Es war leichtsinnig von mir, aber ich bat Lady Brandon, mich ihm vorzustellen.«
"It was reckless of me, but I asked Lady Brandon to introduce me to him"
»Vielleicht war es doch nicht so leichtsinnig. Vielleicht war das, was es war, einfach unvermeidlich."
"Perhaps it was not so reckless, after all. Perhaps what it was was simply inevitable"
"Wir hätten ohne jede Vorstellung miteinander gesprochen"
"We would have spoken to each other without any introduction"
»Dessen bin ich sicher. Dorian hat es mir hinterher erzählt."
"I am sure of that. Dorian told me so afterwards"
"Auch er hatte das Gefühl, dass wir dazu bestimmt waren, uns kennenzulernen"
"He, too, felt that we were destined to know each other"
sein Begleiter wurde neugierig auf die Geschichte
his companion grew curious about the story
»Und wie hat Lady Brandon diesen wunderbaren jungen Mann beschrieben?«
"And how did Lady Brandon describe this wonderful young man?"
»Ich weiß, daß sie sich darauf einlässt, allen ihren Gästen eine rasche Voraussage zu machen.«
"I know she goes in for giving a rapid précis of all her guests"
»Ich erinnere mich, wie sie mich zu einem alten Herrn mit rotem Gesicht erzogen hat.«
"I remember her bringing me up to a red-faced old gentleman"
"Er war über und über mit Orden und Bändern bedeckt"
"he was covered all over with orders and ribbons"
"Und er zischte mir ins Ohr, in einem tragischen Flüstern"
"and he was hissing into my ear, in a tragic whisper"
"Ich bin sicher, dass es für jeden im Raum perfekt hörbar war"
"I'm sure it was perfectly audible to everybody in the room"
"Er erzählte mir die erstaunlichsten Details, und ich floh einfach."
"he told me the most astounding details, and I simply fled"

"Ich finde gerne Leute für mich heraus"
"I like to find out people for myself"
»Aber Lady Brandon behandelt ihre Gäste wie ein Auktionator seine Waren
"But Lady Brandon treats her guests like an auctioneer treats his goods
"Sie erklärt sie entweder ganz weg"
"She either explains them entirely away"
"Oder sie erzählt einem alles über sie, nur nicht das, was man wissen will."
"or she tells one everything about them except what one wants to know"
»Arme Lady Brandon!« Basil warf ein
"Poor Lady Brandon!" Basil interjected
»Du bist hart zu ihr, Harry!« sagte Hallward teilnahmslos
"You are hard on her, Harry!" said Hallward listlessly
"Mein Lieber, sie hat versucht, einen Salon zu gründen"
"My dear fellow, she tried to found a salon"
"Aber es gelang ihr nur, ein Restaurant zu eröffnen"
"but she only succeeded in opening a restaurant"
"Ich kann also nicht ganz verstehen, wie du sie bewunderst"
"so I can't quite see how you admire her"
»Aber sagen Sie mir, was hat sie über Mr. Dorian Gray gesagt?«
"But tell me, what did she say about Mr Dorian Gray?"
"Oh, so etwas wie: 'Charmanter Junge, armer Lieber'"
"Oh, something like: 'Charming boy, poor dear'"
"Seine Mutter und ich sind absolut unzertrennlich"
"his mother and I are absolutely inseparable"
»Ich scheine ganz vergessen zu haben, was er tut.«
"I seem to have quite forgotten what he does"
"'Oh ja, er spielt Klavier', erinnerte sie sich"
"'oh, yes, he plays the piano', she remembered"
›Oder ist es die Geige, lieber Mr. Gray?‹ dachte sie.«
"'Or is it the violin, dear Mr Gray?' she thought"
"Keiner von uns konnte sich das Lachen verkneifen"
"Neither of us could help laughing"
"Und wir wurden sofort Freunde"
"and we became friends at once"
Der junge Lord pflückte ein weiteres Gänseblümchen aus dem Gras
the young lord plucked another daisy from the grass

"Lachen ist gar kein schlechter Anfang für eine Freundschaft"
"Laughter is not at all a bad beginning for a friendship"
"Und natürlich ist Lachen das beste Ende für eine Freundschaft"
"and of course laughter is the best ending for a friendship"
Hallward konnte dem nicht zustimmen und schüttelte den Kopf
Hallward couldn't agree, and shook his head
"Du verstehst nicht, was Freundschaft ist, Harry"
"You don't understand what friendship is, Harry"
»Sie wissen auch nicht, daß Feindschaft es ist.«
"nor do you know enmity is, for that matter"
»Du magst jeden; das heißt, du bist jedem gleichgültig."
"You like every one; that is to say, you are indifferent to every one"
»Wie entsetzlich ungerecht von Ihnen!« rief Lord Henry
"How horribly unjust of you!" cried Lord Henry
und er neigte seinen Hut zurück und blickte zu den kleinen Wölkchen hinauf
and he tilted his hat back and looked up at the little clouds
die kleinen Wölkchen waren wie zerfetzte Knäuel glänzender weißer Seide
the little clouds were like ravelled skeins of glossy white silk
sie trieben über das ausgehöhlte Türkis des Sommerhimmels
they were drifting across the hollowed turquoise of the summer sky
»Jawohl; es ist schrecklich ungerecht von dir."
"Yes; it is horribly unjust of you"
"Ich mache einen großen Unterschied zwischen den Menschen"
"I make a great difference between people"
"Ich wähle meine Freunde wegen ihres guten Aussehens aus"
"I choose my friends for their good looks"
"Ich wähle meine Bekannten wegen ihres guten Charakters"
"I choose my acquaintances for their good characters"
"und ich wähle meine Feinde nach ihrem guten Verstand"
"and I choose my enemies for their good intellects"
"Ein Mensch kann bei der Wahl seiner Feinde nicht vorsichtig genug sein"
"A man cannot be too careful in the choice of his enemies"
"Ich habe keinen Feind, der ein Narr ist"
"I have not got one enemy who is a fool"
"Sie sind alle Männer mit einer gewissen intellektuellen Kraft"
"They are all men of some intellectual power"
"Und folglich schätzen sie mich alle"
"and consequently, they all appreciate me"

»Ist das sehr eitel von mir? Ich denke, es ist ziemlich eitel."
"Is that very vain of me? I think it is rather vain"
»Ich würde es für sehr vergeblich halten, Harry.«
"I should think it very vain, Harry"
"Aber nach Ihrer Kategorie muss ich nur ein Bekannter sein"
"But according to your category I must be merely an acquaintance"
»Mein lieber alter Basil, du bist viel mehr als ein Bekannter.«
"My dear old Basil, you are much more than an acquaintance"
"Und viel weniger als ein Freund. Eine Art Bruder, nehme ich an?«
"And much less than a friend. A sort of brother, I suppose?"
»Oh, Brüder! Ich kümmere mich nicht um Brüder."
"Oh, brothers! I don't care for brothers"
"Mein älterer Bruder wird nicht sterben"
"My elder brother won't die"
"Und meine jüngeren Brüder scheinen nie etwas anderes zu tun, als zu sterben."
"and my younger brothers seem never to do anything but die"
»Harry!« rief Hallward und runzelte die Stirn
"Harry!" exclaimed Hallward, frowning
»Mein lieber Freund, ich meine es nicht ganz ernst.«
"My dear fellow, I am not quite serious"
"Aber ich kann nicht anders, als meine Verwandten zu verabscheuen"
"But I can't help detesting my relations"
"Sie haben alle die gleichen Fehler wie ich"
"they have all the same faults as me"
"Ich habe durchaus Verständnis für die Wut der englischen Demokratie"
"I quite sympathize with the rage of the English democracy"
"Sie wüten gegen das, was sie die Laster der höheren Stände nennen"
"they rage against what they call the vices of the upper orders"
"Die Massen beanspruchen ihr besonderes Eigentum"
"The masses lay claim to their special property"
"Sie haben das Gefühl, dass Trunkenheit, Dummheit und Unmoral ihnen gehören"
"they feel that drunkenness, stupidity, and immorality are theirs"
"Sie wollen nicht, dass wir uns zu Eseln machen"
"they don't want us to make donkeys of ourselves"
"Wir dürfen nicht aus ihren Reservaten wildern"
"we are not to poach from their preserves"

"Denken Sie daran, als der arme Southwark vor das Scheidungsgericht kam"
"think of when poor Southwark got into the divorce court"
"Ihre Empörung war ziemlich groß"
"their indignation was quite magnificent"
»Aber leben auch zehn Prozent des Proletariats richtig?«
"but do even ten per cent of the proletariat live correctly?"
"Ich stimme mit keinem einzigen Wort überein, das Sie gesagt haben"
"I don't agree with a single word that you have said"
»und außerdem, Harry, ich bin sicher, daß du es auch nicht tust.«
"and, what is more, Harry, I feel sure you don't either"
Lord Henry strich sich über seinen spitzen braunen Bart
Lord Henry stroked his pointed brown beard
und er klopfte mit einem quastenbesetzten Ebenholzstock auf die Spitze seines Lederstiefels
and he tapped the toe of his leather boot with a tasselled ebony cane
»Wie englisch du bist, lieber Basil!«
"How English you are, dear Basil!"
"Das ist das zweite Mal, dass Sie diese Beobachtung gemacht haben."
"That is the second time you have made that observation"
"es ist immer voreilig, einem echten Engländer eine Idee vorzuschlagen"
"it is always rash to suggest an idea to a true Englishman"
"Aber man sollte nie davon träumen, darüber nachzudenken, ob die Idee richtig oder falsch ist"
"but you should never dream of considering whether the idea is right or wrong"
"Es gibt nur eine Sache, die er für wichtig hält"
"There is only one thing he considers of any importance"
"Wichtig ist nur, ob man selbst an die Idee glaubt"
"it is only important whether one believes the idea oneself"
"Nun, der Wert einer Idee hat überhaupt nichts mit der Aufrichtigkeit des Mannes zu tun, der sie ausdrückt."
"Now, the value of an idea has nothing whatsoever to do with the sincerity of the man who expresses it"
"In der Tat ist die Wahrscheinlichkeit groß, dass die Idee umso rein intellektuell sein wird, je unaufrichtiger der Mann ist."
"Indeed, the probabilities are that the more insincere the man is, the more purely intellectual the idea will be"

"denn in diesem Fall wird die Idee weder von seinen Bedürfnissen, seinen Wünschen noch von seinen Vorurteilen gefärbt sein."
"as in that case the idea will not be coloured by either his wants, his desires, or his prejudices"
"Ich habe jedoch nicht vor, mit Ihnen über Politik, Soziologie oder Metaphysik zu diskutieren."
"However, I don't propose to discuss politics, sociology, or metaphysics with you"
"Ich mag Menschen lieber als Prinzipien"
"I like persons better than principles"
"und ich mag Menschen ohne Prinzipien mehr als alles andere auf der Welt"
"and I like persons with no principles better than anything else in the world"
"Erzählen Sie mir mehr über Mr. Dorian Gray. Wie oft sehen Sie ihn?«
"Tell me more about Mr Dorian Gray. How often do you see him?"
"Jeden Tag. Ich könnte nicht glücklich sein, wenn ich ihn nicht jeden Tag sehen würde."
"Every day. I couldn't be happy if I didn't see him every day"
"Er ist absolut notwendig für mich"
"He is absolutely necessary to me"
»Wie außerordentlich! Ich dachte, du würdest dich nie für etwas anderes interessieren als für deine Kunst."
"How extraordinary! I thought you would never care for anything but your art"
»Er ist jetzt meine ganze Kunst für mich«, sagte der Maler ernst
"He is all my art to me now," said the painter gravely
"Ich denke manchmal, Harry, dass es in der Weltgeschichte nur zwei Epochen von Bedeutung gibt."
"I sometimes think, Harry, that there are only two eras of any importance in the world's history"
"Die erste wichtige Ära ist das Erscheinen eines neuen Mediums für die Kunst"
"The first era of importance is the appearance of a new medium for art"
"Und die zweite Epoche der Bedeutung ist das Auftreten einer neuen Persönlichkeit für die Kunst"
"and the second era of importance is the appearance of a new personality for art"
"Was die Erfindung der Ölmalerei für die Venezianer war"

"What the invention of oil-painting was to the Venetians"
"was das Gesicht des Antinoos für die späte griechische Bildhauerei war"
"what the face of Antinous was to late Greek sculpture"
"Das Gesicht von Dorian Gray wird eines Tages dasselbe für mich sein"
"the face of Dorian Gray will some day be the same to me"
"Es ist nicht nur so, dass ich von ihm male, von ihm zeichne, von ihm zeichne"
"It is not merely that I paint from him, draw from him, sketch from him"
"Natürlich habe ich das alles getan"
"Of course, I have done all that"
"Aber er ist für mich viel mehr als ein Model oder ein Porträtierter"
"But he is much more to me than a model or a sitter"
"Ich werde Ihnen nicht sagen, dass ich mit dem, was ich aus ihm gemacht habe, unzufrieden bin"
"I won't tell you that I am dissatisfied with what I have done of him"
»auch will ich dir nicht sagen, daß seine Schönheit so groß ist, daß die Kunst sie nicht ausdrücken kann.«
"nor will I tell you that his beauty is such that art cannot express it"
"Es gibt nichts, was die Kunst nicht ausdrücken kann"
"There is nothing that art cannot express"
"und ich weiß, dass die Arbeit, die ich geleistet habe, seit ich Dorian Gray kennengelernt habe, gute Arbeit ist."
"and I know that the work I have done, since I met Dorian Gray, is good work"
"Es ist die beste Arbeit meines Lebens"
"it is the best work of my life"
»Ich frage mich, ob Sie mich verstehen werden?«
"I wonder, will you understand me?"
"Auf eine merkwürdige Weise hat mir seine Persönlichkeit eine völlig neue Art der Kunst nahegelegt"
"in some curious way his personality has suggested to me an entirely new manner in art"
"Seine Persönlichkeit hat einen völlig neuen Stil vorgeschlagen"
"his personality has suggested an entirely new mode of style"
"Ich sehe die Dinge anders, ich denke anders"
"I see things differently, I think of them differently"
"Ich kann jetzt das Leben auf eine Weise neu erschaffen, die mir vorher verborgen war"

"I can now recreate life in a way that was hidden from me before"
"'Ein Traum von Form in Tagen des Denkens' - wer ist es, der das sagt?"
"'A dream of form in days of thought' - who is it who says that?"
»Ich vergesse; aber es ist das, was Dorian Gray für mich war."
"I forget; but it is what Dorian Gray has been to me"
"Die bloß sichtbare Präsenz dieses Jungen"
"The merely visible presence of this lad"
»weil er mir kaum mehr als ein Junge vorkommt, obwohl er in Wirklichkeit über zwanzig ist.«
"because he seems to me little more than a lad, though he is really over twenty"
»seine bloß sichtbare Gegenwart – ah!«
"his merely visible presence — ah!"
"Ich frage mich, kannst du dir das alles vorstellen?"
"I wonder, can you realize all that that means?"
"Unbewusst definiert er für mich die Linien einer neuen Denkschule"
"Unconsciously he defines for me the lines of a fresh school of thought"
"eine Denkschule, die die ganze Leidenschaft des romantischen Geistes in sich trägt"
"a school of thought that is to have in it all the passion of the romantic spirit"
"eine Denkschule, die die ganze Vollkommenheit des Geistes haben soll, der griechisch ist"
"a school of thought that is to have all the perfection of the spirit that is Greek"
"Die Harmonie von Seele und Körper. Wie viel das ist!"
"The harmony of soul and body. How much that is!"
"Wir haben in unserem Wahnsinn die beiden getrennt"
"We in our madness have separated the two"
"Und wir haben einen Realismus erfunden, der vulgär ist"
"and we have invented a realism that is vulgar"
"Wir haben ein Ideal geschaffen, das leer ist"
"we have created an ideal that is void"
"Harry! wenn du nur wüsstest, was Dorian Gray für mich ist!«
"Harry! if you only knew what Dorian Gray is to me!"
"Erinnerst du dich an mein Landschaftsgemälde?"
"Do you remember that landscape painting of mine?"
"das Gemälde, für das Agnew mir einen so hohen Preis geboten

hat"
"the painting for which Agnew offered me such a huge price"
"aber ich würde mich nicht von dem Gemälde trennen"
"but I would not part with the painting"
"Es ist eines der besten Dinge, die ich je gemacht habe"
"It is one of the best things I have ever done"
"Und wie ist das Gemälde so geworden?"
"And how did the painting become so?"
"Weil Dorian Gray neben mir saß, während ich es malte"
"Because, while I was painting it, Dorian Gray sat beside me"
"Ein subtiler Einfluss ging von ihm auf mich über"
"Some subtle influence passed from him to me"
"und zum ersten Mal in meinem Leben sah ich etwas in dem flachen Wald"
"and for the first time in my life I saw something in the plain woodland"
"Ich sah das Wunder, das ich immer gesucht und immer vermisst hatte"
"I saw the wonder I had always looked for and always missed"
"Lieber Basil, das ist außergewöhnlich! Ich muss Dorian Gray sehen."
"Dear Basil, this is extraordinary! I must see Dorian Gray"
Hallward erhob sich vom Sitz und ging im Garten auf und ab
Hallward got up from the seat and walked up and down the garden
Nach einiger Zeit kam er zurück
After some time he came back
"Harry", sagte er, "Dorian Gray ist für mich einfach ein Motiv in der Kunst."
"Harry," he said, "Dorian Gray is to me simply a motive in art"
»Du könntest nichts an ihm sehen. Ich sehe alles in ihm."
"You might see nothing in him. I see everything in him"
"Er ist in meiner Arbeit nie präsenter, als wenn kein Bild von ihm da ist"
"He is never more present in my work than when no image of him is there"
"Er ist, wie gesagt, ein Vorschlag für eine neue Art"
"He is a suggestion, as I have said, of a new manner"
"Ich finde ihn in den Kurven bestimmter Linien"
"I find him in the curves of certain lines"
"Ich finde ihn in der Lieblichkeit und Feinheit bestimmter Farben"
"I find him in the loveliness and subtleties of certain colours"

»Warum wollen Sie dann nicht sein Porträt ausstellen?« fragte Lord Henry
"Then why won't you exhibit his portrait?" asked Lord Henry
"Weil ich, ohne es zu beabsichtigen, einen Ausdruck all dieser seltsamen künstlerischen Vergötterung hineingelegt habe."
"Because, without intending it, I have put into it some expression of all this curious artistic idolatry"
"künstlerischer Götzendienst, über den ich natürlich nie mit ihm gesprochen habe"
"artistic idolatry of which, of course, I have never cared to speak to him about"
"Er weiß nichts davon, und er wird nie etwas davon erfahren"
"He knows nothing about it, and he shall never know anything about it"
"Aber die Welt könnte meine Inspiration erraten"
"But the world might guess my inspiration"
"und ich werde meine Seele nicht ihren oberflächlichen, neugierigen Blicken aussetzen"
"and I will not bare my soul to their shallow prying eyes"
"Mein Herz soll nie unter ihr Mikroskop genommen werden"
"My heart shall never be put under their microscope"
»Es steckt zu viel von mir selbst in der Sache, Harry – zu viel von mir selbst!«
"There is too much of myself in the thing, Harry—too much of myself!"
"Dichter sind nicht so gewissenhaft wie du"
"Poets are not so scrupulous as you are"
"Sie wissen, wie nützlich Leidenschaft für die Veröffentlichung ist"
"They know how useful passion is for publication"
"Heutzutage wird ein gebrochenes Herz viele Auflagen haben"
"Nowadays a broken heart will run to many editions"
»Ich hasse sie dafür«, rief Hallward
"I hate them for it," cried Hallward
"Ein Künstler sollte schöne Dinge schaffen"
"An artist should create beautiful things"
"Aber ein Künstler sollte nichts von seinem eigenen Leben in die schönen Dinge stecken, die er schafft"
"but an artist should put nothing of his own life into the beautiful things he creates"
"Wir leben in einer Zeit, in der Männer Kunst behandeln, als wäre sie eine Form der Autobiografie"

"We live in an age when men treat art as if it were meant to be a form of autobiography"
"Wir haben den abstrakten Sinn für Schönheit verloren"
"We have lost the abstract sense of beauty"
"Eines Tages werde ich der Welt zeigen, was diese Schönheit ist"
"Some day I will show the world what that beauty is"
"und aus diesem Grund wird die Welt mein Porträt von Dorian Gray nie sehen"
"and for that reason the world shall never see my portrait of Dorian Gray"
"Ich glaube, du liegst falsch, Basil, aber ich werde nicht mit dir streiten."
"I think you are wrong, Basil, but I won't argue with you"
"Es sind nur die intellektuell Verlorenen, die jemals streiten"
"It is only the intellectually lost who ever argue"
»Sag mir, hat Dorian Gray dich sehr gern?«
"Tell me, is Dorian Gray very fond of you?"
Der Maler überlegte einige Augenblicke
The painter considered for a few moments
»Er mag mich«, antwortete er nach einer Pause
"He likes me," he answered after a pause
"Ich weiß, dass er mich mag", bestätigte er
"I know he likes me," he confirmed
»Natürlich schmeichele ich ihm fürchterlich.«
"Of course I flatter him dreadfully"
»Es macht mir ein seltsames Vergnügen, ihm Dinge zu sagen, von denen ich weiß, daß ich es bereuen werde, sie gesagt zu haben.«
"I find a strange pleasure in saying things to him that I know I shall be sorry for having said"
"In der Regel ist er charmant zu mir, und wir sitzen im Studio und reden über tausend Dinge."
"As a rule, he is charming to me, and we sit in the studio and talk of a thousand things"
"Hin und wieder ist er jedoch schrecklich gedankenlos"
"Now and then, however, he is horribly thoughtless"
»und hin und wieder scheint er ein wahres Vergnügen daran zu haben, mir Schmerz zu bereiten.«
"and every now and then he seems to take a real delight in giving me pain"
»Ich fühle, Harry, daß ich meine ganze Seele an jemanden verschenkt habe, der sie behandelt, als wäre sie eine Blume, die er

in seinen Rock steckt.«
"I feel, Harry, that I have given away my whole soul to some one who treats it as if it were a flower to put in his coat"
"ein bisschen Dekoration, um seine Eitelkeit zu bezaubern, eine Zierde für einen Sommertag"
"a bit of decoration to charm his vanity, an ornament for a summer's day"
»Die Tage im Sommer, Basil, sind geneigt, zu verweilen«, murmelte Lord Henry
"Days in summer, Basil, are apt to linger," murmured Lord Henry
"Vielleicht wirst du früher müde als er."
"Perhaps you will tire sooner than he will"
"Es ist eine traurige Sache, daran zu denken, aber es besteht kein Zweifel, dass das Genie länger währt als die Schönheit."
"It is a sad thing to think of, but there is no doubt that genius lasts longer than beauty"
"Das erklärt die Tatsache, dass wir uns alle so viel Mühe geben, uns zu überbilden"
"That accounts for the fact that we all take such pains to over-educate ourselves"
"Im wilden Kampf ums Dasein wollen wir etwas haben, das Bestand hat"
"In the wild struggle for existence, we want to have something that endures"
"Und so füllen wir unseren Geist mit Müll und Fakten, in der dummen Hoffnung, unseren Platz zu behalten."
"and so we fill our minds with rubbish and facts, in the silly hope of keeping our place"
"Der durch und durch informierte Mensch, das ist das moderne Ideal"
"The thoroughly well-informed man, that is the modern ideal"
"Und der Verstand des durch und durch gut unterrichteten Mannes ist eine schreckliche Sache"
"And the mind of the thoroughly well-informed man is a dreadful thing"
"Es ist wie ein Trödelladen, alles Monster und Staub"
"It is like a bric-à-brac shop, all monsters and dust"
"Ein Ort, an dem alles über dem richtigen Wert liegt"
"a place where everything is priced above its proper value"
"Ich glaube, du wirst trotzdem zuerst müde werden."
"I think you will tire first, all the same"

»Eines Tages wirst du deinen Freund ansehen, und er wird dir ein wenig aus dem Zeichnen geraten sein.«
"Some day you will look at your friend, and he will seem to you to be a little out of drawing"
"Oder du wirst seinen Farbton nicht mögen oder so."
"or you won't like his tone of colour, or something"
"Du wirst ihn in deinem eigenen Herzen bitter tadeln"
"You will bitterly reproach him in your own heart"
»und Sie werden ernsthaft denken, daß er sich sehr schlecht gegen Sie benommen hat.«
"and you will seriously think that he has behaved very badly to you"
"Wenn er das nächste Mal anruft, wirst du vollkommen kalt und gleichgültig sein"
"The next time he calls, you will be perfectly cold and indifferent"
»Es wird sehr schade sein, denn es wird dich verändern.«
"It will be a great pity, for it will alter you"
"Was du mir erzählt hast, ist eine ziemliche Romanze"
"What you have told me is quite a romance"
"Eine Romanze der Kunst, könnte man es nennen"
"a romance of art, one might call it"
"Und das Schlimmste an einer Romanze jeglicher Art ist, dass sie einen so unromantisch macht"
"and the worst of part of a romance of any kind is that it leaves one so unromantic"
"Harry, rede nicht so"
"Harry, don't talk like that"
"Solange ich lebe, wird mich die Persönlichkeit von Dorian Gray dominieren"
"As long as I live, the personality of Dorian Gray will dominate me"
"Man kann nicht fühlen, was ich fühle. Du wechselst zu oft"
"You can't feel what I feel. You change too often"
"Ah, mein lieber Basil, genau deshalb kann ich es fühlen."
"Ah, my dear Basil, that is exactly why I can feel it"
"Wer treu ist, kennt nur die triviale Seite der Liebe"
"Those who are faithful know only the trivial side of love"
"Es sind die Ungläubigen, die die Tragödien der Liebe kennen"
"it is the faithless who know love's tragedies"
"Und Lord Henry hat ein Feuer auf einem zierlichen Silberetui entfacht"
"And Lord Henry struck a fire on a dainty silver case"
"und er fing an, mit einer selbstbewussten und zufriedenen Miene

eine Zigarette zu rauchen"
"and he began to smoke a cigarette with a self-conscious and satisfied air"
"als hätte er die Welt in einem Satz zusammengefasst"
"as if he had summed up the world in a phrase"
Ein Rascheln von zwitschernden Spatzen war in den grünen Lackblättern des Efeu zu hören
There was a rustle of chirruping sparrows in the green lacquer leaves of the ivy
und die blauen Wolkenschatten jagten sich wie Schwalben über das Gras
and the blue cloud-shadows chased themselves across the grass like swallows
Wie angenehm war es im Garten!
How pleasant it was in the garden!
Und wie entzückend die Gefühle anderer Leute waren!
And how delightful other people's emotions were!
Die Gefühle anderer Leute sind viel entzückender als ihre Ideen, schien es ihm
other people's emotions are much more delightful than their ideas, it seemed to him
Die eigene Seele und die Leidenschaften der Freunde – das waren die faszinierenden Dinge im Leben
One's own soul, and the passions of one's friends - those were the fascinating things in life
Er malte sich mit stillem Amüsement das langweilige Mittagessen aus, das er verpasst hatte
He pictured to himself with silent amusement the tedious luncheon that he had missed
so lange bei Basil Hallward zu bleiben, gab ihm eine gute Ausrede, nicht zu gehen
staying so long with Basil Hallward gave him a good excuse not to go
Wäre er zu seiner Tante gegangen, so hätte er dort sicher Lord Goodbody getroffen
Had he gone to his aunt's, he would have been sure to have met Lord Goodbody there
das ganze Gespräch hätte sich um die Speisung der Armen gedreht
the whole conversation would have been about the feeding of the poor
und er hätte von der Notwendigkeit von Musterherbergen gesprochen

and he would have spoken about the necessity for model lodging-houses
Jede Klasse hätte die Bedeutung dieser Tugenden gepredigt
Each class would have preached the importance of those virtues
aber es war nicht nötig, diese Tugenden in ihrem eigenen Leben zu üben
but there was no necessity to practice those virtues in their own lives
Die Reichen hätten über den Wert der Sparsamkeit gesprochen
The rich would have spoken on the value of thrift
und der Müßiggänger wäre über die Würde der Arbeit beredt geworden
and the idle would have grown eloquent over the dignity of labour
Es war reizend, all dem entkommen zu sein!
It was charming to have escaped all that!
Als er an seine Tante dachte, schien ihm ein Gedanke zu kommen
As he thought of his aunt, an idea seemed to strike him
Er wandte sich an Hallward und sagte: »Mein lieber Freund, ich habe mich soeben erinnert.«
He turned to Hallward and said, "My dear fellow, I have just remembered"
"Weißt du was, Harry?"
"Remembered what, Harry?"
"Ich erinnere mich, wo ich den Namen Dorian Gray gehört habe"
"I remember where I heard the name of Dorian Gray"
»Wo war es?« fragte Hallward mit einem leichten Stirnrunzeln
"Where was it?" asked Hallward, with a slight frown
»Sieh nicht so böse aus, Basil. Es war bei meiner Tante, Lady Agatha
"Don't look so angry, Basil. It was at my aunt, Lady Agatha's
Sie erzählte mir, dass sie einen wunderbaren jungen Mann entdeckt hatte
She told me she had discovered a wonderful young man
er würde ihr im East End helfen
he was going to help her in the East End
und sie sagte mir, er heiße Dorian Gray
and she told me that his name was Dorian Gray
Ich muß sagen, daß sie mir nie gesagt hat, daß er gut aussieht
I am bound to state that she never told me he was good-looking
Frauen haben keine Wertschätzung für gutes Aussehen; zumindest haben gute Frauen das nicht getan
Women have no appreciation of good looks; at least, good women

have not
Sie sagte, dass er sehr ernst war und ein schönes Wesen hatte
She said that he was very earnest and had a beautiful nature
Ich stellte mir sofort ein Geschöpf mit Brille und dürrem Haar vor, das schrecklich sommersprossig war
I at once pictured to myself a creature with spectacles and lank hair, horribly freckled
Ich stellte mir vor, wie er auf riesigen Füßen herumtrampelte
I imagined him tramping about on huge feet
Ich wünschte, ich hätte gewusst, dass es dein Freund ist
I wish I had known it was your friend
Ich bin sehr froh, dass du es nicht getan hast, Harry
I am very glad you didn't, Harry
"Warum?"
"Why?"
"Ich will nicht, dass du ihn triffst"
"I don't want you to meet him"
"Du willst nicht, dass ich ihn treffe?"
"You don't want me to meet him?"
"Nein."
"No."
»Mr. Dorian Gray ist im Atelier, Sir«, sagte der Butler, als er in den Garten trat
"Mr Dorian Gray is in the studio, sir," said the butler, coming into the garden
»Sie müssen mich jetzt vorstellen«, rief Lord Henry lachend
"You must introduce me now," cried Lord Henry, laughing
Der Maler wandte sich an seinen Diener, der blinzelnd im Sonnenlicht stand
The painter turned to his servant, who stood blinking in the sunlight
»Bitten Sie Mr. Gray zu warten, Parker: ich werde in wenigen Augenblicken da sein.«
"Ask Mr Gray to wait, Parker: I shall be in in a few moments"
Der Mann verbeugte sich und ging den Weg hinauf
The man bowed and went up the walk
Dann sah er Lord Henry an
Then he looked at Lord Henry
"Dorian Gray ist mein liebster Freund", sagte er
"Dorian Gray is my dearest friend," he said
"Er hat ein einfaches und schönes Wesen"
"He has a simple and a beautiful nature"

»Deine Tante hatte ganz recht mit dem, was sie von ihm sagte.«
"Your aunt was quite right in what she said of him"
"Verwöhne ihn nicht. Versuchen Sie nicht, ihn zu beeinflussen."
"Don't spoil him. Don't try to influence him"
"Ihr Einfluss wäre schlecht"
"Your influence would be bad"
"Die Welt ist weit und hat viele wunderbare Menschen in ihr"
"The world is wide, and has many marvellous people in it"
"Nehmt mir nicht die eine Person weg, die meiner Kunst den Charme verleiht, den sie besitzt."
"Don't take away from me the one person who gives to my art whatever charm it possesses"
"Mein Leben als Künstler hängt von ihm ab"
"my life as an artist depends on him"
"Harry, ich vertraue dir"
"Harry, I trust you"
Er sprach sehr langsam, und die Worte schienen ihm fast gegen seinen Willen abgerungen zu werden
He spoke very slowly, and the words seemed wrung out of him almost against his will
»Was für einen Unsinn Sie reden!« sagte Lord Henry lächelnd
"What nonsense you talk!" said Lord Henry, smiling
Er nahm Hallward am Arm und führte ihn fast ins Haus
taking Hallward by the arm, he almost led him into the house

Zweites Kapitel
Chapter Two

Als sie eintraten, sahen sie Dorian Gray
As they entered they saw Dorian Gray
Er saß am Klavier, mit dem Rücken zu ihnen
He was seated at the piano, with his back to them
er blätterte in einem Band von Schumanns "Waldszenen" um
he was turning over the pages of a volume of Schumann's "Forest Scenes"
»Basil, du mußt mir diese leihen«, rief er
"Basil, you must lend me these," he cried
"Ich möchte sie lernen. Sie sind absolut charmant."
"I want to learn them. They are perfectly charming"
»Das hängt ganz davon ab, wie du heute sitzt, Dorian.«
"That entirely depends on how you sit to-day, Dorian"
er schwang sich auf dem Musikschemel in eigensinniger, bockiger Weise herum
he swung round on the music-stool in a wilful, petulant manner
»Oh, ich bin des Sitzens müde und will kein lebensgroßes Porträt von mir«, antwortete der Bursche
"Oh, I am tired of sitting, and I don't want a life-sized portrait of myself," answered the lad
Als er Lord Henry erblickte, färbte eine leichte Röte für einen Augenblick seine Wangen, und er fuhr auf.
When he caught sight of Lord Henry, a faint blush coloured his cheeks for a moment, and he started up
»Ich bitte um Verzeihung, Basil, aber ich wußte nicht, daß du jemanden bei dir hast.«
"I beg your pardon, Basil, but I didn't know you had any one with you"
"Das ist Lord Henry Wotton, Dorian, ein alter Freund von mir aus Oxford."
"This is Lord Henry Wotton, Dorian, an old Oxford friend of mine"
"Ich habe ihm gerade gesagt, wie prächtig du für Porträts sitzt"
"I was just telling him how splendid you sit for portraits"
"Und jetzt hast du alles verdorben"
"and now you have spoiled everything"
»Sie haben mir das Vergnügen, Sie kennenzulernen, nicht verdorben, Mr. Gray«, sagte Lord Henry
"You have not spoiled my pleasure in meeting you, Mr. Gray," said Lord Henry

und er trat vor und streckte seine Hand aus
and he stepped forward and extended his hand
"Meine Tante hat mir oft von dir erzählt"
"My aunt has often spoken to me about you"
»Du bist einer ihrer Lieblinge und, fürchte ich, auch eines ihrer Opfer.«
"You are one of her favourites, and, I am afraid, one of her victims also"
»Ich stehe jetzt in Lady Agathas schwarzen Büchern«, antwortete Dorian mit einem komischen Blick der Reue
"I am in Lady Agatha's black books at present," answered Dorian with a funny look of penitence
"Ich habe versprochen, letzten Dienstag mit ihr in einen Club in Whitechapel zu gehen"
"I promised to go to a club in Whitechapel with her last Tuesday"
"und ich habe alles völlig vergessen"
"and I completely forgot all about it"
»Wir hätten zusammen ein Duett spielen sollen – drei Duette, glaube ich.«
"We were to have played a duet together—three duets, I believe"
"Ich weiß nicht, was sie mir sagen wird"
"I don't know what she will say to me"
"Ich bin viel zu verängstigt, um anzurufen"
"I am far too frightened to call"
"Oh, ich werde deinen Frieden mit meiner Tante schließen"
"Oh, I will make your peace with my aunt"
"Sie ist dir sehr ergeben"
"She is quite devoted to you"
"Und ich glaube nicht, dass es wirklich wichtig ist, dass du nicht da bist."
"And I don't think it really matters about your not being there"
"Das Publikum dachte wahrscheinlich, es sei ein Duett"
"The audience probably thought it was a duet"
"Wenn Tante Agatha sich ans Klavier setzt, macht sie genug Lärm für zwei Personen"
"When Aunt Agatha sits down to the piano, she makes quite enough noise for two people"
»Das ist sehr schrecklich für sie und nicht sehr nett für mich«, antwortete Dorian lachend
"That is very horrid to her, and not very nice to me," answered Dorian, laughing

Lord Henry sah ihn genauer an
Lord Henry looked at him more closely
Ja, er war auf jeden Fall wunderbar hübsch
Yes, he was certainly wonderfully handsome
fein geschwungene scharlachrote Lippen, offene blaue Augen, frisches goldenes Haar
finely curved scarlet lips, frank blue eyes, crisp gold hair
Es lag etwas in seinem Gesicht, das einen sofort vertrauen ließ
There was something in his face that made one trust him at once
Die ganze Offenheit der Jugend war da, ebenso wie die leidenschaftliche Reinheit aller Jugendlichen
All the candour of youth was there, as well as all youth's passionate purity
Man hatte das Gefühl, dass er sich von der Welt unbefleckt gehalten hatte
One felt that he had kept himself unspotted from the world
Kein Wunder, dass Basil Hallward ihn anbetete.
No wonder Basil Hallward worshipped him
»Sie sind zu charmant, um sich auf Philanthropie einzulassen, Mr. Gray, viel zu charmant.«
"You are too charming to go in for philanthropy, Mr. Gray, far too charming"
Und Lord Henry warf sich auf den Diwan und öffnete sein Zigarettenetui
And Lord Henry flung himself down on the divan and opened his cigarette-case
Der Maler war damit beschäftigt, seine Farben zu mischen und seine Pinsel vorzubereiten
The painter had been busy mixing his colours and getting his brushes ready
Er sah besorgt aus, und als er Lord Henrys letzte Bemerkung hörte, warf er ihm einen Blick zu
He was looking worried, and when he heard Lord Henry's last remark, he glanced at him
er zögerte einen Moment und sagte dann: "Harry, ich möchte dieses Bild heute fertigstellen."
he hesitated for a moment, and then said, "Harry, I want to finish this picture today"
»Würden Sie es schrecklich unhöflich von mir finden, wenn ich Sie bat, fortzugehen?«
"Would you think it awfully rude of me if I asked you to go away?"

Lord Henry lächelte und sah Dorian Gray an
Lord Henry smiled and looked at Dorian Gray
»Soll ich gehen, Mr. Gray?« fragte er
"Am I to go, Mr. Gray?" he asked
"Oh, bitte nicht, Lord Henry"
"Oh, please don't, Lord Henry"
"Ich sehe, dass Basil in einer seiner mürrischen Launen ist."
"I see that Basil is in one of his sulky moods"
»und ich kann ihn nicht ertragen, wenn er schmollt.«
"and I can't bear him when he sulks"
»Außerdem möchte ich, daß Sie mir sagen, warum ich mich nicht für Philanthropie engagieren sollte.«
"Besides, I want you to tell me why I should not go in for philanthropy"
»Ich weiß nicht, ob ich Ihnen das sagen werde, Mr. Gray.«
"I don't know that I shall tell you that, Mr. Gray"
"Es ist ein so langweiliges Thema, dass man ernsthaft darüber reden müsste"
"It is so tedious a subject that one would have to talk seriously about it"
"Aber ich werde sicher nicht weglaufen, jetzt, wo du mich gebeten hast, aufzuhören."
"But I certainly shall not run away, now that you have asked me to stop"
»Es macht dir nichts aus, Basil, oder?«
"You don't really mind, Basil, do you?"
"Du hast mir oft gesagt, dass du es magst, wenn deine Porträtierten jemanden haben, mit dem sie sich unterhalten können, während du malst."
"You have often told me that you liked your sitters to have someone to chat to, while you painted"
Hallward biß sich auf die Lippen. "Wenn Dorian es will, musst du natürlich bleiben."
Hallward bit his lips. "If Dorian wishes it, of course you must stay"
"Dorians Launen sind Gesetze für alle, außer für ihn selbst."
"Dorian's whims are laws to everybody, except himself"
Lord Henry nahm seinen Hut und seine Handschuhe
Lord Henry took up his hat and gloves
»Du hast es sehr eilig, Basil, aber ich fürchte, ich muß gehen.«
"You are very pressing, Basil, but I am afraid I must go"
»Ich habe versprochen, einen Mann in Orléans zu treffen.«

"I have promised to meet a man at the Orleans"
»Auf Wiedersehen, Mr. Gray. Kommen Sie eines Nachmittags zu mir in die Curzon Street.«
"Good-bye, Mr. Gray. Come and see me some afternoon in Curzon Street"
"Ich bin fast immer um fünf Uhr zu Hause"
"I am nearly always at home at five o'clock"
»Schreiben Sie mir, wenn Sie kommen. Es würde mir leid tun, dich zu vermissen."
"Write to me when you are coming. I should be sorry to miss you"
»Basil«, rief Dorian Gray, »wenn Lord Henry Wotton geht, werde ich auch gehen.«
"Basil," cried Dorian Gray, "if Lord Henry Wotton goes, I shall go, too"
"Beim Malen öffnet man nie die Lippen"
"You never open your lips while you are painting"
"Und es ist schrecklich langweilig, auf einer Plattform zu stehen und zu versuchen, angenehm auszusehen"
"and it is horribly dull standing on a platform and trying to look pleasant"
"Bitten Sie ihn, zu bleiben. Ich bestehe darauf."
"Ask him to stay. I insist upon it"
»Bleib, Harry, um Dorian und mir zu gefällig zu sein«, sagte Hallward und betrachtete aufmerksam sein Bild
"Stay, Harry, to oblige Dorian, and to oblige me," said Hallward, gazing intently at his picture
"Es ist ganz richtig, ich spreche nie, wenn ich arbeite"
"It is quite true, I never talk when I am working"
"Und höre auch nie zu, wenn ich arbeite"
"and never listen when I'm working either"
"und es muss für meine unglücklichen Porträtierten schrecklich langweilig sein, während ich male."
"and it must be dreadfully tedious for my unfortunate sitters while I paint"
"Ich bitte dich, zu bleiben"
"I beg you to stay"
»Aber was ist mit meinem Mann in Orleans?«
"But what about my man at the Orleans?"
Der Maler lachte
The painter laughed
"Ich glaube nicht, dass es dabei Schwierigkeiten geben wird"

"I don't think there will be any difficulty about that"
"Setz dich wieder, Harry"
"Sit down again, Harry"
"Und nun, Dorian, steig auf die Plattform."
"And now, Dorian, get up on the platform"
»und bewegen Sie sich nicht zu viel und achten Sie nicht darauf, was Lord Henry sagt.«
"and don't move about too much, or pay any attention to what Lord Henry says"
"Er hat einen sehr schlechten Einfluss auf alle seine Freunde, mit der einzigen Ausnahme von mir"
"He has a very bad influence over all his friends, with the single exception of myself"
Dorian Gray trat mit der Miene eines jungen griechischen Märtyrers auf das Podium
Dorian Gray stepped up on the dais with the air of a young Greek martyr
und er machte Lord Henry, der ihm eher Gefallen gefunden hatte, ein wenig Unzufriedenheit
and he made a little moue of discontent to Lord Henry, to whom he had rather taken a fancy
Er war so anders als Basil
He was so unlike Basil
Sie bildeten einen reizvollen Kontrast
They made a delightful contrast
Und er hatte so eine schöne Stimme
And he had such a beautiful voice
Nach einigen Augenblicken sagte er zu ihm: »Haben Sie wirklich einen sehr schlechten Einfluß, Lord Henry?«
After a few moments he said to him, "Have you really a very bad influence, Lord Henry?"
»Ist Ihr Einfluß so schlecht, wie Basil sagt?«
"is your influence as bad as Basil says?"
"So etwas wie einen guten Einfluss gibt es nicht, Mr. Gray"
"There is no such thing as a good influence, Mr. Gray"
"Jede Beeinflussung ist unmoralisch – unmoralisch vom wissenschaftlichen Standpunkt aus"
"All influence is immoral—immoral from the scientific point of view"
"Warum sollten sie aus wissenschaftlicher Sicht unmoralisch sein?"
"Why would they be immoral from the scientific point of view?"
"Wir können einen Menschen nicht beeinflussen, ohne ihm unsere

Seele aufzudrängen"
"we cannot influence a person without pushing our soul upon him"
"Er denkt nicht an seine natürlichen Gedanken"
"He does not think his natural thoughts"
"noch brennt er mit seinen natürlichen Leidenschaften"
"nor doe he burn with his natural passions"
"Seine Tugenden sind für ihn nicht real"
"His virtues are not real to him"
"Seine Sünden, wenn es so etwas wie Sünden gibt, sind geliehen"
"His sins, if there are such things as sins, are borrowed"
"Er wird zu einem Echo der Musik eines anderen"
"He becomes an echo of someone else's music"
"Ein Schauspieler einer Rolle, die nicht für ihn geschrieben wurde"
"an actor of a part that has not been written for him"
"Das Ziel des Lebens ist die Selbstentwicklung"
"The aim of life is self-development"
"Die eigene Natur perfekt zu verwirklichen"
"To realize one's nature perfectly"
"Dafür ist jeder von uns da"
"that is what each of us is here for"
"Die Menschen haben heutzutage Angst vor sich selbst"
"People are afraid of themselves, nowadays"
»Sie haben die höchste aller Pflichten vergessen.«
"They have forgotten the highest of all duties;"
"Die Pflicht, die man sich selbst schuldet"
"the duty that one owes to one's self"
"Natürlich sind sie wohltätig"
"Of course, they are charitable"
"Sie speisen die Hungrigen und kleiden den Bettler"
"They feed the hungry and clothe the beggar"
"Aber ihre eigenen Seelen hungern und sind nackt"
"But their own souls starve, and are naked"
"Der Mut ist aus unserem Rennen verschwunden"
"Courage has gone out of our race"
"Vielleicht hatten wir nie wirklich Mut"
"Perhaps we never really had any courage"
"Der Terror der Gesellschaft, der die Grundlage der Moral ist"
"The terror of society, which is the basis of morals"
"der Schrecken Gottes, der das Geheimnis der Religion ist"
"the terror of God, which is the secret of religion"
"Das sind die beiden Dinge, die uns regieren. Und doch –«

"these are the two things that govern us. And yet—"
»Drehe nur den Kopf ein wenig mehr nach rechts, Dorian, wie ein guter Junge«, sagte der Maler
"Just turn your head a little more to the right, Dorian, like a good boy," said the painter
er war tief in seine Arbeit vertieft und sich nur bewusst, dass ein Ausdruck in das Gesicht des Jungen getreten war
he was deep in his work and conscious only that a look had come into the lad's face
ein Blick, den er dort noch nie gesehen hatte
a look that he had never seen there before
»Und doch«, fuhr Lord Henry mit seiner leisen, musikalischen Stimme fort
"And yet," continued Lord Henry, in his low, musical voice
und er winkte anmutig mit der Hand, wie er in seinen Eaton-Tagen begonnen hatte
and he gracefully waved his hand the way he had started in his Eaton days
"Ich glaube, wenn ein Mann sein Leben voll und ganz leben würde..."
"I believe that if one man were to live out his life fully and completely..."
"Wenn er jedem Gefühl eine Form, jedem Gedanken einen Ausdruck, jedem Traum Wirklichkeit verleihen würde ..."
"if he were to give form to every feeling, expression to every thought, reality to every dream..."
"Ich glaube, dass die Welt dann einen neuen Impuls der Freude bekommen würde"
"I believe that then the world would gain a fresh impulse of joy"
"Ein Glück, das so groß ist, dass wir alle Krankheiten des Mittelalters vergessen würden"
"happiness so great that we would forget all the maladies of medievalism"
"und wir würden zum hellenischen Ideal zurückkehren"
"and we would return to the Hellenic ideal"
"etwas Feineres, Reicheres als das hellenische Ideal mag es sein"
"something finer, richer than the Hellenic ideal, it may be"
"Aber der tapferste Mann unter uns hat Angst vor sich selbst"
"But the bravest man amongst us is afraid of himself"
"Die Verstümmelung des Wilden hat ihr tragisches Überleben in der Selbstverleugnung, die unser Leben verdirbt"

"The mutilation of the savage has its tragic survival in the self-denial that mars our lives"
"Wir werden für unsere Weigerungen bestraft"
"We are punished for our refusals"
"Jeder Impuls, den wir zu ersticken trachten, brütet im Geist und vergiftet uns"
"Every impulse that we strive to strangle broods in the mind and poisons us"
"Der Körper sündigt einmal und hat mit seiner Sünde abgeschlossen, denn Handeln ist eine Art der Reinigung."
"The body sins once, and has done with its sin, for action is a mode of purification"
"Nichts bleibt dann übrig als die Erinnerung an ein Vergnügen oder der Luxus eines Bedauerns"
"Nothing remains then but the recollection of a pleasure, or the luxury of a regret"
"Der einzige Weg, eine Versuchung loszuwerden, ist, ihr nachzugeben"
"The only way to get rid of a temptation is to yield to it"
"Widerstehe ihm, und deine Seele wird krank vor Sehnsucht nach den Dingen, die sie sich selbst verboten hat."
"Resist it, and your soul grows sick with longing for the things it has forbidden to itself"
"Die Seele wird krank vor Verlangen nach dem, was ihre monströsen Gesetze monströs und rechtswidrig gemacht haben"
"the soul sickens with desire for what its monstrous laws have made monstrous and unlawful"
"Es wurde gesagt, dass die großen Ereignisse der Welt im Gehirn stattfinden"
"It has been said that the great events of the world take place in the brain"
"Im Gehirn, und nur im Gehirn, geschehen auch die großen Sünden der Welt."
"It is in the brain, and the brain only, that the great sins of the world take place also"
»Sie, Mr. Gray, Sie selbst, mit Ihrer rosenroten Jugend und Ihrer rosenweißen Knabenzeit.«
"You, Mr. Gray, you yourself, with your rose-red youth and your rose-white boyhood"
"Du hattest Leidenschaften, die dir Angst gemacht haben"
"you have had passions that have made you afraid"

"Du hattest Gedanken, die dich mit Schrecken erfüllt haben"
"you have had thoughts that have filled you with terror"
"Du hast Tagträume und Schlafträume gehabt, deren bloße Erinnerung deine Wange mit Scham beflecken könnte."
"you have had day-dreams and sleeping dreams whose mere memory might stain your cheek with shame"
»Halt!« stockte Dorian Gray, »halt! du verwirrst mich"
"Stop!" faltered Dorian Gray, "stop! you bewilder me"
"Ich weiß nicht, was ich sagen soll"
"I don't know what to say"
"Es gibt eine Antwort auf dich, aber ich kann sie nicht finden."
"There is some answer to you, but I cannot find it"
"Sprich nicht. Lass mich nachdenken. Oder besser gesagt, lass mich versuchen, nicht zu denken."
"Don't speak. Let me think. Or, rather, let me try not to think"
Fast zehn Minuten lang stand er regungslos da, mit geöffneten Lippen und seltsam hellen Augen
For nearly ten minutes he stood there, motionless, with parted lips and eyes strangely bright
Er war sich dunkel bewußt, daß ganz neue Einflüsse in ihm am Werk waren
He was dimly conscious that entirely fresh influences were at work within him
Und doch schien ihm der Einfluß wirklich von ihm selbst zu kommen
Yet the influence seemed to him to have come really from himself
Die wenigen Worte, die Basil' Freund zu ihm gesagt hatte
The few words that Basil's friend had said to him
Worte, die ohne Zweifel zufällig gesprochen wurden und in denen absichtliches Paradox steckt
words spoken by chance, no doubt, and with wilful paradox in them
Diese Worte hatten einen geheimen Akkord berührt, der noch nie zuvor berührt worden war
these words had touched some secret chord that had never been touched before
aber ein geheimer Akkord, den er fühlte, vibrierte und pochte jetzt zu seltsamen Impulsen
but a secret chord that he felt was now vibrating and throbbing to curious pulses
Die Musik hatte ihn so aufgewühlt
Music had stirred him like that

Musik hatte ihn schon oft beunruhigt
Music had troubled him many times
Aber die Musik war nicht artikuliert
But music was not articulate
Es war keine neue Welt, sondern ein anderes Chaos, das es in uns schuf
It was not a new world, but rather another chaos, that it created in us
Wörter! Bloße Worte! Wie schrecklich sie waren!
Words! Mere words! How terrible they were!
Wie klar und lebendig und grausam!
How clear, and vivid, and cruel!
Man konnte sich den Worten nicht entziehen
One could not escape from words
Und doch, welch ein subtiler Zauber lag in Worten!
And yet what a subtle magic there was in words!
Sie schienen in der Lage zu sein, formlosen Dingen eine plastische Form zu geben
They seemed to be able to give a plastic form to formless things
und sie schienen eine eigene Musik zu haben, die so süß war wie die der Gambe oder der Laute
and they seemed to have a music of their own as sweet as that of viol or of lute
Bloße Worte! Gab es etwas so Reales wie Worte?
Mere words! Was there anything so real as words?
Ja; es hatte in seiner Kindheit Dinge gegeben, die er nicht verstanden hatte
Yes; there had been things in his boyhood that he had not understood
Er verstand diese Dinge jetzt
He understood these things now
Das Leben wurde plötzlich feurig für ihn
Life suddenly became fiery-coloured to him
Es schien ihm, als sei er im Feuer gegangen
It seemed to him that he had been walking in fire
Warum hatte er es nicht gewußt?
Why had he not known it?
Mit seinem subtilen Lächeln beobachtete Lord Henry ihn
With his subtle smile, Lord Henry watched him
Er kannte genau den psychologischen Moment, in dem er nichts sagen musste
He knew the precise psychological moment when to say nothing
Er fühlte sich sehr interessiert

He felt intensely interested
Er war erstaunt über den plötzlichen Eindruck, den seine Worte hervorgerufen hatten
He was amazed at the sudden impression that his words had produced
und er erinnerte sich an ein Buch, das er gelesen hatte, als er sechzehn war
and he remembered a book that he had read when he was sixteen
ein Buch, das ihm vieles offenbart hatte, was er vorher nicht gewusst hatte
a book which had revealed to him much that he had not known before
er fragte sich, ob Dorian Gray eine ähnliche Erfahrung machte
he wondered whether Dorian Gray was passing through a similar experience
Er hatte lediglich einen Pfeil in die Luft geschossen
He had merely shot an arrow into the air
Hatte der Pfeil ins Ziel getroffen?
Had the arrow hit the mark?
Wie faszinierend der Junge war!
How fascinating the lad was!
Hallward malte mit dem wunderbaren, kühnen Ton seiner
Hallward painted away with that marvellous bold touch of his
die wahre Raffinesse und perfekte Zartheit eines kühnen Anschlags
the true refinement and perfect delicacy of a bold touch
In der Kunst kommt eine solche Raffinesse und Zartheit nur aus der Stärke
in art, such refinement and delicacy comes only from strength
Er war sich des Schweigens nicht bewußt
He was unconscious of the silence
»Basil, ich bin des Stehens müde«, rief Dorian Gray plötzlich
"Basil, I am tired of standing," cried Dorian Gray suddenly
"Ich muss rausgehen und mich in den Garten setzen"
"I must go out and sit in the garden"
"Die Luft ist stickig hier"
"The air is stifling here"
"Mein Lieber, es tut mir so leid"
"My dear fellow, I am so sorry"
"Wenn ich male, kann ich an nichts anderes denken"
"When I am painting, I can't think of anything else"

"**Aber du hast noch nie besser gesessen**"
"But you never sat better"
"**Du warst vollkommen still**"
"You were perfectly still"
"**Und ich habe den Effekt eingefangen, den ich wollte**"
"And I have caught the effect I wanted"
"**Die halb geöffneten Lippen und der helle Blick in den Augen**"
"the half-parted lips and the bright look in the eyes"
"**Ich weiß nicht, was Harry zu dir gesagt hat.**"
"I don't know what Harry has been saying to you"
"**Aber er hat dir gewiß den wunderbarsten Ausdruck gegeben.**"
"but he has certainly made you have the most wonderful expression"
"**Ich nehme an, er hat dir Komplimente gemacht.**"
"I suppose he has been paying you compliments"
"**Du darfst kein Wort glauben, was er sagt**"
"You mustn't believe a word that he says"
"**Er hat mir sicherlich keine Komplimente gemacht**"
"He has certainly not been paying me compliments"
"**Vielleicht ist das der Grund, warum ich nichts glaube, was er mir gesagt hat.**"
"Perhaps that is the reason that I don't believe anything he has told me"
»**Sie wissen, daß Sie alles glauben**«, sagte Lord Henry
"You know you believe it all," said Lord Henry
und er sah ihn mit seinen träumerischen, schmachtenden Augen an
and he looked at him with his dreamy languorous eyes
"**Ich werde mit dir in den Garten gehen**"
"I will go out to the garden with you"
"**Es ist schrecklich heiß im Studio**"
"It is horribly hot in the studio"
"**Lieber Basil, lass uns etwas Eisgekühltes zu trinken haben**"
"Dear Basil, let us have something iced to drink"
"**Besorge uns etwas mit Erdbeeren drin**"
"get us something something with strawberries in it"
"**Sicher, Harry. Berühren Sie einfach die Glocke**"
"Certainly, Harry. Just touch the bell"
»**und wenn Parker kommt, werde ich ihm sagen, was Sie wollen.**«
"and when Parker comes I will tell him what you want"
"**Ich muss diesen Hintergrund aufarbeiten**"
"I have got to work up this background"
"**also komme ich später zu dir**"

"so I will join you later on"
"Behalte Dorian nicht zu lange"
"Don't keep Dorian too long"
"Ich war noch nie so gut in der Malerei wie heute"
"I have never been in better form for painting than I am today"
"Das wird mein Meisterwerk"
"This is going to be my masterpiece"
"Es ist mein Meisterwerk, so wie es ist"
"It is my masterpiece as it stands"
Lord Henry ging in den Garten hinaus und fand Dorian Gray, der sein Gesicht in den großen, kühlen Fliederblüten vergrub
Lord Henry went out to the garden and found Dorian Gray burying his face in the great cool lilac-blossoms
er trank fieberhaft in ihrem Parfüm, als wäre es Wein gewesen
he was feverishly drinking in their perfume as if it had been wine
Er trat näher an ihn heran und legte ihm die Hand auf die Schulter
He came close to him and put his hand upon his shoulder
»Sie haben ganz recht, das zu tun«, murmelte er
"You are quite right to do that," he murmured
"Nichts kann die Seele heilen als die Sinne"
"Nothing can cure the soul but the senses"
"So wie nichts die Sinne heilen kann als die Seele"
"just as nothing can cure the senses but the soul"
Der Bursche fuhr zusammen und zog sich zurück
The lad started and drew back
die Blätter hatten seine widerspenstigen Locken durcheinander geworfen und alle ihre vergoldeten Fäden verwickelt
the leaves had tossed his rebellious curls and tangled all their gilded threads
In seinen Augen lag ein Ausdruck der Angst
There was a look of fear in his eyes
ein Blick der Angst, wie ihn Menschen haben, wenn sie plötzlich geweckt werden
a look of fear such as people have when they are suddenly awakened
Seine fein ziselierten Nasenlöcher zitterten
His finely chiselled nostrils quivered
und ein verborgener Nerv schüttelte das Scharlachrot seiner Lippen und ließ sie zittern
and some hidden nerve shook the scarlet of his lips and left them trembling
»Ja«, fuhr Lord Henry fort, »das ist eines der großen Geheimnisse

des Lebens.«
"Yes," continued Lord Henry, "that is one of the great secrets of life"
"die Seele mit den Sinnen heilen"
"to cure the soul by means of the senses"
und die Sinne durch die Seele zu heilen"
and to cure the senses by means of the soul"
"Du bist eine wunderbare Schöpfung"
"You are a wonderful creation"
"Du weißt mehr, als du glaubst zu wissen"
"You know more than you think you know"
"So wie du weniger weißt, als du wissen willst"
"just as you know less than you want to know"
Dorian Gray runzelte die Stirn und wandte den Kopf ab
Dorian Gray frowned and turned his head away
Er konnte nicht umhin, den großen, anmutigen jungen Mann, der neben ihm stand, zu mögen
He could not help liking the tall, graceful young man who was standing by him
Sein romantisches, olivfarbenes Gesicht und sein abgenutzter Gesichtsausdruck interessierten ihn
His romantic, olive-coloured face and worn expression interested him
Es lag etwas in seiner tiefen, trägen Stimme, das absolut faszinierend war
There was something in his low languid voice that was absolutely fascinating
Selbst seine kühlen, weißen, blumenartigen Hände hatten einen seltsamen Charme
His cool, white, flowerlike hands, even, had a curious charm
seine Hände bewegten sich, während er sprach, wie Musik
his hands moved, as he spoke, like music
und seine Hände schienen eine eigene Sprache zu haben
and his hands seemed to have a language of their own
Aber er fürchtete sich vor ihm
But he felt afraid of him
und er schämte sich, Angst zu haben
and he felt ashamed of being afraid
Warum war es einem Fremden überlassen worden, ihn sich selbst zu offenbaren?
Why had it been left for a stranger to reveal him to himself?
Er kannte Basil Hallward seit Monaten

He had known Basil Hallward for months
aber die Freundschaft zwischen ihnen hatte ihn nie verändert
but the friendship between them had never altered him
Plötzlich war jemand in sein Leben gekommen, der ihm das Geheimnis des Lebens enthüllt zu haben schien
Suddenly there had come someone across his life who seemed to have disclosed to him life's mystery
Und doch, wovor sollte man sich fürchten?
And, yet, what was there to be afraid of?
Er war weder ein Schuljunge noch ein Mädchen
He was not a schoolboy or a girl
Es war absurd, sich zu fürchten
It was absurd to be frightened
»Laßt uns gehen und uns in den Schatten setzen«, sagte Lord Henry
"Let us go and sit in the shade," said Lord Henry
"Parker hat die Getränke herausgebracht"
"Parker has brought out the drinks"
»und wenn Sie noch länger in diesem Glanz bleiben, werden Sie ganz verwöhnt sein.«
"and if you stay any longer in this glare, you will be quite spoiled"
»und dann wird Basil dich nie wieder malen.«
"and then Basil will never paint you again"
"Du darfst dir wirklich nicht erlauben, einen Sonnenbrand zu bekommen"
"You really must not allow yourself to become sunburnt"
"Es wäre unschicklich"
"It would be unbecoming"
»Was kann das bedeuten?« rief Dorian Gray lachend
"What can it matter?" cried Dorian Gray, laughing
und er setzte sich auf den Sitz am Ende des Gartens
and he sat down on the seat at the end of the garden
"Es sollte Ihnen alles bedeuten, Mr. Gray"
"It should matter everything to you, Mr. Gray"
"Warum?"
"Why?"
"Weil du die wunderbarste Jugend hast"
"Because you have the most marvellous youth"
"Und die Jugend ist das Einzige, was es wert ist, zu haben"
"and youth is the one thing worth having"
»Das fühle ich nicht, Lord Henry.«
"I don't feel that, Lord Henry"

"Nein, du spürst es jetzt nicht"
"No, you don't feel it now"
"Eines Tages, wenn du alt und faltig und hässlich bist"
"Some day, when you are old and wrinkled and ugly"
"Wenn der Gedanke deine Stirn mit seinen Linien versengt hat"
"when thought has seared your forehead with its lines"
"Als die Leidenschaft deine Lippen mit ihren abscheulichen Feuern brandmarkte"
"when passion branded your lips with its hideous fires"
"Dann wirst du es fühlen, du wirst es schrecklich fühlen"
"then you will feel it, you will feel it terribly"
"Wohin du auch gehst, du bezauberst die Welt"
"Now, wherever you go, you charm the world"
"Wird es immer so sein? ..."
"Will it always be so? ..."
"Sie haben ein wunderbar schönes Gesicht, Mr. Gray"
"You have a wonderfully beautiful face, Mr. Gray"
"Runzeln Sie nicht die Stirn, Sie haben wirklich ein schönes Gesicht"
"Don't frown, you have really have a beautiful face"
"Und Schönheit ist eine Form des Genies"
"And beauty is a form of genius"
"Schönheit ist in der Tat höher als das Genie, da sie keiner Erklärung bedarf"
"beauty is higher, indeed, than genius, as it needs no explanation"
"Es handelt sich um die großen Tatsachen der Welt, wie das Sonnenlicht oder den Frühling."
"It is of the great facts of the world, like sunlight, or spring-time"
"Oder die Reflexion dieser silbernen Muschel in dunklen Wassern, die wir den Mond nennen"
"or the reflection in dark waters of that silver shell we call the moon"
"Es kann nicht in Frage gestellt werden"
"It cannot be questioned"
"Es hat sein göttliches Recht auf Souveränität"
"It has its divine right of sovereignty"
"Es macht Prinzen aus denen, die es haben"
"It makes princes of those who have it"
"Du lächelst? Ah! wenn du es verloren hast, wirst du nicht lächeln ...«
"You smile? Ah! when you have lost it you won't smile...."
"Die Leute sagen manchmal, dass Schönheit nur oberflächlich ist"

"People say sometimes that beauty is only superficial"
"Das mag so sein, aber zumindest ist es nicht so oberflächlich wie das Denken"
"That may be so, but at least it is not as superficial as thought is"
"Für mich ist Schönheit das Wunder der Wunder"
"To me, beauty is the wonder of wonders"
"Es sind nur oberflächliche Menschen, die nicht nach dem Äußeren urteilen"
"It is only shallow people who do not judge by appearances"
"Das wahre Geheimnis der Welt ist das Sichtbare, nicht das Unsichtbare..."
"The true mystery of the world is the visible, not the invisible...."
"Ja, Mr. Gray, die Götter waren gut zu Ihnen."
"Yes, Mr. Gray, the gods have been good to you"
"Aber was die Götter geben, nehmen sie schnell wieder weg"
"But what the gods give they quickly take away"
"Du hast nur ein paar Jahre, um wirklich, perfekt und voll zu leben"
"You have only a few years in which to live really, perfectly, and fully"
"Wenn deine Jugend geht, wird deine Schönheit mitgehen"
"When your youth goes, your beauty will go with it"
"Und dann wirst du plötzlich feststellen, dass es keine Triumphe mehr für dich gibt"
"and then you will suddenly discover that there are no triumphs left for you"
"Oder du musst dich mit jenen gemeinen Triumphen begnügen, die die Erinnerung an deine Vergangenheit bitterer machen wird als Niederlagen."
"or you have to content yourself with those mean triumphs that the memory of your past will make more bitter than defeats"
"Jeder Monat, wenn es schwindet, bringt dich etwas Schrecklichem näher"
"Every month as it wanes brings you nearer to something dreadful"
"Die Zeit ist eifersüchtig auf dich und kämpft gegen deine Lilien und deine Rosen"
"Time is jealous of you, and wars against your lilies and your roses"
"Du wirst fahl und hohlwangig und stumpfäugig werden"
"You will become sallow, and hollow-cheeked, and dull-eyed"
"Du wirst schrecklich leiden..."
"You will suffer horribly...."

»**Ah! Erkenne deine Jugend, solange du sie hast**"
"Ah! realize your youth while you have it"
"**Verschwende nicht das Gold deiner Tage, höre auf das Langweilige**"
"Don't squander the gold of your days, listening to the tedious"
"**Verbringen Sie keine Zeit damit, das hoffnungslose Scheitern zu verbessern**"
"don't spend time trying to improve the hopeless failure"
"**Verschenke dein Leben nicht an die Unwissenden, die Gemeinen und die Vulgären**"
"don't give away your life to the ignorant, the common, and the vulgar"
"**Das sind die krankhaften Ziele, die falschen Ideale unserer Zeit**"
"These are the sickly aims, the false ideals, of our age"
»**Leben! Lebe das wunderbare Leben, das in dir ist!**"
"Live! Live the wonderful life that is in you!"
"**Lass nichts an dir verloren gehen**"
"Let nothing be lost upon you"
"**Immer auf der Suche nach neuen Empfindungen**"
"Be always searching for new sensations"
"**Fürchte dich vor nichts...**"
"Be afraid of nothing...."
"**Ein neuer Hedonismus – das ist es, was unser Jahrhundert will**"
"A new Hedonism—that is what our century wants"
"**Du könntest sein sichtbares Symbol sein**"
"You might be its visible symbol"
"**Mit deiner Persönlichkeit gibt es nichts, was du nicht tun könntest**"
"With your personality there is nothing you could not do"
"**Die Welt gehört dir für eine Saison...**"
"The world belongs to you for a season..."
"**In dem Moment, als ich dich traf, sah ich, dass du dir nicht bewusst warst, was du wirklich bist.**"
"The moment I met you I saw that you were quite unconscious of what you really are"
"**Ich habe gesehen, dass du dir nicht bewusst bist, was du wirklich sein könntest**"
"I saw that you are unconscious of what you really might be"
"**Es gab so viel in dir, das mich bezauberte, dass ich das Gefühl hatte, ich müsste dir etwas über dich erzählen.**"
"There was so much in you that charmed me that I felt I must tell you

something about yourself"
"Ich dachte, wie tragisch es wäre, wenn du verschwendet wärst"
"I thought how tragic it would be if you were wasted"
»es gibt so eine kurze Zeit, die deine Jugend dauern wird – so eine kurze Zeit.«
"there is such a little time that your youth will last—such a little time"
"Die gemeinen Bergblumen verwelken, aber sie blühen wieder"
"The common hill-flowers wither, but they blossom again"
"Der Goldregen wird im nächsten Juni so gelb sein wie jetzt"
"The laburnum will be as yellow next June as it is now"
"In einem Monat wird es violette Sterne auf der Clematis geben"
"In a month there will be purple stars on the clematis"
"Und Jahr für Jahr wird die grüne Nacht ihrer Blätter ihre purpurnen Sterne halten"
"and year after year the green night of its leaves will hold its purple stars"
"Aber wir bekommen unsere Jugend nie zurück"
"But we never get back our youth"
"Der Puls der Freude, der mit zwanzig in uns schlägt, wird träge"
"The pulse of joy that beats in us at twenty becomes sluggish"
"Unsere Gliedmaßen versagen, unsere Sinne verrotten"
"Our limbs fail, our senses rot"
"Wir verkommen zu hässlichen Marionetten, verfolgt von der Erinnerung an die Leidenschaften, vor denen wir uns zu sehr gefürchtet haben"
"We degenerate into hideous puppets, haunted by the memory of the passions of which we were too much afraid"
»und wir werden von den köstlichen Versuchungen heimgesucht, denen wir nicht den Mut hatten, nachzugeben.«
"and we're haunted by the exquisite temptations that we had not the courage to yield to"
»Jugend! Jugend! Es gibt absolut nichts auf der Welt als die Jugend!"
"Youth! Youth! There is absolutely nothing in the world but youth!"
Dorian Gray hörte mit offenen Augen zu und wunderte sich
Dorian Gray listened open-eyed, and wondered
Der Fliederstrahl fiel aus seiner Hand auf den Kies
The spray of lilac fell from his hand upon the gravel
Eine pelzige Biene kam und summte einen Moment lang um sie herum
A furry bee came and buzzed round it for a moment

Dann begann die Biene über die ovale Sternkugel der winzigen Blüten zu krabbeln
Then the bee began to scramble all over the oval stellated globe of the tiny blossoms
Er beobachtete es mit jenem seltsamen Interesse an trivialen Dingen, das wir zu entwickeln versuchen, wenn uns Dinge von großer Bedeutung Angst machen
He watched it with that strange interest in trivial things that we try to develop when things of high import make us afraid
oder wenn wir von einer neuen Emotion aufgewühlt werden, für die wir keinen Ausdruck finden
or when we are stirred by some new emotion for which we cannot find expression
oder wenn ein Gedanke, der uns erschreckt, plötzlich das Gehirn belagert und uns auffordert, nachzugeben
or when some thought that terrifies us lays sudden siege to the brain and calls on us to yield
Nach einiger Zeit flog die Biene davon
After a time the bee flew away
Er sah, wie es in die fleckige Trompete einer tyrischen Winde kroch
He saw it creeping into the stained trumpet of a Tyrian convolvulus
Die Blume schien zu zittern und schwankte dann sanft hin und her
The flower seemed to quiver, and then swayed gently to and fro
Plötzlich erschien der Maler an der Tür des Ateliers
Suddenly the painter appeared at the door of the studio
Er machte Stakkato-Zeichen, damit sie hereinkamen
he made staccato signs for them to come in
Sie drehten sich zu einander um und lächelten
They turned to each other and smiled
»Ich warte«, rief er
"I am waiting," he cried
»Kommen Sie herein. Das Licht ist ziemlich perfekt"
"Do come in. The light is quite perfect"
"Und du kannst deine Getränke mitbringen"
"and you can bring your drinks"
Sie erhoben sich und schlenderten zusammen den Weg hinunter
They rose up and sauntered down the walk together
Zwei grün-weiße Schmetterlinge flatterten an ihnen vorbei
Two green-and-white butterflies fluttered past them
und in dem Birnbaum an der Ecke des Gartens fing eine Drossel an

zu singen
and in the pear-tree at the corner of the garden a thrush began to sing
»Sie sind froh, daß Sie mich kennengelernt haben, Mr. Gray«, sagte Lord Henry und sah ihn an
"You are glad you have met me, Mr. Gray," said Lord Henry, looking at him
"Ja, ich bin jetzt froh"
"Yes, I am glad now"
"Ich frage mich, ob ich immer froh sein soll?"
"I wonder, shall I always be glad?"
»Immer! Das ist ein schreckliches Wort."
"Always! That is a dreadful word"
"Es lässt mich erschaudern, wenn ich es höre"
"It makes me shudder when I hear it"
"Frauen benutzen es so gerne"
"Women are so fond of using it"
"Sie verderben jede Romanze, indem sie versuchen, sie für immer zu halten"
"They spoil every romance by trying to make it last forever"
"Es ist auch ein bedeutungsloses Wort"
"It is a meaningless word, too"
"Der einzige Unterschied zwischen einer Laune und einer lebenslangen Leidenschaft besteht darin, dass die Laune etwas länger anhält"
"The only difference between a caprice and a lifelong passion is that the caprice lasts a little longer"
Als sie das Studio betraten, legte Dorian Gray seine Hand auf Lord Henrys Arm
As they entered the studio, Dorian Gray put his hand upon Lord Henry's arm
»In diesem Fall soll unsere Freundschaft eine Laune sein«, murmelte er
"In that case, let our friendship be a caprice," he murmured
und seine Wangen röteten sich über seine eigene Kühnheit
and his cheeks flushed at his own boldness
dann trat er auf die Plattform und nahm seine Pose wieder ein
then stepped up on the platform and resumed his pose
Lord Henry warf sich in einen großen Korbsessel und beobachtete ihn.
Lord Henry flung himself into a large wicker arm-chair and watched him.

Das Streichen und Streichen des Pinsels auf der Leinwand machte das einzige Geräusch, das die Stille unterbrach
The sweep and dash of the brush on the canvas made the only sound that broke the stillness

die einzigen anderen Geräusche waren, wenn Hallward von Zeit zu Zeit einen Schritt zurücktrat, um seine Arbeit aus der Ferne zu betrachten
the only other sounds was when Hallward, now and then, stepped back to look at his work from a distance

In den schrägen Balken, die durch die offene Tür strömten, tanzte der Staub und war golden
In the slanting beams that streamed through the open doorway the dust danced and was golden

Der schwere Duft der Rosen schien über allem zu brüten
The heavy scent of the roses seemed to brood over everything

Nach etwa einer Viertelstunde hörte Hallward auf zu malen
After about a quarter of an hour Hallward stopped painting

er sah Dorian Gray lange an
he looked for a long time at Dorian Gray

und dann betrachtete er lange das Bild
and then for a long time he looked at the picture

und er biß in das Ende eines seiner großen Pinsel und runzelte die Stirn
and he bit the end of one of his huge brushes, and frowned

»Es ist ganz fertig,« rief er endlich
"It is quite finished," he cried at last

Er bückte sich und schrieb seinen Namen in langen, zinnoberroten Buchstaben in die linke Ecke der Leinwand
stooping down he wrote his name in long vermilion letters on the left-hand corner of the canvas

Lord Henry kam herüber und betrachtete das Bild
Lord Henry came over and examined the picture

"Es war sicherlich ein wunderbares Kunstwerk"
"It was certainly a wonderful work of art"

"Und es hat auch ein wunderbares Abbild"
"and it also has a wonderful likeness as well"

»Mein Lieber, ich gratuliere Ihnen sehr herzlich«, sagte er
"My dear fellow, I congratulate you most warmly," said

"Es ist das schönste Porträt der Neuzeit"
"It is the finest portrait of modern times"

"Mr. Gray, kommen Sie rüber und sehen Sie sich an."

"Mr. Gray, come over and look at yourself"
Der Junge fuhr zusammen, als wäre er aus einem Traum erwacht
The lad started, as if awakened from some dream
»**Ist es wirklich fertig?**« **murmelte er und trat von der Plattform herunter**
"Is it really finished?" he murmured, stepping down from the platform
»**Es ist ganz fertig**«, **sagte der Maler**
"it is quite finished," said the painter
"**Und du hast heute prächtig gesessen**"
"And you have sat splendidly today"
"**Ich bin dir schrecklich dankbar**"
"I am awfully obliged to you"
»**Das ist ganz und gar mein Verdienst**«, **unterbrach ihn Lord Henry,** »**nicht wahr, Mr. Gray?**«
"That is entirely due to me," broke in Lord Henry, "Isn't it, Mr. Gray?"
Dorian antwortete nicht, sondern ging teilnahmslos vor seinem Bild vorbei und wandte sich ihm zu
Dorian made no answer, but passed listlessly in front of his picture and turned towards it
Als er es sah, wich er zurück
When he saw it he drew back
seine Wangen röteten sich einen Augenblick lang vor Vergnügen
his cheeks flushed for a moment with pleasure
Ein Ausdruck der Freude trat in seine Augen, als hätte er sich zum ersten Mal erkannt
A look of joy came into his eyes, as if he had recognized himself for the first time
Er stand regungslos und verwundert da
He stood there motionless and in wonder
er war sich dunkel bewußt, daß Hallward mit ihm sprach
he was dimly conscious that Hallward was speaking to him
aber er begriff den Sinn seiner Worte nicht
but he did not catch the meaning of his words
Das Gefühl seiner eigenen Schönheit überkam ihn wie eine Offenbarung
The sense of his own beauty came on him like a revelation
Er hatte seine eigene Schönheit noch nie zuvor gespürt
He had never felt his own beauty before
Basil Hallwards Komplimente waren ihm nur als die reizende Übertreibung der Freundschaft erschienen

Basil Hallward's compliments had seemed to him to be merely the charming exaggeration of friendship
Er hatte ihnen zugehört, über sie gelacht, sie vergessen
He had listened to them, laughed at them, forgotten them
Sie hatten sein Wesen nicht beeinflusst
They had not influenced his nature
Dann war Lord Henry Wotton mit seiner seltsamen Lobeshymne auf die Jugend gekommen
Then had come Lord Henry Wotton with his strange panegyric on youth
dann kam seine schreckliche Warnung vor der Kürze der Jugend
then came his terrible warning of youth's brevity
Das hatte ihn damals aufgewühlt
That had stirred him at the time
aber jetzt, da er so dastand und den Schatten seiner eigenen Schönheit betrachtete
but now, as he stood gazing at the shadow of his own loveliness
die volle Realität der Beschreibung blitzte in ihm auf
the full reality of the description flashed across him
Ja, es würde einen Tag geben, an dem sein Gesicht faltig und zerknittert sein würde
Yes, there would be a day when his face would be wrinkled and wizen
Eines Tages werden seine Augen trüb und farblos sein
one day his his eyes will be dim and colourless
die Anmut seiner Gestalt wird gebrochen und deformiert werden
the grace of his figure will be broken and deformed
Das Scharlachrot würde von seinen Lippen verschwinden
The scarlet would pass away from his lips
und das Gold wird sein Haar verlassen
and the gold will leave his hair
Das Leben, das seine Seele erschaffen sollte, würde seinen Körper verderben
The life that was to make his soul would mar his body
Er würde schrecklich, häßlich und ungehobelt werden
He would become dreadful, hideous, and uncouth
Als er daran dachte, durchfuhr ihn ein scharfer Schmerz wie ein Messer
As he thought of it, a sharp pang of pain struck through him like a knife
es ließ jede zarte Faser seines Wesens erzittern

it made each delicate fibre of his nature quiver
Seine Augen vertieften sich zu Amethyst, und ein Nebel von Tränen kam über sie
His eyes deepened into amethyst, and across them came a mist of tears
Er fühlte sich, als hätte man eine Hand aus Eis auf sein Herz gelegt
He felt as if a hand of ice had been laid upon his heart
»Gefällt es Ihnen nicht?« rief Hallward endlich, ein wenig gekränkt durch das Schweigen des Knaben
"Don't you like it?" cried Hallward at last, stung a little by the lad's silence
aber er verstand nicht, was sein Schweigen bedeutete
but he did not understand what his silence meant
»Natürlich gefällt es ihm«, sagte Lord Henry
"Of course he likes it," said Lord Henry
"Wer würde es nicht mögen? Es ist eines der größten Dinge in der modernen Kunst."
"Who wouldn't like it? It is one of the greatest things in modern art"
"Ich werde dir alles geben, was du danach verlangen willst."
"I will give you anything you like to ask for it"
"Ich muss es haben"
"I must have it"
"Es ist nicht mein Eigentum, Harry"
"It is not my property, Harry"
»Wessen Eigentum ist es?«
"Whose property is it?"
»es ist natürlich Dorians«, antwortete der Maler
"it is Dorian's, of course," answered the painter
"Er ist ein sehr glücklicher Kerl"
"He is a very lucky fellow"
»Wie traurig das ist!« murmelte Dorian Gray
"How sad it is!" murmured Dorian Gray
seine Augen waren noch immer auf sein eigenes Porträt gerichtet
his eyes were still fixed upon his own portrait
»Wie traurig ist es! Ich werde alt und schrecklich und schrecklich werden."
"How sad it is! I shall grow old, and horrible, and dreadful"
"Aber dieses Bild wird immer jung bleiben"
"But this picture will remain always young"
"Er wird nie älter sein als dieser besondere Tag im Juni"
"It will never be older than this particular day of June"

"Wenn es nur umgekehrt wäre!"
"If it were only the other way!"
»Wenn ich es wäre, der immer jung sein sollte, und das Bild, das alt werden sollte!«
"If it were I who was to be always young, and the picture that was to grow old!"
"Dafür würde ich alles geben!"
"For that I would give everything!"
"Ja, es gibt nichts auf der ganzen Welt, was ich nicht geben würde!"
"Yes, there is nothing in the whole world I would not give!"
"Ich würde meine Seele dafür geben, dass es passiert!"
"I would give my soul to make it happen!"
»Sie würden sich kaum für eine solche Einrichtung interessieren, Basil«, rief Lord Henry lachend
"You would hardly care for such an arrangement, Basil," cried Lord Henry, laughing
"Es wäre ziemlich hart für Ihre Arbeit"
"It would be rather hard lines on your work"
»Ich würde sehr heftig widersprechen, Harry«, sagte Hallward
"I should object very strongly, Harry," said Hallward
Dorian Gray drehte sich um und sah ihn an
Dorian Gray turned and looked at him
"Ich glaube, du würdest es tun, Basil."
"I believe you would, Basil"
"Du magst deine Kunst besser als deine Freunde"
"You like your art better than your friends"
"Ich bin dir nicht mehr als eine grüne Bronzefigur"
"I am no more to you than a green bronze figure"
»Ich bin kaum eine Gestalt für dich, wage ich zu sagen.«
"I am hardly as much as a form to you, I dare say"
Der Maler starrte erstaunt vor sich hin
The painter stared in amazement
Es war so untypisch für Dorian, so zu sprechen
It was so unlike Dorian to speak like that
Was war passiert? Er schien ziemlich wütend zu sein
What had happened? He seemed quite angry
Sein Gesicht war gerötet und seine Wangen brannten
His face was flushed and his cheeks burning
»Ja«, fuhr er fort, »ich bin dir weniger als dein elfenbeinerner Hermes oder dein silberner Faun.«
"Yes," he continued, "I am less to you than your ivory Hermes or your

silver Faun"
"Sie werden dir immer gefallen"
"You will like them always"
"Wie lange wirst du mich mögen?"
"How long will you like me?"
"Bis ich meine erste Falte habe, nehme ich an."
"Till I have my first wrinkle, I suppose"
"Ich weiß jetzt, dass man, wenn man sein gutes Aussehen verliert, was auch immer es sein mag, alles verliert."
"I know, now, that when one loses one's good looks, whatever they may be, one loses everything"
"Ihr Bild hat mich das gelehrt"
"Your picture has taught me that"
"Lord Henry Wotton hat vollkommen Recht"
"Lord Henry Wotton is perfectly right"
"Jugend ist das Einzige, was es wert ist, zu haben"
"Youth is the only thing worth having"
"Wenn ich merke, dass ich alt werde, werde ich mich umbringen"
"When I find that I am growing old, I shall kill myself"
Hallward wurde bleich und ergriff seine Hand
Hallward turned pale and caught his hand
"Dorian! Dorian!« rief er, »sprich nicht so.«
"Dorian! Dorian!" he cried, "don't talk like that"
"Ich habe noch nie einen solchen Freund gehabt wie dich"
"I have never had such a friend as you"
»und ich werde nie wieder einen Freund wie dich haben.«
"and I shall never have another friend like you"
"Du bist nicht eifersüchtig auf materielle Dinge, oder?"
"You are not jealous of material things, are you?"
»du, der du schöner bist als irgend etwas Materielles!«
"you who are finer than any of the material things!"
"Ich bin eifersüchtig auf alles, dessen Schönheit nicht stirbt"
"I am jealous of everything whose beauty does not die"
"Ich bin eifersüchtig auf das Porträt, das Sie von mir gemalt haben"
"I am jealous of the portrait you have painted of me"
»Warum sollte mein Bild behalten, was ich verlieren muß?«
"Why should my picture keep what I must lose?"
"Jeder Moment, der vergeht, nimmt mir etwas ab"
"Every moment that passes takes something from me"
"Und jeder Moment, der vergeht, gibt meinem Bild etwas"
"and every moment that passes gives something to my picture"

»Ach, wenn es nur umgekehrt wäre!«
"Oh, if it were only the other way!"
"Wenn sich das Bild ändern könnte und ich immer das sein könnte, was ich jetzt bin!"
"If the picture could change, and I could be always what I am now!"
"Warum hast du es gemalt?"
"Why did you paint it?"
»Eines Tages wird sie mich verspotten – mich fürchterlich verspotten!«
"It will mock me some day—mock me horribly!"
Die heißen Tränen stiegen ihm in die Augen
The hot tears welled into his eyes
er riß seine Hand los und warf sich auf den Diwan
he tore his hand away and, flinging himself on the divan
Er vergrub sein Gesicht in den Kissen, als ob er bete
he buried his face in the cushions, as though he was praying
»Das ist dein Werk, Harry«, sagte der Maler bitter
"This is your doing, Harry," said the painter bitterly
Lord Henry zuckte die Achseln
Lord Henry shrugged his shoulders
»Es ist der wirkliche Dorian Gray – das ist alles.«
"It is the real Dorian Gray—that is all"
"Es ist nicht der echte Dorian Gray"
"It is not the real Dorian Gray"
"Wenn es nicht der echte Dorian Gray ist, was habe ich damit zu tun?"
"If it is not the real Dorian Gray, what have I to do with it?"
»Du hättest gehen sollen, als ich dich darum gebeten habe«, murmelte er
"You should have gone away when I asked you," he muttered
»Ich bin geblieben, als Sie mich gefragt haben«, war Lord Henrys Antwort
"I stayed when you asked me," was Lord Henry's answer
"Harry, ich kann mich nicht gleichzeitig mit meinen beiden besten Freunden streiten"
"Harry, I can't quarrel with my two best friends at once"
"Aber ihr beide habt mich dazu gebracht, das beste Stück Arbeit, das ich je gemacht habe, zu hassen."
"but you both have made me hate the finest piece of work I have ever done"
"Ich werde das Gemälde zerstören"

"I will destroy the painting"
»Was ist das anderes als Leinwand und Farbe?«
"What is it but canvas and colour?"
"Ich werde nicht zulassen, dass dieses Bild über unser dreifaches Leben kommt und es trübt"
"I will not let this picture come across our three lives and mar them"
Dorian Gray hob seinen goldenen Kopf vom Kissen
Dorian Gray lifted his golden head from the pillow
sein Gesicht war bleiches Gesicht und seine Augen waren tränenbefleckt
his face was pallid face and his eyes were tear-stained
Er sah ihn an, als er zum Maltisch hinüberging
he looked at him as he walked over to the painting-table
Was hat er dort gemacht?
What was he doing there?
Seine Finger irrten zwischen dem Abfall von Blechröhren und trockenen Bürsten umher
His fingers were straying about among the litter of tin tubes and dry brushes
es gab etwas, wonach er suchte
there was something he was seeking for
Ja, es war für das lange Spachtel mit seiner dünnen Klinge aus geschmeidigem Stahl
Yes, it was for the long palette-knife, with its thin blade of lithe steel
Endlich hatte er das Messer gefunden
He had found the knife at last
Er wollte die Leinwand zerreißen
He was going to rip up the canvas
Mit einem unterdrückten Schluchzen sprang der Junge von der Couch auf
With a stifled sob the lad leaped from the couch
er eilte zu Hallward hinüber und riß ihm das Messer aus der Hand
rushing over to Hallward, he tore the knife out of his hand
und er schleuderte das Messer an das Ende des Ateliers
and he flung the knife to the end of the studio
»Tu es nicht, lieber Basil!« rief er
"Don't, dear Basil, don't!" he cried
"Es wäre Mord!"
"It would be murder!"
der Maler sprach kalt, als er sich von seiner Überraschung erholt hatte

the painter spoke coldly, when he had recovered from his surprise
"Ich freue mich, dass du meine Arbeit endlich zu schätzen weißt, Dorian."
"I am glad you appreciate my work at last, Dorian"
"Ich hätte nie gedacht, dass du meine Arbeit schätzen würdest"
"I never thought you would appreciate my work"
"Schätzen Sie Ihre Arbeit? Ich bin verliebt in ihn, Basil"
"Appreciate your work? I am in love with it, Basil"
"Das Gemälde ist ein Teil von mir. Ich fühle, dass"
"The painting is part of myself. I feel that"
"Nun, sobald du trocken bist, sollst du lackiert werden."
"Well, as soon as you are dry, you shall be varnished"
»und dann sollst du verleumdet und nach Hause geschickt werden.«
"and then you shall be framed, and sent home"
"Dann kann man mit sich machen, was man will"
"Then you can do what you like with yourself"
Und er ging durch das Zimmer und klingelte zum Tee
And he walked across the room and rang the bell for tea
»Du wirst natürlich Tee trinken, Dorian?«
"You will have tea, of course, Dorian?"
"Und du wirst auch Tee trinken, Harry?"
"And you will have tea too, Harry?"
»Oder haben Sie etwas gegen solche einfachen Freuden?«
"Or do you object to such simple pleasures?"
»Ich liebe einfache Freuden«, sagte Lord Henry
"I adore simple pleasures," said Lord Henry
"Sie sind die letzte Zuflucht des Komplexes"
"They are the last refuge of the complex"
"Aber ich mag keine Szenen, außer auf der Bühne"
"But I don't like scenes, except on the stage"
»Was für lächerliche Kerle ihr beide seid!«
"What absurd fellows you are, both of you!"
"Ich frage mich, wer es war, der den Menschen als rationales Tier definierte"
"I wonder who it was that defined man as a rational animal"
"Es war die verfrühteste Definition, die jemals gegeben wurde"
"It was the most premature definition ever given"
"Der Mensch ist vieles, aber er ist nicht rational"
"Man is many things, but he is not rational"
"Ich bin froh, dass er doch nicht rational ist"

"I am glad he is not rational, after all"
»obgleich ich wünschte, ihr Kerle würdet euch nicht um das Bild streiten.«
"though I wish you chaps would not squabble over the picture"
»Es ist besser, wenn du es mir gibst, Basil.«
"You had much better let me have it, Basil"
"Dieser dumme Junge will es nicht wirklich, und ich tue es wirklich"
"This silly boy doesn't really want it, and I really do"
»Wenn du es jemand anderem als mir überlassen hast, Basil, so werde ich es dir nie verzeihen!« rief Dorian Gray
"If you let anyone have it but me, Basil, I shall never forgive you!" cried Dorian Gray
"Und ich erlaube den Leuten nicht, mich einen dummen Jungen zu nennen"
"and I don't allow people to call me a silly boy"
"Du weißt, dass das Bild dir gehört, Dorian."
"You know the picture is yours, Dorian"
"Ich habe es dir gegeben, bevor es existierte"
"I gave it to you before it existed"
»Und Sie wissen, daß Sie ein wenig albern waren, Mr. Gray.«
"And you know you have been a little silly, Mr. Gray"
"Und wir wissen beide, dass du nichts dagegen hast, daran erinnert zu werden, dass du extrem jung bist."
"and we both know that you don't really object to being reminded that you are extremely young"
»Ich hätte heute morgen sehr heftig Einspruch erheben sollen, Lord Henry.«
"I should have objected very strongly this morning, Lord Henry"
»Ah! an diesem Morgen! Du lebst seitdem"
"Ah! this morning! You have lived since then"
Es klopfte an der Tür
There came a knock at the door
der Butler trat mit einem beladenen Teetablett ein
the butler entered with a laden tea-tray
und er stellte das Teetablett auf einen kleinen japanischen Tisch
and he set the tea-tray down upon a small Japanese table
Es klapperte von Tassen und Untertassen
There was a rattle of cups and saucers
und da war das Zischen einer kannelierten georgischen Urne
and there was the hissing of a fluted Georgian urn

Zwei kugelförmige Porzellanschalen wurden von einem Pagen gebracht
Two globe-shaped china dishes were brought in by a page boy
Dorian Gray ging hinüber und schenkte den Tee ein
Dorian Gray went over and poured out the tea
Die beiden Männer schlenderten träge zum Tisch
The two men sauntered languidly to the table
und sie untersuchten, was sich unter der Decke befand
and they examined what was under the covers
»Lassen Sie uns heute abend ins Theater gehen«, sagte Lord Henry
"Let us go to the theatre to-night," said Lord Henry
"Irgendwo wird sicher ein Stück gespielt"
"There is sure to be a play on, somewhere"
»Ich habe versprochen, bei White zu speisen, aber es ist nur mit einem alten Freund.«
"I have promised to dine at White's, but it is only with an old friend"
»damit ich ihm eine Nachricht schicken kann, um ihm zu sagen, daß ich krank bin.«
"so I can send him a message to say that I am ill"
»oder ich kann sagen, daß ich infolge eines späteren Gefechts verhindert bin, zu kommen.«
"or I can say that I am prevented from coming in consequence of a subsequent engagement"
"Ich denke, das wäre eine ziemlich nette Ausrede"
"I think that would be a rather nice excuse"
"Es hätte die ganze Überraschung der Offenheit"
"it would have all the surprise of candour"
»Es ist so langweilig, seine Kleider anzuziehen«, murmelte Hallward
"It is such a bore putting on one's dress-clothes," muttered Hallward
»Und wenn man seine Kleider anhat, sind sie so schrecklich.«
"And, when one has their dress-clothes on, they are so horrid"
»Ja«, antwortete Lord Henry träumerisch
"Yes," answered Lord Henry dreamily
"Die Tracht des neunzehnten Jahrhunderts ist verabscheuungswürdig.
"the costume of the nineteenth century is detestable.
"Die Mode ist so düster, so deprimierend"
"the fashion is so sombre, so depressing"
"Die Sünde ist das einzige wirkliche Farbelement, das im modernen Leben übrig geblieben ist"

"Sin is the only real colour-element left in modern life"
"So etwas darfst du wirklich nicht vor Dorian sagen, Harry"
"You really must not say things like that before Dorian, Harry"
"Vor welchem Dorian darf ich solche Dinge nicht sagen?"
"Before which Dorian must I not say such things?"
"Der Dorian, der uns Tee einschenkt?"
"The Dorian who is pouring out tea for us?"
"Oder der Dorian auf dem Bild?"
"or the Dorian in the picture?"
"Bitte sagen Sie solche Dinge nicht vor dem einen oder anderen"
"please don't say such things before one or the other"
»Ich möchte gern mit Ihnen ins Theater kommen, Lord Henry«, sagte der Bursche
"I would like to come to the theatre with you, Lord Henry," said the lad
»Dann sollst du kommen; und du wirst auch kommen, lieber Basil, nicht wahr?«
"Then you shall come; and you will come, too, dear Basil, won't you?"
"Ich kann wirklich nicht mit dir ins Theater gehen.
"I can't come with you to the theatre, really.
"Ich würde es lieber, aber ich habe noch viel Arbeit vor mir"
"I would rather, but I have a lot of work to do"
»Nun, dann werden Sie und ich allein gehen, Mr. Gray.«
"Well, then, you and I will go alone, Mr. Gray"
"Das würde mir schrecklich gefallen"
"I should like that awfully"
Der Maler biss sich auf die Lippe und ging mit der Tasse in der Hand zu dem Bild
The painter bit his lip and walked over, cup in hand, to the picture
»Ich werde bei dem echten Dorian bleiben«, sagte er traurig
"I shall stay with the real Dorian," he said, sadly
»Ist es der echte Dorian?« rief das Original des Porträts und schlenderte zu ihm hinüber
"Is it the real Dorian?" cried the original of the portrait, strolling across to him
"Bin ich wirklich so?"
"Am I really like that?"
»Jawohl; du bist einfach so"
"Yes; you are just like that"
»Wie wunderbar, lieber Basil!«
"How wonderful, dear Basil!"

»Mindestens; du bist wie das Porträt in der Erscheinung"
"At least; you are like the portrait in appearance"
Aber Ihr Bild wird sich nie ändern«, seufzte Hallward
But your picture will never alter," sighed Hallward
»Was für ein Aufhebens die Leute um die Treue machen!« rief Lord Henry
"What a fuss people make about fidelity!" exclaimed Lord Henry
"Warum, selbst in der Liebe ist Treue eine reine Frage der Physiologie"
"Why, even in love fidelity is purely a question for physiology"
"Es hat nichts mit unserem eigenen Willen zu tun"
"It has nothing to do with our own will"
"Junge Männer wollen treu sein und sind es nicht"
"Young men want to be faithful, and are not"
"Alte Männer wollen treulos sein und können es nicht"
"old men want to be faithless, and cannot"
"Das ist alles, was man sagen kann"
"that is all one can say"
»Geh heute abend nicht ins Theater, Dorian«, sagte Hallward
"Don't go to the theatre tonight, Dorian," said Hallward
"Halte an und speise mit mir"
"Stop and dine with me"
"Ich kann heute Abend nicht mit dir essen, lieber Basil."
"I can't dine with you tonight, dear Basil"
"Warum?"
"Why?"
»Weil ich Lord Henry Wotton versprochen habe, mit ihm zu gehen.«
"Because I have promised Lord Henry Wotton to go with him"
»Er wird dich nicht mehr mögen, weil du deine Versprechen hältst.«
"He won't like you the better for keeping your promises"
"Er bricht immer seine eigenen Versprechen"
"He always breaks his own promises"
"Ich bitte Sie, nicht zu gehen"
"I beg you not to go"
Dorian Gray lachte und schüttelte den Kopf
Dorian Gray laughed and shook his head
"Ich flehe dich an"
"I entreat you"
Der Junge zögerte und sah zu Lord Henry hinüber

The lad hesitated, and looked over at Lord Henry

Lord Henry beobachtete sie vom Teetisch aus mit einem amüsierten Lächeln
Lord Henry was watching them from the tea-table with an amused smile

»Ich muß gehen, Basil«, antwortete er
"I must go, Basil," he answered

»Sehr gut«, sagte Hallward, ging hinüber und stellte seine Tasse auf das Tablett
"Very well," said Hallward, and he went over and laid down his cup on the tray

»Es ist ziemlich spät, und da Sie sich anziehen müssen, verlieren Sie besser keine Zeit.«
"It is rather late, and, as you have to dress, you had better lose no time"

"Auf Wiedersehen, Harry"
"Good-bye, Harry"

"Auf Wiedersehen, Dorian"
"Good-bye, Dorian"

"Komm und besuche mich bald"
"Come and see me soon"

»Komm morgen«
"Come to-morrow"

"Sicherlich"
"Certainly"

"Du wirst es nicht vergessen?"
"You won't forget?"

"Nein, natürlich nicht", rief Dorian.
"No, of course not," cried Dorian"

"Und ... Harry!"
"And ... Harry!"

»Ja, Basil?«
"Yes, Basil?"

"Erinnere dich daran, was ich dich gefragt habe, als wir heute Morgen im Garten waren."
"Remember what I asked you, when we were in the garden this morning"

"Ich habe es vergessen"
"I have forgotten it"

"Ich vertraue dir"
"I trust you"

»Ich wünschte, ich könnte mir selbst vertrauen«, sagte Lord Henry lachend
"I wish I could trust myself," said Lord Henry, laughing
»Kommen Sie, Mr. Gray, mein Hansom ist draußen.«
"Come, Mr. Gray, my hansom is outside"
"und ich kann dich bei dir zu Hause absetzen"
"and I can drop you at your own place"
"Auf Wiedersehen, Basil"
"Good-bye, Basil"
"Es war ein sehr interessanter Nachmittag"
"It has been a most interesting afternoon"
Als sich die Tür hinter ihnen schloss, warf sich der Maler auf ein Sofa
As the door closed behind them, the painter flung himself down on a sofa
und ein Ausdruck des Schmerzes trat in sein Gesicht
and a look of pain came into his face

Drittes Kapitel
Chapter Three
Um halb zwölf Uhr am nächsten Tag ging Lord Henry Wotton aus
At half-past twelve next day Lord Henry Wotton went out
er schlenderte von der Curzon Street hinüber zum Albany
he strolled from Curzon Street over to the Albany
und er ging, um seinen Onkel, Lord Fermor, aufzusuchen
and he went to call on his uncle, Lord Fermor
Lord Fermor war ein freundlicher, wenn auch etwas rauer alter Junggeselle
Lord Fermor was a genial if somewhat rough-mannered old bachelor
die Außenwelt nannte ihn egoistisch
the outside world called him selfish
weil die Außenwelt keinen besonderen Nutzen aus ihm gezogen hat
because the outside world derived no particular benefit from him
aber er wurde von der Gesellschaft als großzügig angesehen
but he was considered generous by Society
weil er die Leute speiste, die ihn amüsierten
because he fed the people who amused him
Sein Vater war unser Botschafter in Madrid gewesen
His father had been our ambassador at Madrid
als Isabella jung war und Prim nicht gesucht wurde
when Isabella was young, and Prim was unsought of
aber er schied aus dem diplomatischen Dienst aus
but he retired from the diplomatic service
er trat in einem launischen Moment des Ärgers zurück
he resigned in a capricious moment of annoyance
ihm war die Botschaft in Paris nicht angeboten worden
he had not been offered the Embassy at Paris
diplomatischen Posten, auf die er seiner Meinung nach uneingeschränkt Anspruch hatte
a diplomatic post to which he considered that he was fully entitled
er fühlte sich aufgrund seiner Geburt und seiner Trägheit berechtigt
he felt entitled by reason of his birth and his indolence
das gute Englisch seiner Depeschen
the good English of his dispatches
und seine übermäßige Leidenschaft für das Vergnügen
and his inordinate passion for pleasure
Der Sohn war der Sekretär seines Vaters gewesen

The son had been his father's secretary
aber er war zusammen mit seinem Chef zurückgetreten
but he had resigned along with his chief
Damals hielten die Leute das für ziemlich dumm
at the time people thought this was rather foolish
und später machte er sich an das ernsthafte Studium der großen aristokratischen Kunst
and later he set himself to the serious study of the great aristocratic art
Die große aristokratische Kunst, absolut nichts zu tun
the great aristocratic art of doing absolutely nothing
Er besaß zwei große Stadthäuser
He had two large town houses
aber er zog es vor, in Kammern zu wohnen, da es weniger Schwierigkeiten bereitete
but he preferred to live in chambers, as it was less trouble
und er nahm die meisten seiner Mahlzeiten in seinem Club ein
and he took most of his meals at his club
Er widmete der Verwaltung seiner Zechen in den Midland-Grafschaften einige Aufmerksamkeit
He paid some attention to the management of his collieries in the Midland counties
aber er entschuldigte sich für diesen kleinen Mangel
but he excused himself for this slight shortcoming
"Es gibt einen Vorteil von Kohle"
"there is one advantage of having coal"
"Es ermöglicht einem Gentleman, sich den Anstand zu leisten, Holz auf seinem eigenen Herd zu verbrennen"
"it enables a gentleman to afford the decency of burning wood on his own hearth"
In der Politik war er Tory, außer wenn die Tories an der Macht waren
In politics he was a Tory, except when the Tories were in office
während dieser Zeit beschimpfte er sie, weil sie ein Haufen Radikaler seien
during these times he abused them for being a pack of Radicals
Er war ein Held für seinen Diener, der ihn schikanierte
He was a hero to his valet, who bullied him
und er war ein Schrecken für die meisten seiner Verwandten, die er schikanierte
and he was a terror to most of his relations, whom he bullied

Nur England hätte ihn hervorbringen können
Only England could have produced him
und er sagte immer, dass das Land vor die Hunde gehen würde
and he always said that the country was going to the dogs
Seine Prinzipien waren veraltet
His principles were out of date
aber es sprach viel für seine Vorurteile
but there was a good deal to be said for his prejudices
Als Lord Henry das Zimmer betrat, fand er seinen Onkel in einem groben Schießmantel sitzend
When Lord Henry entered the room, he found his uncle sitting in a rough shooting-coat
sein Onkel rauchte einen Cheroot und murrte über das, was in der Times geschrieben stand
his uncle was smoking a cheroot and grumbling over what was written in The Times
»Nun, Harry«, sagte der alte Herr, »was bringt Sie so früh heraus?«
"Well, Harry," said the old gentleman, "what brings you out so early?"
»Ich dachte, ihr Dandys seid nie vor zwei Uhr aufgestanden und seid erst um fünf Uhr zu sehen.«
"I thought you dandies never got up till two, and were not visible till five"
"Reine Familienzuneigung, das versichere ich dir, Onkel George"
"Pure family affection, I assure you, Uncle George"
"Ich will etwas aus dir herausholen"
"I want to get something out of you"
»Geld, nehme ich an«, sagte Lord Fermor und machte ein schiefes Gesicht
"Money, I suppose," said Lord Fermor, making a wry face
"Nun, setz dich hin und erzähl mir alles darüber."
"Well, sit down and tell me all about it"
"Junge Leute stellen sich heutzutage vor, dass Geld alles ist"
"Young people, nowadays, imagine that money is everything"
»Ja«, murmelte Lord Henry, indem er sein Knopfloch in seinen Mantel steckte
"Yes," murmured Lord Henry, settling his button-hole in his coat
"Und wenn sie älter werden, wissen sie es"
"and when they grow older they know it"
"Aber ich will kein Geld"
"But I don't want money"

"Nur wer seine Rechnungen bezahlt, will Geld"
"It is only people who pay their bills who want money"
»und wie du weißt, Onkel George, bezahle ich nie meine Rechnungen.«
"and, as you know Uncle George, I never pay my bills"
"Kredit ist das Kapital eines jüngeren Sohnes"
"Credit is the capital of a younger son"
"Kredit ist etwas, von dem er charmant leben kann"
"credit is something he can live charmingly upon"
"Außerdem habe ich immer mit den Händlern von Dartmoor zu tun."
"Besides, I always deal with Dartmoor's tradesmen"
"Und folglich stören sie mich nie"
"and consequently they never bother me"
"Was ich will, sind Informationen", fuhr er fort
"What I want is information," he went on
"Natürlich keine nützlichen Informationen, sondern nutzlose Informationen"
"not useful information, of course, but useless information"
"Nun, ich kann dir alles sagen, was in einem englischen blauen Buch steht, Harry."
"Well, I can tell you anything that is in an English blue book, Harry"
"obwohl diese Kerle heutzutage viel Unsinn schreiben"
"although those fellows nowadays write a lot of nonsense"
"Als ich in der Diplomatie war, war es viel besser"
"When I was in diplomacy things were much better"
"Aber ich habe gehört, dass sie sie jetzt durch Untersuchung hereingelassen haben."
"But I hear they let them in now by examination"
"Was können Sie erwarten?"
"What can you expect?"
"Prüfungen, Sir, sind reiner Humbug von Anfang bis Ende"
"Examinations, sir, are pure humbug from beginning to end"
"Wenn ein Mann ein Gentleman ist, weiß er genug"
"If a man is a gentleman, he knows quite enough"
»und wenn er kein Gentleman ist, so ist alles, was er weiß, schlecht für ihn.«
"and if he is not a gentleman, whatever he knows is bad for him"
»Mr. Dorian Gray gehört nicht zu den blauen Büchern, Onkel George«, sagte Lord Henry träge
"Mr. Dorian Gray does not belong to blue books, Uncle George," said

Lord Henry languidly

"Mr. Dorian Gray? Wer ist er?", fragte Lord Fermor und zog seine buschigen weißen Augenbrauen zusammen.
"Mr. Dorian Gray? Who is he?" asked Lord Fermor, knitting his bushy white eyebrows"

»Das ist es, was ich gelernt habe, Onkel George.«
"That is what I have come to learn, Uncle George"

"Oder besser gesagt, ich weiß, wer er ist"
"Or rather, I know who he is"

"Er ist der letzte Enkel von Lord Kelso"
"He is the last Lord Kelso's grandson"

"Seine Mutter war eine Devereux, Lady Margaret Devereux"
"His mother was a Devereux, Lady Margaret Devereux"

"Ich möchte, dass du mir von seiner Mutter erzählst"
"I want you to tell me about his mother"

"Wie war sie? Wen hat sie geheiratet?«
"What was she like? Whom did she marry?"

"Du hast zu deiner Zeit fast jeden gekannt, also könntest du sie gekannt haben"
"You have known nearly everybody in your time, so you might have known her"

"Ich interessiere mich derzeit sehr für Mr. Gray"
"I am very much interested in Mr. Gray at present"

"Ich habe ihn gerade erst kennengelernt"
"I have only just met him"

»Kelsos Enkel!« wiederholte der alte Herr
"Kelso's grandson!" echoed the old gentleman

"Kelsos Enkel! ... Natürlich.... Ich kannte seine Mutter sehr gut."
"Kelso's grandson! ... Of course.... I knew his mother intimately"

"Ich glaube, ich war bei ihrer Taufe"
"I believe I was at her christening"

"Sie war ein außergewöhnlich schönes Mädchen, Margaret Devereux"
"She was an extraordinarily beautiful girl, Margaret Devereux"

»Sie hat alle Männer in Aufruhr versetzt, indem sie mit einem mittellosen jungen Burschen davonlief
"she made all the men frantic by running away with a penniless young fellow

»ein bloßer Niemand, Sir, ein Subalterner in einem Fußregiment oder etwas dergleichen.«
"a mere nobody, sir, a subaltern in a foot regiment, or something of

that kind"
»Gewiß. Ich erinnere mich an die ganze Sache, als wäre sie gestern passiert."
"Certainly. I remember the whole thing as if it happened yesterday"
"Der arme Kerl wurde einige Monate nach der Hochzeit in einem Duell in Spa getötet"
"The poor chap was killed in a duel at Spa a few months after the marriage"
"Es gab eine hässliche Geschichte darüber"
"There was an ugly story about it"
"Sie sagten, Kelso habe einen schurkischen Abenteurer angeheuert, einen belgischen Grobian"
"They said Kelso hired some rascally adventurer, some Belgian brute"
"Er wurde dafür bezahlt, seinen Schwiegersohn in der Öffentlichkeit zu beleidigen"
"he was paid to insult his son-in-law in public"
»und daß der Kerl seinen Mann angespuckt hat, als wäre er eine Taube gewesen.«
"and that the fellow spitted his man as if he had been a pigeon"
"Die Sache wurde totgeschwiegen"
"The thing was hushed up"
»aber, Egad, Kelso hat sein Kotelett noch einige Zeit allein im Klub gegessen.«
"but, egad, Kelso ate his chop alone at the club for some time afterwards"
"Er hat seine Tochter mitgebracht, wurde mir gesagt"
"He brought his daughter back with him, I was told"
"Und sie sprach nie wieder mit ihm"
"and she never spoke to him again"
»O ja; es war eine schlimme Sache, die passiert ist."
"Oh, yes; it was a bad thing that happened"
"Das Mädchen starb auch, starb innerhalb eines Jahres"
"The girl died, too, died within a year"
»Sie hat also einen Sohn hinterlassen, nicht wahr?«
"So she left a son, did she?"
"Das hatte ich vergessen"
"I had forgotten that"
»Was für ein Junge ist er?«
"What sort of boy is he?"
"Wenn er wie seine Mutter ist, muss er ein gut aussehender Kerl sein"

"If he is like his mother, he must be a good-looking chap"
»Er sieht sehr gut aus«, stimmte Lord Henry zu.
"He is very good-looking," assented Lord Henry"
»Ich hoffe, er wird in die richtigen Hände fallen,« fuhr der alte Mann fort
"I hope he will fall into proper hands," continued the old man
"Er sollte einen Topf voller Geld haben, wenn Kelso das Richtige für ihn getan hat."
"He should have a pot of money waiting for him if Kelso did the right thing by him"
"Seine Mutter hatte auch Geld"
"His mother had money, too"
"Das ganze Selby-Eigentum kam durch ihren Großvater an sie"
"All the Selby property came to her, through her grandfather"
"Ihr Großvater hasste Kelso, hielt ihn für einen gemeinen Hund"
"Her grandfather hated Kelso, thought him a mean dog"
"Er war auch ein gemeiner Hund"
"He was a mean dog, too"
"Er kam einmal nach Madrid, als ich dort war"
"he came to Madrid once when I was there"
"Egad, ich habe mich für ihn geschämt"
"Egad, I was ashamed of him"
"Die Königin fragte mich immer nach dem englischen Adligen, der sich immer mit den Kutschern über ihre Fahrpreise stritt."
"The Queen used to ask me about the English noble who was always quarrelling with the cabmen about their fares"
"Sie haben eine ziemliche Geschichte daraus gemacht"
"They made quite a story of it"
"Ich habe mich einen Monat lang nicht getraut, mein Gesicht vor Gericht zu zeigen"
"I didn't dare show my face at Court for a month"
"Ich hoffe, er hat seinen Enkel besser behandelt als die Jarvies"
"I hope he treated his grandson better than he did the jarvies"
»Ich weiß es nicht«, antwortete Lord Henry
"I don't know," answered Lord Henry
»Ich glaube, dem Jungen wird es gut gehen.«
"I fancy that the boy will be well off"
"Er ist noch nicht volljährig"
"He is not of age yet"
»Er hat Selby, ich weiß.«
"He has Selby, I know"

»Er hat es mir gesagt. Und... seine Mutter war sehr schön?«
"He told me so. And ... his mother was very beautiful?"
"Margaret Devereux war eines der schönsten Geschöpfe, die ich je gesehen habe, Harry"
"Margaret Devereux was one of the loveliest creatures I ever saw, Harry"
"Was um alles in der Welt sie dazu veranlasste, sich so zu verhalten, wie sie es tat, konnte ich nie verstehen"
"What on earth induced her to behave as she did, I never could understand"
"Sie hätte heiraten können, wen sie wollte"
"She could have married anybody she chose"
"Carlington war verrückt nach ihr"
"Carlington was mad after her"
"Sie war aber romantisch"
"She was romantic, though"
"Alle Frauen dieser Familie waren romantisch"
"All the women of that family were romantic"
»Die Männer waren ein armer Haufen, aber, egad! die Frauen waren wunderbar"
"The men were a poor lot, but, egad! the women were wonderful"
"Carlington ging vor ihr auf die Knie"
"Carlington went on his knees to her"
er hat es mir selbst gesagt."
he told me so himself"
Sie lachte ihn aus
She laughed at him
"Und es gab damals kein Mädchen in London, das nicht hinter ihm her war"
"and there wasn't a girl in London at the time who wasn't after him"
»Und übrigens, Harry, über alberne Ehen zu reden.«
"And by the way, Harry, talking about silly marriages;"
»was ist das für ein Humbug, den mir Ihr Vater erzählt, daß Dartmoor einen Amerikaner heiraten will?«
"what is this humbug your father tells me about Dartmoor wanting to marry an American?"
»Sind englische Mädchen nicht gut genug für ihn?«
"Ain't English girls good enough for him?"
»Es ist gerade in Mode, Amerikaner zu heiraten, Onkel George.«
"It is rather fashionable to marry Americans just now, Uncle George"
»Ich werde die englischen Frauen gegen die Welt unterstützen,

Harry«, sagte Lord Fermor
"I'll back English women against the world, Harry," said Lord Fermor
und er schlug mit der Faust auf den Tisch
and he struck the table with his fist
"Die Wette liegt auf den Amerikanern"
"The betting is on the Americans"
»Sie halten nicht lange, wie man mir sagt«, murmelte der Onkel
"They don't last, I am told," muttered his uncle
"Ein langes Engagement erschöpft sie"
"A long engagement exhausts them"
"Aber sie sind großartig bei einem Hindernisrennen"
"but they are splendid at a steeplechase"
"Sie nehmen die Dinge mit Leichtigkeit"
"They take things in their stride"
"Ich glaube nicht, dass Dartmoor eine Chance hat"
"I don't think Dartmoor has a chance"
»Wer sind ihre Leute?« brummte der alte Herr
"Who are her people?" grumbled the old gentleman
»Hat sie welche?«
"Has she got any?"
Lord Henry schüttelte den Kopf
Lord Henry shook his head
"Amerikanische Mädchen sind genauso geschickt darin, ihre Eltern zu verbergen, wie englische Frauen ihre Vergangenheit verbergen"
"American girls are as clever at concealing their parents, as English women are at concealing their past"
und er erhob sich, als ob er sich zum Gehen bereit machte
and he got to his feet, as if he was getting ready to go
»Sie sind wohl Schweinepacker?«
"They are pork-packers, I suppose?"
»Ich hoffe es, Onkel George, um Dartmoors willen.«
"I hope so, Uncle George, for Dartmoor's sake"
"Mir wurde gesagt, dass das Verpacken von Schweinefleisch nach der Politik der lukrativste Beruf in Amerika ist."
"I am told that pork-packing is the most lucrative profession in America, after politics"
»Ist sie hübsch?«
"Is she pretty?"
"Sie benimmt sich, als wäre sie schön"
"She behaves as if she was beautiful"
"Die meisten amerikanischen Frauen tun das"

"Most American women do"
"Es ist das Geheimnis ihres Charmes"
"It is the secret of their charm"
"Warum können diese amerikanischen Frauen nicht in ihrem eigenen Land bleiben?"
"Why can't these American women stay in their own country?"
"Sie sagen uns immer, dass es das Paradies für Frauen ist"
"They are always telling us that it is the paradise for women"
"Es ist ein Paradies für Frauen"
"It is a paradise for women"
»Das ist der Grund, warum sie, wie Eva, so übermäßig darauf bedacht sind, aus der Sache herauszukommen«, sagte Lord Henry
"That is the reason why, like Eve, they are so excessively anxious to get out of it," said Lord Henry
»Auf Wiedersehen, Onkel George. Ich komme zu spät zum Mittagessen, wenn ich noch länger anhalte.«
"Good-bye, Uncle George. I shall be late for lunch, if I stop any longer"
"Danke, dass du mir die Informationen gegeben hast, die ich wollte."
"Thanks for giving me the information I wanted"
"Ich möchte immer alles über meine neuen Freunde erfahren"
"I always like to know everything about my new friends"
»und ich möchte nichts von meinen alten Freunden wissen.«
"and I like to know nothing about my old friends"
"Wo isst du zu Mittag, Harry?"
"Where are you lunching, Harry?"
»Ich werde bei Tante Agatha zu Mittag essen.«
"I shall be lunching at Aunt Agatha's"
»und ich habe Mr. Gray eingeladen.«
"and I have invited Mr. Gray"
"Er ist ihr neuester Schützling"
"He is her latest protégé"
»Hm! sag deiner Tante Agatha, Harry, sie soll mich nicht mehr mit ihren Wohltätigkeitsaufrufen belästigen.«
"Humph! tell your Aunt Agatha, Harry, not to bother me any more with her charity appeals"
"Ich habe ihre Wohltätigkeitsmahlzeiten satt"
"I am sick of her charity meals"
»die gute Frau glaubt, ich habe nichts anderes zu tun, als Schecks für ihre albernen Launen auszustellen.«

"the good woman thinks I have nothing to do but to write cheques for her silly fads"
»**In Ordnung, Onkel George, ich werde es ihr sagen.**«
"All right, Uncle George, I'll tell her"
"**Aber es ihr zu sagen, wird keine Wirkung haben**"
"but telling her won't have any effect"
"**Philanthropische Menschen verlieren jeden Sinn für Menschlichkeit**"
"Philanthropic people lose all sense of humanity"
"**Es ist ihr Unterscheidungsmerkmal**"
"It is their distinguishing characteristic"
Der alte Herr knurrte zustimmend
The old gentleman growled approvingly
und er klingelte nach seinem Diener
and he rang the bell for his servant
Lord Henry ging die niedrige Arkade hinauf in die Burlington Street
Lord Henry passed up the low arcade into Burlington Street
und er wandte seine Schritte in Richtung Berkeley Square
and he turned his steps in the direction of Berkeley Square
Das war also die Geschichte von Dorian Grays Abstammung
So that was the story of Dorian Gray's parentage
So grob es ihm auch erzählt worden war, so hatte es ihn doch durch die Andeutung einer seltsamen, fast modernen Romanze aufgewühlt
Crudely as it had been told to him, it had yet stirred him by its suggestion of a strange, almost modern romance
Eine schöne Frau, die alles für eine verrückte Leidenschaft riskiert
A beautiful woman risking everything for a mad passion
Ein paar wilde Wochen des Glücks, die durch ein abscheuliches, heimtückisches Verbrechen unterbrochen wurden
A few wild weeks of happiness cut short by a hideous, treacherous crime
Monate sprachloser Qualen und dann ein Kind, das unter Schmerzen geboren wurde
Months of voiceless agony, and then a child born in pain
Die Mutter wurde vom Tod entrissen
The mother snatched away by death
der Knabe, der in die Einsamkeit zurückgelassen wurde
the boy left to solitude
und die Tyrannei eines alten und lieblosen Mannes

and the tyranny of an old and loveless man
Ja; Es war ein interessanter Hintergrund
Yes; it was an interesting background
Es stellte den Jungen dar, machte ihn gleichsam vollkommener
It posed the lad, made him more perfect, as it were
Hinter jeder exquisiten Sache, die es gab, steckte etwas Tragisches
Behind every exquisite thing that existed, there was something tragic
Welten mussten in Wehen sein, damit die gemeinste Blume wehen konnte...
Worlds had to be in travail, so that the meanest flower might blow....
Und wie reizend er am Abend zuvor beim Abendessen gewesen war
And how charming he had been at dinner the night before
Mit erschrockenen Augen und vor erschrockenem Vergnügen geöffneten Lippen hatte er ihm im Klub gegenübergesessen
with startled eyes and lips parted in frightened pleasure he had sat opposite to him at the club
die roten Kerzenschirme färbten sich zu einer satteren Rose, das erwachende Wunder seines Gesichts
the red candle shades staining to a richer rose the wakening wonder of his face
Mit ihm zu sprechen, war wie auf einer exquisiten Geige zu spielen
Talking to him was like playing upon an exquisite violin
Er antwortete auf jede Berührung und jeden Schauer des Bogens
He answered to every touch and thrill of the bow
Es lag etwas schrecklich Fesselndes in der Ausübung von Einfluss
There was something terribly enthralling in the exercise of influence
Keine andere Aktivität war vergleichbar
No other activity was like it
Seine Seele in eine gnädige Form zu projizieren
To project one's soul into some gracious form
die Seele dort einen Moment verweilen lassen
to let one's soul tarry there for a moment
die eigenen intellektuellen Ansichten mit all der Musik der Leidenschaft und Jugend widerhallen zu hören
to hear one's own intellectual views echoed back to one with all the added music of passion and youth
das eigene Temperament in einen anderen zu übertragen, als wäre es eine subtile Flüssigkeit oder ein seltsames Parfüm
to convey one's temperament into another as though it were a subtle

fluid or a strange perfume
das war eine wahre Freude
there was a real joy in that
vielleicht die befriedigendste Freude, die uns in einer so begrenzten und vulgären Zeit wie der unsrigen geblieben ist
perhaps the most satisfying joy left to us in an age so limited and vulgar as our own
ein Zeitalter, das in seinen Freuden grob fleischlich war
an age grossly carnal in its pleasures
ein Zeitalter, das in seinen Zielen sehr verbreitet ist
an age grossly common in its aims
Er war auch ein wunderbarer Typ, dieser Junge
He was a marvellous type, too, this lad
diesen Burschen hatte er zufällig in Basils Atelier kennengelernt
this lad he had met by such curious chance in Basil's studio
er konnte zu einem wunderbaren Menschen geformt werden
he could be fashioned into a marvellous type of person
Die Anmut gehörte ihm, und die weiße Reinheit der Knabenzeit
Grace was his, and the white purity of boyhood
und er hatte Schönheit wie der alte griechische Marmor
and he had beauty like the old Greek marbles
Es gab nichts, was man nicht mit ihm machen konnte
There was nothing that one could not do with him
Er könnte zu einem Titanen oder zu einem Spielzeug gemacht werden
He could be made a Titan or a toy
Wie schade war es, daß diese Schönheit verwelken sollte!
What a pity it was that such beauty was destined to fade!
Und was Basil anbelangt, wie interessant war er aus psychologischer Sicht!
And as for Basil, from a psychological point of view, how interesting he was!
Die neue Art in der Kunst und die frische Art, das Leben zu betrachten
The new manner in art and the fresh mode of looking at life
er war so beeindruckbar durch eine bloße sichtbare Gegenwart
he was so impressionable by a mere visible presence
und dass die sichtbare Präsenz sich ihres eigenen Einflusses nicht bewusst ist
and that visible presence is unconscious of its own influence
der stille Geist, der in dämmrigen Wäldern wohnte

the silent spirit that dwelt in dim woodland
der stille Geist, der unsichtbar auf offenem Feld wandelte
the silent spirit that walked unseen in open field
plötzlich zeigt sie sich, dryadenartig und ohne Angst
suddenly she shows herself, Dryadlike and not afraid
denn sie offenbart sich nur in den Seelen, die nach ihr suchen
because she only reveals herself in the souls that look for her
die bloßen Formen und Muster der Dinge, die verfeinert werden
the mere shapes and patterns of things becoming refined
Formen und Muster, die eine Art symbolischen Wert erhalten
shapes and patterns gaining a kind of symbolical value
als wären die Formen selbst Muster einer anderen und vollkommeneren Form
as though the forms were themselves patterns of some other and more perfect form
und es sind ihre Schatten, die ihre Muster real machen
and it is their shadows that make their patterns real
Wie seltsam war das alles!
how strange it all was!
Er erinnerte sich an etwas Ähnliches in der Geschichte
He remembered something like it in history
War es nicht Platon, der Künstler im Denken, der es zuerst analysiert hatte?
Was it not Plato, that artist in thought, who had first analyzed it?
War es nicht Buonarotti, der es in den farbigen Marmor einer Sonettfolge gemeißelt hatte?
Was it not Buonarotti who had carved it in the coloured marbles of a sonnet-sequence?
Aber in unserem Jahrhundert war es seltsam
But in our own century it was strange
Ja; er wusste, wer es für Dorian Gray sein würde
Yes; he knew who it would be to Dorian Gray
er würde versuchen, für Dorian Gray das zu sein, was Dorian für den Maler war
he would try to be to Dorian Gray what Dorian was to the painter
Er würde versuchen, ihn zu beherrschen, wie er es schon halb getan hatte
He would seek to dominate him, how he had already half done so
Er würde sich diesen wunderbaren Geist zu eigen machen
He would make that wonderful spirit his own
Es lag etwas Faszinierendes in diesem Sohn der Liebe und des

Todes
There was something fascinating in this son of love and death
Plötzlich hielt er inne und blickte zu den Häusern hinauf
Suddenly he stopped and glanced up at the houses
Er stellte fest, dass er in einiger Entfernung an seiner Tante vorbeigekommen war
He found that he had passed his aunt's some distance
Lächelnd kehrte er zum Haus seiner Tante zurück
smiling to himself, he turned back to his aunt's house
Als er den etwas düsteren Saal betrat, sagte ihm der Butler, dass sie zum Mittagessen gegangen seien
When he entered the somewhat sombre hall, the butler told him that they had gone in to lunch
Er gab einem der Lakaien Hut und Stock und ging in das Speisezimmer
He gave one of the footmen his hat and stick and passed into the dining-room
»Spät wie immer, Harry«, rief seine Tante und schüttelte den Kopf
"Late as usual, Harry," cried his aunt, shaking her head at him
Er erfand eine einfache Ausrede und setzte sich neben sie
He invented a facile excuse and took the seat next to her
dann sah er sich um, um zu sehen, wer da war
then he looked round to see who was there
Dorian verbeugte sich schüchtern vor ihm vom Ende des Tisches
Dorian bowed to him shyly from the end of the table
eine Röte des Vergnügens entwich in seine Wangen
a flush of pleasure escaped into his cheek
Gegenüber stand die Herzogin von Harley, eine Dame von bewundernswerter Gutmütigkeit und guter Laune
Opposite was the Duchess of Harley, a lady of admirable good-nature and good temper
sie wurde von allen, die sie kannten, sehr gemocht
she was much liked by everyone who knew her
Wäre sie nicht eine Herzogin gewesen, hätten zeitgenössische Historiker sie vielleicht als stämmig beschrieben
had she not been a duchess contemporary historians might have described her as stout
Neben ihr saß zu ihrer Rechten Sir Thomas Burdon
Next to her sat, on her right, Sir Thomas Burdon
er war ein radikaler Parlamentsabgeordneter
he was a Radical member of Parliament

er folgte seinem Führer im öffentlichen Leben
he followed his leader in public life
und im Privatleben folgte er den besten Köchen
and in private life he followed the best cooks
er speiste mit den Tories und dachte mit den Liberalen
he dined with Tories and thought with the Liberals
All dies geschah in Übereinstimmung mit einer weisen und bekannten Regel
all of this was in accordance with a wise and well-known rule
Der Posten zu ihrer Linken wurde von Mr. Erskine aus Treadley besetzt
The post on her left was occupied by Mr. Erskine of Treadley
ein alter Herr von beträchtlichem Charme und Bildung
an old gentleman of considerable charm and culture
er war jedoch in schlechte Gewohnheiten des Schweigens verfallen
he had fallen, however, into bad habits of silence
"Alles, was ich zu sagen hatte, habe ich gesagt, bevor ich dreißig war"
"everything I had to say I said before I was thirty"
Seine Nachbarin war Mrs. Vandeleur, eine der ältesten Freundinnen seiner Tante
His own neighbour was Mrs. Vandeleur, one of his aunt's oldest friends
sie war eine vollkommene Heilige unter den Frauen
she was a perfect saint amongst women
aber sie war so entsetzlich altbacken, daß sie an ein schlecht gebundenes Gesangbuch erinnerte
but she was so dreadfully dowdy that she reminded one of a badly bound hymn-book
Zu seinem Glück hatte sie auf der anderen Seite Lord Faudel
Fortunately for him she had on the other side Lord Faudel
Lord Faudel war ein höchst intelligenter Mittelmäßiger mittleren Alters
Lord Faudel was a most intelligent middle-aged mediocrity
so kahl wie eine Ministererklärung im Unterhaus
as bald as a ministerial statement in the House of Commons
sie unterhielt sich mit ihm in dieser äußerst ernsten Weise
she was conversing with him in that intensely earnest manner
Dies ist der einzige unverzeihliche Irrtum, wie er selbst einmal bemerkte
this is the one unpardonable error, as he remarked once himself

Aber alle wirklich guten Menschen tappen in die Falle
but all really good people fall into the trap
und niemand entkommt dieser Falle
and no one ever quite escape escapes that trap
»Wir reden von dem armen Dartmoor, Lord Henry«, rief die Herzogin
"We are talking about poor Dartmoor, Lord Henry," cried the duchess
sie nickte ihm freundlich über den Tisch zu
she nodded pleasantly to him across the table
"Glaubst du, dass er diesen faszinierenden jungen Menschen wirklich heiraten wird?"
"Do you think he will really marry this fascinating young person?"
»Ich glaube, sie hat sich entschlossen, ihm einen Antrag zu machen, Herzogin.«
"I believe she has made up her mind to propose to him, Duchess"
»Wie schrecklich!« rief Lady Agatha
"How dreadful!" exclaimed Lady Agatha
"Wirklich, jemand sollte sich einmischen"
"Really, someone should interfere"
»Man sagt mir aus ausgezeichneter Quelle, daß ihr Vater ein amerikanisches Trockenwarengeschäft betreibt«, sagte Sir Thomas Burdon
"I am told, on excellent authority, that her father keeps an American dry-goods store," said Sir Thomas Burdon
»Mein Onkel hat bereits vorgeschlagen, Schweinefleisch zu verpacken, Sir Thomas.«
"My uncle has already suggested pork-packing, Sir Thomas"
»Trockenware! Was sind amerikanische Trockenwaren?« fragte die Herzogin
"Dry-goods! What are American dry-goods?" asked the duchess
und sie hob ihre großen Hände zum Staunen und zur Betonung des Verbs
and she raised her large hands in wonder and accentuating the verb
»Amerikanische Romane«, antwortete Lord Henry und bediente sich an einer Wachtel
"American novels," answered Lord Henry, helping himself to some quail
Die Herzogin sah verwirrt aus
The duchess looked puzzled
»Kümmere dich nicht um ihn, meine Liebe«, flüsterte Lady Agatha
"Don't mind him, my dear," whispered Lady Agatha

"Er meint nie etwas, was er sagt"
"He never means anything that he says"
»Als Amerika entdeckt wurde«, sagte der Radikale und fing an, einige ermüdende Tatsachen zu erzählen
"When America was discovered," said the Radical member, and he began to give some wearisome facts
Wie alle Menschen, die versuchen, ein Thema zu erschöpfen, erschöpfte er seine Zuhörer
Like all people who try to exhaust a subject, he exhausted his listeners
Die Herzogin seufzte und machte von ihrem Vorrecht der Unterbrechung Gebrauch
The duchess sighed and exercised her privilege of interruption
»Ich wünschte, es wäre nie entdeckt worden!« rief sie aus
"I wish to goodness it never had been discovered at all!" she exclaimed
"Wirklich, unsere Mädchen haben heutzutage keine Chance"
"Really, our girls have no chance nowadays"
"Es ist höchst unfair"
"It is most unfair"
»Vielleicht ist Amerika doch nie entdeckt worden«, sagte Mr. Erskine
"Perhaps, after all, America never has been discovered," said Mr. Erskine
"Ich selbst würde sagen, dass es nur entdeckt wurde"
"I myself would say that it had merely been detected"
»Ach! aber ich habe Exemplare der Einwohner gesehen,« antwortete die Herzogin unbestimmt
"Oh! but I have seen specimens of the inhabitants" answered the duchess vaguely
"Ich muss gestehen, dass die meisten von ihnen extrem hübsch sind"
"I must confess that most of them are extremely pretty"
"Und sie kleiden sich auch gut"
"And they dress well, too"
"Sie bekommen alle ihre Kleider in Paris"
"They get all their dresses in Paris"
"Ich wünschte, ich könnte es mir leisten, das Gleiche zu tun"
"I wish I could afford to do the same"
»Man sagt, wenn gute Amerikaner sterben, gehen sie nach Paris«, schmunzelte Sir Thomas

"They say that when good Americans die they go to Paris," chuckled Sir Thomas
er selbst besaß einen großen Schrank von Humours abgelegten Kleidern
he himself had a large wardrobe of Humour's cast-off clothes
"Wirklich! Und wohin gehen böse Amerikaner, wenn sie sterben?« fragte die Herzogin
"Really! And where do bad Americans go to when they die?" inquired the duchess
»Sie gehen nach Amerika«, murmelte Lord Henry
"They go to America," murmured Lord Henry
Sir Thomas runzelte die Stirn
Sir Thomas frowned
»Ich fürchte, Ihr Neffe hat Vorurteile gegen dieses große Land«, sagte er zu Lady Agatha
"I am afraid that your nephew is prejudiced against that great country," he said to Lady Agatha
"Ich bin in Autos, die mir von den Regisseuren zur Verfügung gestellt wurden, durch ganz Amerika gereist"
"I have travelled all over America in cars provided by the directors"
"In solchen Angelegenheiten sind sie äußerst höflich"
"in such matters they are extremely civil"
"Ich versichere Ihnen, dass es eine Erziehung ist, es zu besuchen"
"I assure you that it is an education to visit it"
»Aber müssen wir wirklich Chicago sehen, um gebildet zu werden?« fragte Mr. Erskine klagend
"But must we really see Chicago in order to be educated?" asked Mr. Erskine plaintively
"Ich fühle mich der Reise nicht gewachsen"
"I don't feel up to the journey"
Sir Thomas winkte mit der Hand
Sir Thomas waved his hand
"Mr. Erskine aus Treadley hat die Welt in seinen Regalen"
"Mr. Erskine of Treadley has the world on his shelves"
"Wir Praktiker sehen die Dinge gerne, lesen nicht darüber"
"We practical men like to see things, not to read about them"
"Die Amerikaner sind ein äußerst interessantes Volk"
"The Americans are an extremely interesting people"
"Sie sind absolut vernünftig"
"They are absolutely reasonable"
"Ich denke, das ist ihr Unterscheidungsmerkmal"

"I think that is their distinguishing characteristic"
"Ja, Mr. Erskine, ein absolut vernünftiges Volk"
"Yes, Mr. Erskine, an absolutely reasonable people"
"Ich versichere Ihnen, dass es keinen Unsinn über die Amerikaner gibt"
"I assure you there is no nonsense about the Americans"
»**Wie schrecklich!**« **rief Lord Henry**
"How dreadful!" cried Lord Henry
"Ich kann rohe Gewalt ertragen, aber rohe Vernunft ist ziemlich unerträglich"
"I can stand brute force, but brute reason is quite unbearable"
"Es ist etwas Unfaires an seiner Verwendung"
"There is something unfair about its use"
"Es trifft unter dem Intellekt"
"It is hitting below the intellect"
»**Ich verstehe Sie nicht**«**, sagte Sir Thomas und wurde ziemlich rot**
"I do not understand you," said Sir Thomas, growing rather red
»**Das tue ich, Lord Henry**«**, murmelte Mr. Erskine lächelnd**
"I do, Lord Henry," murmured Mr. Erskine, with a smile
"Paradoxien sind alle sehr schön und gut..." kehrte zum Baronet zurück
"Paradoxes are all very well in their way...." rejoined the baronet
»**War das ein Paradoxon?**« **fragte Mr. Erskine**
"Was that a paradox?" asked Mr. Erskine
"Ich dachte nicht, dass es ein Paradoxon war. Vielleicht war es das."
"I did not think it was a paradox. Perhaps it was"
"Nun, der Weg der Paradoxien ist der Weg der Wahrheit"
"Well, the way of paradoxes is the way of truth"
"Um die Realität zu testen, müssen wir sie auf dem Drahtseil sehen"
"To test reality we must see it on the tight rope"
"Wenn die Wahrheiten zu Akrobaten werden, können wir sie richten"
"When the verities become acrobats, we can judge them"
»**Ach, mein Gott!**« **sagte Lady Agatha,** »**wie ihr Männer streitet!**«
"Dear me!" said Lady Agatha, "how you men argue!"
"Ich bin sicher, dass ich nie verstehen kann, wovon du sprichst."
"I am sure I never can make out what you are talking about"
»**Ach! Harry, ich bin ziemlich verärgert über dich.**«
"Oh! Harry, I am quite vexed with you"
»**Warum versuchen Sie, unseren netten Mr. Dorian Gray zu**

überreden, das East End aufzugeben?«
"Why do you try to persuade our nice Mr. Dorian Gray to give up the East End?"
"Ich versichere Ihnen, er wäre von unschätzbarem Wert."
"I assure you he would be quite invaluable"
"Sie würden es lieben, wenn er Klavier spielt"
"They would love his playing the piano"
»Ich möchte, daß er mir vorspielt«, rief Lord Henry lächelnd
"I want him to play to me," cried Lord Henry, smiling
und er blickte den Tisch hinunter und erhaschte einen hellen, antwortenden Blick
and he looked down the table and caught a bright answering glance
»Aber sie sind so unglücklich in Whitechapel«, fuhr Lady Agatha fort
"But they are so unhappy in Whitechapel," continued Lady Agatha
»Ich kann mit allem mitfühlen, nur nicht mit dem Leiden«, sagte Lord Henry achselzuckend
"I can sympathize with everything except suffering," said Lord Henry, shrugging his shoulders
"Ich kann das nicht nachvollziehen"
"I cannot sympathize with that"
"Es ist zu hässlich, zu schrecklich, zu erschütternd"
"It is too ugly, too horrible, too distressing"
"Es liegt etwas schrecklich Morbides in der modernen Sympathie für den Schmerz"
"There is something terribly morbid in the modern sympathy with pain"
"Man sollte mit der Farbe, der Schönheit, der Lebensfreude sympathisieren"
"One should sympathize with the colour, the beauty, the joy of life"
"Je weniger über die Wunden des Lebens gesprochen wird, desto besser"
"The less said about life's sores, the better"
»Trotzdem ist das East End ein sehr wichtiges Problem«, bemerkte Sir Thomas mit einem ernsten Kopfschütteln
"Still, the East End is a very important problem," remarked Sir Thomas with a grave shake of the head
»Ganz recht«, antwortete der junge Lord
"Quite so," answered the young lord
"Es ist das Problem der Sklaverei, und wir versuchen, es zu lösen, indem wir die Sklaven amüsieren"

"It is the problem of slavery, and we try to solve it by amusing the slaves"
Der Politiker sah ihn scharf an
The politician looked at him keenly
»Welche Änderung schlagen Sie also vor?« fragte er
"What change do you propose, then?" he asked
Lord Henry lachte
Lord Henry laughed
»**Ich habe nicht den Wunsch, in England irgend etwas zu ändern, außer dem Wetter**«**, antwortete er**
"I don't desire to change anything in England except the weather," he answered
"**Ich bin ganz zufrieden mit der philosophischen Kontemplation**"
"I am quite content with philosophic contemplation"
"**Aber das neunzehnte Jahrhundert ist durch eine übermäßige Ausgabe von Sympathie bankrott gegangen**"
"But, the nineteenth century has gone bankrupt through an over-expenditure of sympathy"
"**also würde ich vorschlagen, dass wir uns an die Wissenschaft wenden sollten, um uns richtig zu stellen**"
"so I would suggest that we should appeal to science to put us straight"
"**Der Vorteil der Emotionen ist, dass sie uns in die Irre führen**"
"The advantage of the emotions is that they lead us astray"
"**Und der Vorteil der Wissenschaft ist, dass sie nicht emotional ist**"
"and the advantage of science is that it is not emotional"
»**Aber wir haben eine so schwere Verantwortung**«**, wagte Mrs. Vandeleur schüchtern**
"But we have such grave responsibilities," ventured Mrs. Vandeleur timidly
»**Schrecklich ernst**«**, wiederholte Lady Agatha**
"Terribly grave," echoed Lady Agatha
Lord Henry sah zu Mr. Erskine hinüber
Lord Henry looked over at Mr. Erskine
"**Die Menschheit nimmt sich selbst zu ernst**"
"Humanity takes itself too seriously"
"**Es ist die Erbsünde der Welt**"
"It is the world's original sin"
"**Wenn der Höhlenmensch zu lachen gewusst hätte, wäre die Geschichte anders verlaufen**"
"If the caveman had known how to laugh, history would have been

different"
»Sie sind wirklich sehr tröstend«, trällerte die Herzogin
"You are really very comforting," warbled the duchess
»Ich habe mich immer ziemlich schuldig gefühlt, wenn ich zu deiner lieben Tante kam.«
"I have always felt rather guilty when I came to see your dear aunt"
"weil ich mich überhaupt nicht für das East End interessiere"
"because I take no interest at all in the East End"
»In Zukunft werde ich ihr ins Gesicht sehen können, ohne rot zu werden.«
"For the future I shall be able to look her in the face without a blush"
»Ein Erröten ist sehr schicklich, Herzogin«, bemerkte Lord Henry
"A blush is very becoming, Duchess," remarked Lord Henry
»Nur wenn man jung ist«, antwortete sie
"Only when one is young," she answered
"Wenn eine alte Frau wie ich rot wird, ist das ein sehr schlechtes Zeichen"
"When an old woman like myself blushes, it is a very bad sign"
»Ah! Lord Henry, ich wünschte, Sie würden mir sagen, wie ich wieder jung werden kann.«
"Ah! Lord Henry, I wish you would tell me how to become young again"
Er dachte einen Moment nach
He thought for a moment
»Können Sie sich an einen großen Fehler erinnern, den Sie in Ihren frühen Tagen begangen haben, Herzogin?« fragte er
"Can you remember any great error that you committed in your early days, Duchess?" he asked
und er sah sie über den Tisch hinweg an
and he looked at her across the table
»Ich fürchte, ich habe mich sehr geirrt,« rief sie
"I have made a great many errors, I fear," she cried
»Dann begehen Sie sie noch einmal«, sagte er ernst
"Then commit them over again," he said gravely
"Um seine Jugend wiederzuerlangen, muss man nur seine Torheiten wiederholen"
"To get back one's youth, one has merely to repeat one's follies"
»Eine entzückende Theorie!« rief sie aus
"A delightful theory!" she exclaimed
"Ich muss deine Theorie in die Praxis umsetzen"
"I must put your theory into practice"

»Eine gefährliche Theorie!« kam es von Sir Thomas' zusammengekniffenen Lippen
"A dangerous theory!" came from Sir Thomas's tight lips
Lady Agatha schüttelte den Kopf, konnte aber nicht umhin, sich zu amüsieren
Lady Agatha shook her head, but could not help being amused
Mr. Erskine hörte zu
Mr. Erskine listened
"Ja", fuhr er fort, "das ist eines der großen Geheimnisse des Lebens."
"Yes," he continued, "that is one of the great secrets of life"
"Heutzutage sterben die meisten Menschen an einer Art schleichendem gesunden Menschenverstand"
"Nowadays most people die of a sort of creeping common sense"
"Und wenn es zu spät ist, entdecken sie, dass das Einzige, was man nie bereut, seine Fehler sind"
"and they discover when it is too late that the only things one never regrets are one's mistakes"
Ein Lachen ging um den Tisch
A laugh ran round the table
Er spielte mit der Idee und wurde eigensinnig; warf es in die Luft und verwandelte es
He played with the idea and grew wilful; tossed it into the air and transformed it
er ließ den Gedanken entweichen und fing ihn wieder ein; ließ es vor Phantasie schillern und beflügelte es mit Paradox
he let the thought escape and recaptured it; made it iridescent with fancy and winged it with paradox
Das Lob der Torheit, wie er fortfuhr, steigerte sich zu einer Philosophie
The praise of folly, as he went on, soared into a philosophy
und die Philosophie selbst wurde jung
and philosophy herself became young
Man könnte sich vorstellen, dass sie ihr weinbeflecktes Gewand und ihren Efeukranz trägt
one might fancy her wearing her wine-stained robe and wreath of ivy
und indem sie die wahnsinnige Musik des Vergnügens auffing, tanzte sie wie eine Bacchantin über die Hügel des Lebens
and catching the mad music of pleasure, she danced like a Bacchante over the hills of life
und sie verspottete den langsamen Silenus, weil er nüchtern war

and she mocked the slow Silenus for being sober
Tatsachen flohen vor ihr wie verängstigte Walddinge
Facts fled before her like frightened forest things
Ihre weißen Füße traten über die riesige Presse, an der der weise Omar sitzt
Her white feet trod the huge press at which wise Omar sits
bis der brodelnde Traubensaft in Wellen purpurner Blasen um ihre nackten Glieder stieg
till the seething grape-juice rose round her bare limbs in waves of purple bubbles
oder sie kroch in rotem Schaum über die schwarzen, tropfenden, schrägen Seiten des Bottichs
or she crawled in red foam over the vat's black, dripping, sloping sides
Es war eine außergewöhnliche Improvisation
It was an extraordinary improvisation
Er fühlte, daß Dorian Grays Augen auf ihn gerichtet waren
He felt that the eyes of Dorian Gray were fixed on him
das Bewusstsein, dass es unter seinen Zuhörern jemanden gab, dessen Temperament er faszinieren wollte
the consciousness that amongst his audience there was one whose temperament he wished to fascinate
sein Bewußtsein schien seinem Witz Schärfe zu verleihen und seiner Phantasie Farbe zu verleihen
his consciousness seemed to give his wit keenness and to lend colour to his imagination
Er war brillant, fantastisch, verantwortungslos
He was brilliant, fantastic, irresponsible
Er verzauberte seine Zuhörer aus sich selbst heraus
He charmed his listeners out of themselves
und sie folgten seiner Pfeife lachend
and they followed his pipe, laughing
Dorian Gray wandte seinen Blick nicht von ihm ab
Dorian Gray never took his gaze off him
aber er saß wie ein Zauber
but he sat like one under a spell
Lächeln jagt sich gegenseitig über seine Lippen
smiles chasing each other over his lips
und das Staunen wurde ernst in seinen dunklen Augen
and wonder growing grave in his darkening eyes
Endlich, in der Tracht der Zeit gekleidet, trat die Wirklichkeit in

Gestalt eines Dieners in den Raum
At last, liveried in the costume of the age, reality entered the room in the shape of a servant
Er kam, um der Herzogin zu sagen, daß ihr Wagen auf ihn warte
he came to tell the duchess that her carriage was waiting
Sie rang die Hände in gespielter Verzweiflung
She wrung her hands in mock despair
»**Wie ärgerlich!**« **rief sie**
"How annoying!" she cried
"**Ich muss gehen, ich muss meinen Mann im Club rufen**"
"I must go, I have to call for my husband at the club"
»**Ich werde ihn zu einer absurden Zusammenkunft in Willis' Gemächern mitnehmen.**«
"I will take him to some absurd meeting at Willis's Rooms"
"**Und da wird er auf dem Stuhl sitzen**"
"and there he is going to be in the chair"
"**Wenn ich zu spät komme, wird er sicher wütend sein**"
"If I am late he is sure to be furious"
"**und ich konnte keine Szene in dieser Haube haben**"
"and I couldn't have a scene in this bonnet"
"**Es ist viel zu zerbrechlich**"
"It is far too fragile"
"**Ein hartes Wort würde es ruinieren**"
"A harsh word would ruin it"
»**Nein, ich muß gehen, liebe Agatha.**«
"No, I must go, dear Agatha"
»**Auf Wiedersehen, Lord Henry, Sie sind ganz entzückend und entsetzlich demoralisierend.**«
"Good-bye, Lord Henry, you are quite delightful and dreadfully demoralizing"
"**Ich weiß sicher nicht, was ich zu Ihren Ansichten sagen soll**"
"I am sure I don't know what to say about your views"
»**Sie müssen eines Abends zu uns kommen, um mit uns zu speisen.**«
"You must come and dine with us some night"
"**Dienstag? Sind Sie am Dienstag unengagiert?**«
"Tuesday? Are you disengaged Tuesday?"
»**Für Sie würde ich jeden hinwerfen, Herzogin**«, **sagte Lord Henry mit einer Verbeugung**
"For you I would throw over anybody, Duchess," said Lord Henry with a bow

»Ah! Das ist sehr nett und sehr unrecht von Ihnen«, rief sie
"Ah! that is very nice, and very wrong of you," she cried
»Ich kann also damit rechnen, daß Sie kommen«, und sie fegte aus dem Zimmer
"so I can count on you coming," and she swept out of the room
Lady Agatha und die anderen Damen folgten ihr
Lady Agatha and the other ladies followed her
Lord Henry hatte sich wieder gesetzt
Lord Henry had sat down again
Mr. Erskine drehte sich um und nahm einen Stuhl in der Nähe von Lord Henry ein
Mr. Erskine moved roundand took a chair close to Lord Henry
und er legte die Hand auf seinen Arm
and he placed his hand upon his arm
"Du sprichst so gut wie ein Buch", sagte er
"You talk as well as a book," he said
"Warum schreibst du nicht ein Buch?"
"why don't you write a book?"
»Ich lese zu gern Bücher, um sie zu schreiben, Mr. Erskine.«
"I am too fond of reading books to care to write them, Mr. Erskine"
"Ich würde sicherlich gerne einen Roman schreiben"
"I should like to write a novel certainly"
"ein Roman, der so schön wie ein Perserteppich und so unwirklich wäre"
"a novel that would be as lovely as a Persian carpet, and as unreal"
"Aber es gibt in England kein literarisches Publikum für irgendetwas anderes als Zeitungen, Fibeln und Enzyklopädien."
"But there is no literary public in England for anything except newspapers, primers, and encyclopaedias"
"Von allen Menschen auf der Welt haben die Engländer den geringsten Sinn für die Schönheit der Literatur"
"Of all people in the world the English have the least sense of the beauty of literature"
»Ich fürchte, Sie haben recht«, antwortete Mr. Erskine
"I fear you are right," answered Mr. Erskine
"Ich selbst hatte früher literarische Ambitionen, aber ich habe sie schon lange aufgegeben"
"I myself used to have literary ambitions, but I gave them up long ago"
»Und nun, mein lieber junger Freund, wenn Sie mir erlauben, Sie so zu nennen.«

"And now, my dear young friend, if you will allow me to call you so"
»darf ich fragen, ob Sie wirklich alles gemeint haben, was Sie uns beim Mittagessen gesagt haben?«
"may I ask if you really meant all that you said to us at lunch?"
»Ich habe ganz vergessen, was ich gesagt habe«, lächelte Lord Henry
"I quite forget what I said," smiled Lord Henry
»War alles sehr schlimm?«
"Was it all very bad?"
"Sehr schlimm in der Tat", bestätigte Mr. Erskine
"Very bad indeed," Mr. Erskine confirmed
"Ich halte dich sogar für extrem gefährlich"
"In fact, I consider you extremely dangerous"
"Gott bewahre, dass unserer guten Herzogin etwas passiert"
"God forbid anything happens to our good duchess"
"Wir alle würden Sie als Hauptverantwortlicher ansehen"
"we would all look on you as being primarily responsible"
»Aber ich möchte mit Ihnen über das Leben sprechen.«
"But I should like to talk to you about life"
"Die Generation, in die ich hineingeboren wurde, war langweilig"
"The generation into which I was born was tedious"
»Eines Tages, wenn Sie London satt haben, kommen Sie nach Treadley.«
"Some day, when you are tired of London, come down to Treadley"
"und erkläre mir deine Philosophie des Vergnügens bei etwas Burgund"
"and expound to me your philosophy of pleasure over some Burgundy"
"Ich habe zufällig das Vergnügen, eine sehr bewundernswerte Flasche zu besitzen"
"I happen to have the pleasure of possessing a very admirable bottle"
"Ich wäre entzückt; ein Besuch in Treadley wäre ein großes Privileg"
"I would be charmed; a visit to Treadley would be a great privilege"
"Treadly hat einen perfekten Gastgeber und eine perfekte Bibliothek"
"Treadly has a perfect host, and a perfect library"
»Sie werden die Bibliothek vervollständigen«, antwortete der alte Herr mit einer höflichen Verbeugung
"You will complete the library," answered the old gentleman with a courteous bow

»Und nun muß ich mich von Ihrer vortrefflichen Tante verabschieden.«
"And now I must bid good-bye to your excellent aunt"
"Ich bin im Athenaeum fällig"
"I am due at the Athenaeum"
"Es ist die Stunde, in der wir dort schlafen"
"It is the hour when we sleep there"
"Sie alle, Mr. Erskine?"
"All of you, Mr. Erskine?"
"Vierzig von uns, in vierzig Sesseln"
"Forty of us, in forty arm-chairs"
"Wir üben für eine englische Akademie der Literatur"
"We are practising for an English Academy of Letters"
Lord Henry lachte und erhob sich
Lord Henry laughed and rose
»Ich gehe in den Park«, rief er
"I am going to the park," he cried
Als er aus der Tür ging, berührte Dorian Gray ihn am Arm
As he was passing out of the door, Dorian Gray touched him on the arm
»Lassen Sie mich mit Ihnen kommen«, murmelte er
"Let me come with you," he murmured
»Aber ich dachte, Sie hätten Basil Hallward versprochen, ihn zu besuchen«, antwortete Lord Henry
"But I thought you had promised Basil Hallward to go and see him," answered Lord Henry
»Ich möchte lieber mit Ihnen kommen; Ja, ich habe das Gefühl, dass ich muss."
"I would rather come with you; yes, I feel I must"
"Bitte lass mich mit dir kommen"
"please do let me me come with you"
»Und du versprichst mir, die ganze Zeit mit mir zu sprechen?«
"And you will promise to talk to me all the time?"
»Niemand redet so wunderbar wie du.«
"No one talks so wonderfully as you do."
»Ah! Ich habe für heute genug geredet«, sagte Lord Henry lächelnd
"Ah! I have talked quite enough for to-day," said Lord Henry, smiling
"Alles, was ich jetzt will, ist, das Leben zu betrachten"
"All I want now is to look at life"
"Du kannst kommen und dir das Leben mit mir ansehen, wenn du willst."

"You may come and look at life with me, if you care to"

Viertes Kapitel
Chapter Four

Eines Nachmittags, einen Monat später, lehnte sich Dorian Gray in einem luxuriösen Sessel zurück
One afternoon, a month later, Dorian Gray was reclining in a luxurious arm-chair

er befand sich in der kleinen Bibliothek von Lord Henrys Haus in Mayfair
he was in the little library of Lord Henry's house in Mayfair

Es war auf seine Weise ein sehr charmantes Zimmer
It was, in its way, a very charming room

Das Zimmer hatte eine hohe getäfelte Vertäfelung aus olivfarbener Eiche
the room had high panelled wainscoting of olive-stained oak

cremefarbener Fries und Decke aus erhöhtem Putz
cream-coloured frieze and ceiling of raised plasterwork

und langfransige Perserteppiche hingen im Zimmer
and long-fringed Persian rugs hung about the room

Auf einem winzigen Satinholztisch stand eine Statuette von Clodion
On a tiny satinwood table stood a statuette by Clodion

und neben der Statue lag ein Exemplar von Les Cent Nouvelles
and beside the statue lay a copy of Les Cent Nouvelles

das Buch war für Margarete von Valois von Chlodwig Eva bestimmt
the book was bound for Margaret of Valois by Clovis Eve

und es war mit den vergoldeten Gänseblümchen gepudert, die die Königin ausgewählt hatte
and it was powdered with the gilt daisies that Queen had selected

Einige große blaue Porzellankrüge und Papageientulpen waren auf dem Kaminsims arrangiert
Some large blue china jars and parrot-tulips were arranged on the mantelshelf

und durch die kleinen bleiverglasten Scheiben des Fensters fiel apricotfarbenes Licht
and through the small leaded panes of the window streamed apricot-coloured light

das aprikosenfarbene Licht eines Sommertages in London
the apricot-coloured light of a summer day in London

Lord Henry war noch nicht hereingekommen
Lord Henry had not yet come in

Er kam aus Prinzip immer zu spät
He was always late on principle
sein Grundsatz ist, dass Pünktlichkeit der Dieb der Zeit ist
his principle being that punctuality is the thief of time
Der Junge sah also ziemlich mürrisch aus
So the lad was looking rather sulky
er hatte eine kunstvoll illustrierte Ausgabe von Manon Lescaut gefunden
he had found an elaborately illustrated edition of Manon Lescaut
mit lustlosen Fingern blätterte er die Seiten um
with listless fingers he turned over the pages
Das formale, eintönige Ticken der Louis-Quatorze-Uhr ärgerte ihn
The formal monotonous ticking of the Louis Quatorze clock annoyed him
Ein- oder zweimal dachte er daran, wegzugehen
Once or twice he thought of going away
Endlich hörte er draußen einen Schritt, und die Tür öffnete sich
At last he heard a step outside, and the door opened
»Wie spät du bist, Harry!« murmelte er
"How late you are, Harry!" he murmured
»Ich fürchte, es ist nicht Harry, Mr. Gray«, antwortete eine schrille Stimme
"I am afraid it is not Harry, Mr. Gray," answered a shrill voice
Er blickte sich schnell um und erhob sich
He glanced quickly round and rose to his feet
»Ich bitte um Verzeihung. Ich dachte ...«
"I beg your pardon. I thought—"
"Du dachtest, es wäre mein Mann"
"You thought it was my husband"
"Es ist nur seine Frau"
"It is only his wife"
"Du musst mich vorstellen lassen"
"You must let me introduce myself"
"Ich kenne Sie ganz gut von Ihren Fotos"
"I know you quite well by your photographs"
"Ich glaube, mein Mann hat siebzehn davon."
"I think my husband has got seventeen of them"
»Nicht siebzehn, Lady Henry?«
"Not seventeen, Lady Henry?"
»Nun, dann achtzehn.«
"Well, eighteen, then"

»Und ich habe Sie neulich mit ihm in der Oper gesehen.«
"And I saw you with him the other night at the opera"
Sie lachte nervös, während sie sprach
She laughed nervously as she spoke
und sie beobachtete ihn mit ihren unbestimmten Vergissmeinnichtaugen
and she watched him with her vague forget-me-not eyes
Sie war eine neugierige Frau
She was a curious woman
ihre Kleider sahen immer aus, als wären sie in Wut entworfen worden
her dresses always looked as if they had been designed in a rage
und sie sah aus, als hätte sie ihre Kleider in einem Sturm angezogen
and she looked as if she had put put her dresses on in a tempest
Normalerweise war sie in jemanden verliebt
She was usually in love with somebody
und da ihre Leidenschaft nie erwidert wurde, hatte sie alle ihre Illusionen bewahrt
and, as her passion was never returned, she had kept all her illusions
Sie versuchte, malerisch auszusehen, aber es gelang ihr nur, unordentlich zu sein
She tried to look picturesque, but only succeeded in being untidy
Ihr Name war Victoria und sie hatte eine perfekte Manie, in die Kirche zu gehen
Her name was Victoria, and she had a perfect mania for going to church
»Das war in Lohengrin, Lady Henry, glaube ich?«
"That was at Lohengrin, Lady Henry, I think?"
»Jawohl; es war im lieben Lohengrin"
"Yes; it was at dear Lohengrin"
"Ich mag Wagners Musik besser als die von irgendjemandem"
"I like Wagner's music better than anybody's"
"Es ist so laut, dass man die ganze Zeit reden kann"
"It is so loud that one can talk the whole time"
"Und es besteht keine Gefahr, dass andere Leute hören, was man sagt"
"and there is no danger other people hear what one says"
»Das ist ein großer Vorteil, meinen Sie nicht, Mr. Gray?«
"That is a great advantage, don't you think so, Mr. Gray?"
Das gleiche nervöse Stakkato-Lachen brach von ihren dünnen

Lippen
The same nervous staccato laugh broke from her thin lips
und ihre Finger begannen mit einem langen Papiermesser aus Schildpattpapier zu spielen
and her fingers began to play with a long tortoise-shell paper-knife
Dorian lächelte und schüttelte den Kopf
Dorian smiled and shook his head
»Ich fürchte, ich glaube nicht, Lady Henry.«
"I am afraid I don't think so, Lady Henry"
"Ich rede nie während der Musik, zumindest nicht bei guter Musik"
"I never talk during music, at least not during good music"
"Wenn man schlechte Musik hört, ist es die Pflicht, sie in Gesprächen zu ertränken"
"If one hears bad music, it is one's duty to drown it in conversation"
»Ah! das ist eine von Harrys Ansichten, nicht wahr, Mr. Gray?«
"Ah! that is one of Harry's views, isn't it, Mr. Gray?"
"Ich höre Harrys Ansichten immer von seinen Freunden"
"I always hear Harry's views from his friends"
"Nur so erfahre ich von seinen Ansichten"
"It is the only way I get to know of his views"
"Aber du darfst nicht denken, dass ich keine gute Musik mag"
"But you must not think I don't like good music"
"Ich liebe gute Musik, aber ich habe Angst davor"
"I adore good music, but I am afraid of it"
"Gute Musik macht mich zu romantisch"
"good music makes me too romantic"
"Ich habe einfach Pianisten verehrt"
"I have simply worshipped pianists"
"Manchmal zu zweit, sagt Harry mir"
"two at a time, sometimes, Harry tells me"
"Ich weiß nicht, was es mit ihnen auf sich hat"
"I don't know what it is about them"
"Vielleicht sind es Ausländer"
"Perhaps it is that they are foreigners"
»Das sind sie alle, nicht wahr?«
"They all are, ain't they?"
Selbst diejenigen, die in England geboren sind, werden nach einiger Zeit zu Ausländern, nicht wahr?«
Even those that are born in England become foreigners after a time, don't they?"

"**Es ist so klug von ihnen und ein solches Kompliment für die Kunst**"
"It is so clever of them, and such a compliment to art"
"**Das macht es ziemlich kosmopolitisch, nicht wahr?**"
"Makes it quite cosmopolitan, doesn't it?"
»**Sie waren noch nie auf einer meiner Partys, nicht wahr, Mr. Gray?**«
"You have never been to any of my parties, have you, Mr. Gray?"
"**Du musst zu einer meiner Partys kommen**"
"You must come to one of my parties"
"**Ich kann mir keine Orchideen leisten, aber ich scheue keine Kosten für Ausländer**"
"I can't afford orchids, but I spare no expense in foreigners"
"**Sie lassen die Zimmer so malerisch aussehen**"
"They make one's rooms look so picturesque"
»**aber hier ist Harry!**«
"but here is Harry!"
"**Harry, ich bin hereingekommen, um dich zu suchen, um dich etwas zu fragen.**"
"Harry, I came in to look for you, to ask you something"
"**Ich habe vergessen, was ich dich fragen wollte**"
"I forget what it was that I wanted to ask you"
»**aber statt dessen habe ich Mr. Gray hier gefunden.**«
"but instead I found Mr. Gray here"
"**Wir hatten so ein angenehmes Gespräch über Musik**"
"We have had such a pleasant chat about music"
"**Wir haben ziemlich die gleichen Ideen**"
"We have quite the same ideas"
»**Nein; Ich denke, unsere Ideen sind ziemlich unterschiedlich.**"
"No; I think our ideas are quite different"
"**Aber er war sehr angenehm**"
"But he has been most pleasant"
"**Ich bin so froh, dass ich ihn gesehen habe**"
"I am so glad I've seen him"
»**Ich bin entzückt, meine Liebe, ganz entzückt**«, sagte Lord Henry
"I am charmed, my love, quite charmed," said Lord Henry
und er hob seine dunklen, halbmondförmigen Augenbrauen
and he elevated his dark, crescent-shaped eyebrows
Er sah sie beide mit einem amüsierten Lächeln an
he looked at them both with an amused smile
"**Es tut mir so leid, dass ich zu spät komme, Dorian**"

"So sorry I am late, Dorian"
"Ich ging in der Wardour Street nach einem Stück alten Brokats suchen"
"I went to look after a piece of old brocade in Wardour Street"
"und ich musste stundenlang dafür feilschen"
"and I had to bargain for hours for it"
"Heutzutage kennen die Menschen den Preis von allem und den Wert von nichts"
"Nowadays people know the price of everything and the value of nothing"
»Ich fürchte, ich muß gehen«, rief Lady Henry
"I am afraid I must be going," exclaimed Lady Henry
und sie brach ein peinliches Schweigen mit ihrem albernen plötzlichen Lachen
and she broke an awkward silence with her silly sudden laugh
"Ich habe versprochen, mit der Herzogin zu fahren"
"I have promised to drive with the duchess"
»Auf Wiedersehen, Mr. Gray. Auf Wiedersehen, Harry"
"Good-bye, Mr. Gray. Good-bye, Harry"
»Sie essen wohl auswärts? Ich auch."
"You are dining out, I suppose? So am I"
»Vielleicht sehe ich Sie bei Lady Thornbury.«
"Perhaps I shall see you at Lady Thornbury's"
»Ich wage zu sagen, meine Liebe«, sagte Lord Henry und schloß die Tür hinter sich
"I dare say, my dear," said Lord Henry, shutting the door behind her
Sie sah aus wie ein Paradiesvogel, der die ganze Nacht im Regen draußen gewesen war
she looked like a bird of paradise that had been out all night in the rain
und so huschte sie aus dem Zimmer und hinterließ einen schwachen Geruch von Frangipani
and so she flitted out of the room, leaving a faint odour of frangipani
Dann zündete er sich eine Zigarette an und warf sich auf das Sofa
Then he lit a cigarette and flung himself down on the sofa
Er nahm ein paar Züge von seiner Zigarette
he had a few puffs of his cigarette
"Heirate niemals eine Frau mit strohfarbenen Haaren, Dorian"
"Never marry a woman with straw-coloured hair, Dorian"
"Warum, Harry?"
"Why, Harry?"

"Weil sie so sentimental sind"
"Because they are so sentimental"
"Aber ich mag sentimentale Menschen"
"But I like sentimental people"
"Heirate niemals, Dorian"
"Never marry at all, Dorian"
"Männer heiraten, weil sie müde sind"
"Men marry because they are tired"
"Frauen heiraten, weil sie neugierig sind"
"women marry because they are curious"
"Beide sind enttäuscht von der Ehe"
"both are disappointed by marriage"
"Ich glaube nicht, dass ich heiraten werde, Harry."
"I don't think I am likely to marry, Harry"
"Ich bin zu sehr verliebt"
"I am too much in love"
"Das ist einer Ihrer Aphorismen"
"That is one of your aphorisms"
"Ich setze es in die Tat um, da ich alles tue, was du sagst"
"I am putting it into practice, as I do everything that you say"
»In wen sind Sie verliebt?« fragte Lord Henry nach einer Pause
"Who are you in love with?" asked Lord Henry after a pause
"Ich bin in eine Schauspielerin verliebt", sagte Dorian Gray und errötete
"I'm in love with an actress," said Dorian Gray, blushing
Lord Henry zuckte die Achseln
Lord Henry shrugged his shoulders
"Das ist ein ziemlich alltägliches Debüt"
"That is a rather commonplace début"
"Das würdest du nicht sagen, wenn du sie sehen würdest, Harry."
"You would not say so if you saw her, Harry"
"Wer ist sie?"
"Who is she?"
"Ihr Name ist Sibyl Vane"
"Her name is Sibyl Vane"
"Noch nie von ihr gehört"
"Never heard of her"
"Niemand hat es getan.
"No one has.
"Eines Tages werden die Menschen es aber tun"
"People will someday, however"

"Sie ist ein Genie"
"She is a genius"
"Mein lieber Junge, keine Frau ist ein Genie"
"My dear boy, no woman is a genius"
"Frauen sind ein dekoratives Geschlecht"
"Women are a decorative sex"
"Sie haben nie etwas zu sagen, aber sie sagen es charmant"
"They never have anything to say, but they say it charmingly"
"Frauen stehen für den Triumph der Materie über den Verstand"
"Women represent the triumph of matter over mind"
"So wie die Menschen den Triumph des Geistes über die Moral darstellen"
"just as men represent the triumph of mind over morals"
"Harry, wie kannst du nur?"
"Harry, how can you?"
"Mein lieber Dorian, es ist ganz wahr."
"My dear Dorian, it is quite true"
"Ich analysiere derzeit Frauen, also sollte ich es wissen"
"I am analysing women at present, so I ought to know"
"Das Thema ist nicht so abstrus, wie ich dachte"
"The subject is not so abstruse as I thought it was"
"Ich finde, dass es letztendlich nur zwei Arten von Frauen gibt"
"I find that, ultimately, there are only two kinds of women"
"Es gibt die einfache Art von Frauen und die farbige Art"
"there is the plain kind of woman, and the coloured kind"
"Die einfachen Frauen sind sehr nützlich"
"The plain women are very useful"
"Wenn du dir einen Ruf der Seriosität verschaffen willst, nimm sie zum Abendessen mit"
"If you want to gain a reputation for respectability, take them to supper"
"Die anderen Frauen sind sehr charmant"
"The other women are very charming"
"Sie begehen jedoch einen Fehler"
"They commit one mistake, however"
"Sie malen, um jung auszusehen"
"They paint in order to try and look young"
"Unsere Großmütter malten, um zu versuchen, brillant zu sprechen"
"Our grandmothers painted in order to try and talk brilliantly"
"Rouge und Esprit gehörten zusammen"

"Rouge and esprit used to go together"
"Das ist jetzt vorbei"
"That is all over now"
"Solange eine Frau zehn Jahre jünger aussehen kann als ihre eigene Tochter, ist sie vollkommen zufrieden"
"As long as a woman can look ten years younger than her own daughter, she is perfectly satisfied"
"Was die Konversation betrifft, so gibt es in London nur fünf Frauen, mit denen es sich zu reden lohnt"
"As for conversation, there are only five women in London worth talking to"
"Und zwei dieser Frauen können nicht in eine anständige Gesellschaft aufgenommen werden"
"and two of these women can't be admitted into decent society"
"Aber erzähl mir von deinem Genie"
"However, tell me about your genius"
»Wie lange kennen Sie sie schon?«
"How long have you known her?"
»Ah! Harry, deine Ansichten machen mir Angst."
"Ah! Harry, your views terrify me"
»Macht nichts. Wie lange kennen Sie sie schon?«
"Never mind that. How long have you known her?"
"Ungefähr drei Wochen"
"About three weeks"
»Und wo sind Sie auf sie gestoßen?«
"And where did you come across her?"
"Ich werde es dir sagen, Harry, aber du darfst nicht unsympathisch sein."
"I will tell you, Harry, but you mustn't be unsympathetic about it"
"Schließlich wäre es nie passiert, wenn ich dich nicht getroffen hätte"
"After all, it never would have happened if I had not met you"
"Du hast mich mit dem wilden Wunsch erfüllt, alles über das Leben zu erfahren"
"You filled me with a wild desire to know everything about life"
"Tagelang, nachdem ich dich kennengelernt hatte, schien etwas in meinen Adern zu pochen"
"For days after I met you, something seemed to throb in my veins"
"Als ich im Park faulenzte oder den Piccadilly hinunterschlenderte"
"As I lounged in the park, or strolled down Piccadilly"
"Früher habe ich jeden angeschaut, der an mir vorbeiging, und

mich gewundert"
"I used to look at every one who passed me and wonder"
"mit einer wahnsinnigen Neugier fragte ich mich, was für ein Leben sie führten"
"with a mad curiosity I wondered what sort of lives they led"
"Einige von ihnen haben mich fasziniert"
"Some of them fascinated me"
"Andere haben mich mit Schrecken erfüllt"
"Others filled me with terror"
"Es lag ein exquisites Gift in der Luft"
"There was an exquisite poison in the air"
"Ich hatte eine Leidenschaft für Empfindungen"
"I had a passion for sensations"
»Nun, eines Abends gegen sieben Uhr beschloß ich, auf die Suche nach einem Abenteuer zu gehen.«
"Well, one evening about seven o'clock, I determined to go out in search of some adventure"
»Ich fühlte, daß unser graues, ungeheuerliches London etwas für mich auf Lager haben mußte.«
"I felt that this grey monstrous London of ours must have something in store for me"
London mit seinen Myriaden von Menschen, schmutzigen Sündern und herrlichen Sünden"
London, with its myriads of people, sordid sinners, and splendid sins"
"um eine Ihrer Beobachtungen zu leihen"
"to borrow one of your observations"
"Ich hatte Lust auf tausend Dinge"
"I fancied a thousand things"
"Die bloße Gefahr hat mich entzückt"
"The mere danger gave me a sense of delight"
»Ich erinnerte mich daran, was Sie an jenem wunderbaren Abend zu mir gesagt hatten, als wir zum ersten Mal zusammen speisten.«
"I remembered what you had said to me on that wonderful evening when we first dined together"
"Du hast davon gesprochen, dass die Suche nach Schönheit das wahre Geheimnis des Lebens ist"
"you spoke about the search for beauty being the real secret of life"
"Ich weiß nicht, was ich erwartet habe"
"I don't know what I expected"
"aber ich ging hinaus und wanderte nach Osten"

"but I went out and wandered eastward"
"Ich verirrte mich bald in einem Labyrinth aus schmutzigen Straßen und schwarzen, graslosen Plätzen"
"I soon lost my way in a labyrinth of grimy streets and black grassless squares"
"Gegen halb acht kam ich an einem absurden kleinen Theater vorbei"
"About half-past eight I passed by an absurd little theatre"
"Eines dieser Theater mit großen flackernden Gasdüsen und bunten Theaterzetteln"
"one of those theatres with great flaring gas-jets and gaudy play-bills"
"Ein Mann in der erstaunlichsten Weste, die ich je in meinem Leben gesehen habe, stand am Eingang"
"A man in the most amazing waistcoat I ever beheld in my life, was standing at the entrance"
"Er rauchte eine abscheuliche Zigarre"
"he was smoking a vile cigar"
"Er hatte fettige Locken und einen riesigen Diamanten in der Mitte eines schmutzigen Hemdes"
"He had greasy ringlets, and an enormous diamond blazed in the centre of a soiled shirt"
›Haben Sie eine Theaterloge, Mylord?‹ fragte er, als er mich sah.«
"'Have a theatre box, my Lord?' he said, when he saw me"
»und er nahm seinen Hut mit einer Miene herrlicher Unterwürfigkeit ab.«
"and he took off his hat with an air of gorgeous servility"
"Es gab etwas an ihm, Harry, das mich amüsierte."
"There was something about him, Harry, that amused me"
"Er war so ein Monster"
"He was such a monster"
"Du wirst mich auslachen, ich weiß."
"You will laugh at me, I know"
»aber ich bin wirklich hingegangen und habe eine ganze Guinee für die Bühnenloge bezahlt.«
"but I really went in and paid a whole guinea for the stage-box"
"Bis heute kann ich nicht verstehen, warum ich das getan habe"
"To the present day I can't make out why I did so"
»und doch hätte ich die größte Romanze meines Lebens verpasst, wenn ich es nicht getan hätte.«
"and yet I would have missed the greatest romance of my life if I hadn't"

"Ich sehe, du lachst. Es ist schrecklich von Ihnen!«
"I see you are laughing. It is horrid of you!"
»Ich lache nicht, Dorian; wenigstens lache ich nicht über dich."
"I am not laughing, Dorian; at least I am not laughing at you"
"Aber du solltest nicht sagen, die größte Romanze deines Lebens"
"But you should not say the greatest romance of your life"
"Du solltest sagen, die erste Romanze deines Lebens"
"You should say the first romance of your life"
"Du wirst immer geliebt werden"
"You will always be loved"
"Und du wirst immer in die Liebe verliebt sein"
"and you will always be in love with love"
"Eine große Leidenschaft ist das Privileg von Menschen, die nichts zu tun haben"
"A grande passion is the privilege of people who have nothing to do"
"Das ist der einzige Nutzen der müßigen Klassen eines Landes"
"That is the one use of the idle classes of a country"
"Hab keine Angst, es gibt exquisite Dinge für dich"
"Don't be afraid, there are exquisite things in store for you"
"Das ist erst der Anfang"
"This is merely the beginning"
»Glauben Sie, daß mein Wesen so oberflächlich ist?« rief Dorian Gray ärgerlich
"Do you think my nature so shallow?" cried Dorian Gray angrily
»Nein; Ich denke, deine Natur ist so tief"
"No; I think your nature so deep"
"Wie meinst du das?"
"How do you mean?"
"Mein lieber Junge, die Menschen, die nur einmal in ihrem Leben lieben, sind in Wirklichkeit die oberflächlichen Menschen"
"My dear boy, the people who love only once in their lives are really the shallow people"
"Was sie Loyalität und Treue nennen, nenne ich Lethargie der Gewohnheit und Mangel an Phantasie"
"What they call loyalty and fidelity, I call lethargy of custom and lack of imagination"
"Treue ist für das Gefühlsleben das, was Beständigkeit für das Leben des Intellekts ist"
"Faithfulness is to the emotional life what consistency is to the life of the intellect"
"das heißt, einfach ein Eingeständnis des Versagens"

"that is to say, simply a confession of failure"
»Treue! Ich muss es eines Tages analysieren.«
"Faithfulness! I must analyse it someday"
"Die Leidenschaft für Immobilien steckt darin"
"The passion for property is in it"
"Es gibt viele Dinge, die wir wegwerfen würden"
"There are many things that we would throw away"
"Wir würden sie wegwerfen, wenn wir keine Angst hätten, dass andere sie aufheben könnten"
"we would throw them away if we were not afraid that others might pick them up"
"Aber ich will dich nicht unterbrechen"
"But I don't want to interrupt you"
"Mach weiter mit deiner Geschichte"
"Go on with your story"
"Nun, ich saß in einer schrecklichen kleinen Privatloge."
"Well, I found myself seated in a horrid little private box"
"Eine vulgäre Drop-Szene starrte mir ins Gesicht"
"a vulgar drop-scene was staring me in the face"
"Ich schaute hinter dem Vorhang hervor und überblickte das Haus"
"I looked out from behind the curtain and surveyed the house"
"Es war eine schäbige Angelegenheit"
"It was a tawdry affair"
"alles Amoren und Füllhörner, wie eine drittklassige Hochzeitstorte"
"all Cupids and cornucopias, like a third-rate wedding-cake"
"Der Stollen und der Graben waren ziemlich voll"
"The gallery and pit were fairly full"
"Aber die beiden Reihen der schmuddeligen Stände waren ziemlich leer"
"but the two rows of dingy stalls were quite empty"
»und es war kaum eine Person in dem, was sie wohl den Kleiderkreis nannten.«
"and there was hardly a person in what I suppose they called the dress-circle"
"Frauen gingen mit Orangen und Ingwerbier umher"
"Women went about with oranges and ginger-beer"
"Und es gab einen schrecklichen Verzehr von Nüssen"
"and there was a terrible consumption of nuts going on"
"Es muss genau wie in den goldenen Tagen des britischen Dramas gewesen sein"

"It must have been just like the palmy days of the British drama"
"Einfach so, sollte ich mir vorstellen, und sehr deprimierend"
"Just like that, I should fancy, and very depressing"
»Ich begann mich zu fragen, was um alles in der Welt ich tun sollte, als ich den Spielzettel erblickte.«
"I began to wonder what on earth I should do when I caught sight of the play-bill"
»Was glaubst du, was das Stück war, Harry?«
"What do you think the play was, Harry?"
"Ich würde denken; Der idiotische Junge oder dumm, aber unschuldig"
"I would think; The Idiot Boy, or Dumb but Innocent"
»Unsere Väter mochten diese Art von Stücken, glaube ich.«
"Our fathers used to like that sort of piece, I believe"
"Je länger ich lebe, Dorian, desto schärfer spüre ich es"
"The longer I live, Dorian, the more keenly I feel it"
"Was für unsere Väter gut genug war, ist für uns nicht gut genug"
"whatever was good enough for our fathers is not good enough for us"
"In der Kunst, wie in der Politik, les grandpères ont toujours tort"
"In art, as in politics, les grandpères ont toujours tort"
"Dieses Stück war gut genug für uns, Harry"
"This play was good enough for us, Harry"
"Es war Romeo und Julia"
"It was Romeo and Juliet"
"Ich muss zugeben, dass ich mich anfangs ziemlich über die Idee geärgert habe"
"I must admit that I was rather annoyed at the idea at first"
"Ich konnte es nicht ertragen, Shakespeare in einem so erbärmlichen Loch von einem Ort zu sehen"
"I couldn't bear seeing Shakespeare done in such a wretched hole of a place"
"Trotzdem fühlte ich mich interessiert, in gewisser Weise"
"Still, I felt interested, in a sort of way"
»Jedenfalls habe ich beschlossen, auf den ersten Akt zu warten.«
"At any rate, I determined to wait for the first act"
"Es gab ein schreckliches Orchester"
"There was a dreadful orchestra"
"Das Orchester wurde von einem jungen Mann geleitet, der an einem zerbrochenen Klavier saß"
"the orchestra was presided over by a young man sat at a cracked

piano"
"Das Klavier hat mich fast vertrieben"
"the piano nearly drove me away"
»aber endlich wurde die Tropfenszene entworfen und das Stück begann.«
"but at last the drop-scene was drawn up and the play began"
"Romeo war ein stämmiger älterer Herr mit verkorkten Augenbrauen"
"Romeo was a stout elderly gentleman, with corked eyebrows"
"eine heisere Tragödienstimme und eine Gestalt wie ein Bierfass"
"a husky tragedy voice, and a figure like a beer-barrel"
"Mercutio war fast genauso schlimm"
"Mercutio was almost as bad"
"Er wurde von dem Low-Comedian gespielt"
"He was played by the low-comedian"
"Er führte seine eigenen Gags ein"
"he introduced gags of his own"
"Und er stand mit der Grube in freundschaftlichstem Verhältnis"
"and he was on most friendly terms with the pit"
"Sie waren beide so grotesk wie die Landschaft"
"They were both as grotesque as the scenery"
»und die Szenerie sah aus, als käme sie aus einer Landbude.«
"and the scenery looked as if it had come out of a country-booth"
»Aber Julia! Harry, stell dir ein Mädchen vor, kaum siebzehn Jahre alt."
"But Juliet! Harry, imagine a girl, hardly seventeen years of age"
"ein kleines, blumenartiges Gesicht, ein kleiner griechischer Kopf mit geflochtenen Locken dunkelbraunen Haares"
"a little, flowerlike face, a small Greek head with plaited coils of dark-brown hair"
"Augen, die violette Quellen der Leidenschaft waren"
"eyes that were violet wells of passion"
"Lippen, die wie die Blütenblätter einer Rose waren"
"lips that were like the petals of a rose"
"Sie war das Schönste, was ich je in meinem Leben gesehen habe"
"She was the loveliest thing I have ever seen in my life"
"Du hast mir einmal gesagt, dass das Pathos dich ungerührt gelassen hat."
"You said to me once that pathos left you unmoved"
"Aber du sagtest, dass Schönheit, bloße Schönheit, deine Augen mit Tränen füllen könnte."

"but you said that beauty, mere beauty, could fill your eyes with tears"
"Ich sage dir, Harry, ich konnte dieses Mädchen vor lauter Tränennebel, der mich überkam, kaum sehen."
"I tell you, Harry, I could hardly see this girl for the mist of tears that came across me"
»Und ihre Stimme – ich habe noch nie eine solche Stimme gehört.«
"And her voice—I never heard such a voice"
"Ihre Stimme war anfangs sehr leise"
"her voice was very low at first"
"Sie hatte tiefe, sanfte Töne, die einzeln auf das Ohr zu fallen schienen"
"she had deep mellow notes that seemed to fall singly upon one's ear"
"Dann wurde es etwas lauter und klang wie eine Flöte oder ein entfernter Chorknabe"
"Then it became a little louder, and sounded like a flute or a distant choir boy"
"Dann kam die Gartenszene, und ihre Stimme entwickelte sich weiter."
"then came the garden-scene, and her voice evolved more"
"Ihre Stimme hatte all die zitternde Ekstase, die man kurz vor Sonnenaufgang hört, wenn Nachtigallen singen."
"her voice had all the tremulous ecstasy that one hears just before dawn when nightingales are singing"
"Später gab es Momente, in denen es die wilde Leidenschaft von Geigen hatte"
"There were moments, later on, when it had the wild passion of violins"
"Du weißt, wie eine Stimme einen aufrütteln kann"
"You know how a voice can stir one"
"Ihre Stimme und die Stimme von Sibyl Vane sind zwei Dinge, die ich nie vergessen werde"
"Your voice and the voice of Sibyl Vane are two things that I shall never forget"
"Wenn ich meine Augen schließe, höre ich sie"
"When I close my eyes, I hear them"
"Und jeder von ihnen sagt etwas anderes"
"and each of them says something different"
"Ich weiß nicht, welchem ich folgen soll"
"I don't know which to follow"
»Warum sollte ich sie nicht lieben?«

"Why should I not love her?"
"Harry, ich liebe sie"
"Harry, I do love her"
"Sie ist alles für mich im Leben"
"She is everything to me in life"
"Nacht für Nacht gehe ich zu ihrem Theater"
"Night after night I go to see her play"
"An einem Abend ist sie Rosalind und am nächsten Abend ist sie Imogen"
"One evening she is Rosalind, and the next evening she is Imogen"
"Ich habe sie in der Dunkelheit eines italienischen Grabes sterben sehen, wie sie das Gift von den Lippen ihres Geliebten saugte"
"I have seen her die in the gloom of an Italian tomb, sucking the poison from her lover's lips"
"Ich habe sie durch den Wald von Arden wandern sehen"
"I have watched her wandering through the forest of Arden"
"Ich habe sie als hübschen Jungen verkleidet gesehen, in Hose und Wams und zierlicher Mütze."
"I have seen her disguised as a pretty boy in hose and doublet and dainty cap"
»Sie ist wahnsinnig geworden und in die Gegenwart eines schuldigen Königs gekommen.«
"She has been mad, and has come into the presence of a guilty king"
»und sie hat ihm Weinraute zum Anziehen und bittere Kräuter zum Probieren gegeben.«
"and she has given him rue to wear and bitter herbs to taste of"
"Sie war unschuldig"
"She has been innocent"
"Und die schwarzen Hände der Eifersucht haben ihre schilfartige Kehle zerquetscht"
"and the black hands of jealousy have crushed her reedlike throat"
"Ich habe sie in jedem Alter und in jedem Kostüm gesehen"
"I have seen her in every age and in every costume"
"Gewöhnliche Frauen appellieren nie an die Fantasie"
"Ordinary women never appeal to one's imagination"
"Sie sind auf ihr Jahrhundert beschränkt"
"They are limited to their century"
"Kein Glamour verklärt sie jemals"
"No glamour ever transfigures them"
"Man kennt ihren Verstand so leicht wie ihre Hauben"
"One knows their minds as easily as one knows their bonnets"

"Man kann sie immer finden"
"One can always find them"
"In keinem von ihnen steckt ein Geheimnis"
"There is no mystery in any of them"
"Sie reiten morgens im Park und plaudern nachmittags bei Teepartys"
"They ride in the park in the morning and chatter at tea-parties in the afternoon"
"Sie haben ihr stereotypes Lächeln und ihre modische Art"
"They have their stereotyped smile and their fashionable manner"
"Sie sind ziemlich offensichtlich"
"They are quite obvious"
»Aber eine Schauspielerin! Wie anders eine Schauspielerin ist!"
"But an actress! How different an actress is!"
"Harry! Warum hast du mir nicht gesagt, dass das Einzige, was es wert ist, geliebt zu werden, eine Schauspielerin ist?"
"Harry! why didn't you tell me that the only thing worth loving is an actress?"
"Weil ich so viele von ihnen geliebt habe, Dorian"
"Because I have loved so many of them, Dorian"
"Oh ja, schreckliche Leute mit gefärbten Haaren und geschminkten Gesichtern"
"Oh, yes, horrid people with dyed hair and painted faces"
"Nicht gefärbte Haare und geschminkte Gesichter herunterfahren"
"Don't run down dyed hair and painted faces"
»Es liegt manchmal ein außerordentlicher Reiz in ihnen«, sagte Lord Henry
"There is an extraordinary charm in them, sometimes," said Lord Henry
"Ich wünschte, ich hätte dir jetzt nicht von Sibyl Vane erzählt"
"I wish now I had not told you about Sibyl Vane"
"Du konntest nicht anders, als es mir zu sagen, Dorian."
"You could not have helped telling me, Dorian"
"Dein ganzes Leben lang wirst du mir alles erzählen, was du tust"
"All through your life you will tell me everything you do"
"Ja, Harry, ich glaube, das ist wahr."
"Yes, Harry, I believe that is true"
"Ich kann nicht anders, als dir Dinge zu erzählen"
"I cannot help telling you things"
"Du hast einen merkwürdigen Einfluss auf mich"
"You have a curious influence over me"

"Wenn ich jemals ein Verbrechen begehen würde, würde ich kommen und es Ihnen gestehen"
"If I ever did a crime, I would come and confess it to you"
"Du würdest mich verstehen"
"You would understand me"
"Leute wie du, die eigenwilligen Sonnenstrahlen des Lebens, begehen keine Verbrechen, Dorian"
"People like you, the wilful sunbeams of life, don't commit crimes, Dorian"
»Aber ich bin trotzdem sehr dankbar für das Kompliment.«
"But I am much obliged for the compliment, all the same"
»Und jetzt sagen Sie mir wie ein guter Junge, wie sind Ihre wirklichen Beziehungen zu Sibyl Vane?«
"And now tell me like a good boy, what are your actual relations with Sibyl Vane?"
Er zündete sich eine Zigarette an, um sich auf die Geschichte vorzubereiten
he lit a cigarette in preparation for the story
Dorian Gray sprang mit geröteten Wangen und brennenden Augen auf die Füße
Dorian Gray leaped to his feet, with flushed cheeks and burning eyes
"Harry! Sibyl Vane ist heilig!"
"Harry! Sibyl Vane is sacred!"
»Es sind nur die heiligen Dinge, die es wert sind, berührt zu werden, Dorian«, sagte Lord Henry
"It is only the sacred things that are worth touching, Dorian," said Lord Henry
in seiner Stimme lag ein seltsamer Hauch von Pathos
there was a strange touch of pathos in his voice
»Aber warum sollten Sie sich ärgern?«
"But why should you be annoyed?"
"Ich nehme an, sie wird dir eines Tages gehören"
"I suppose she will belong to you someday"
"Wenn man verliebt ist, beginnt man immer damit, sich selbst zu betrügen"
"When one is in love, one always begins by deceiving one's self"
"und man endet immer damit, andere zu täuschen"
"and one always ends by deceiving others"
"Das nennt die Welt eine Romanze"
"That is what the world calls a romance"
»Sie kennen sie jedenfalls, nehme ich an?«

"You know her, at any rate, I suppose?"
"Natürlich kenne ich sie"
"Of course I know her"
"Ich traf sie am ersten Abend, an dem ich im Theater war"
"I met her on the first night that I was at the theatre"
"Der schreckliche alte Mann kam nach der Vorstellung in die Loge"
"the horrid old man came round to the box after the performance was over"
"Er bot mir an, mich hinter die Kulissen zu führen und mich ihr vorzustellen"
"he offered to take me behind the scenes and introduce me to her"
"Ich war wütend auf ihn und sagte ihm, dass Julia seit Hunderten von Jahren tot sei."
"I was furious with him, and told him that Juliet had been dead for hundreds of years"
"Ich erzählte ihm, dass ihre Leiche in einem Marmorgrab in Verona lag"
"I told him that her body was lying in a marble tomb in Verona"
"Es lag ein leerer Ausdruck des Erstaunens über seinem Gesicht"
"there was a blank look of amazement over his face"
"Er muss den Eindruck gehabt haben, dass ich zu viel Champagner getrunken hätte oder so."
"he must have been under the impression that I had taken too much champagne, or something"
"Ich bin nicht überrascht"
"I am not surprised"
"Dann fragte er mich, ob ich für eine der Zeitungen schreibe"
"Then he asked me if I wrote for any of the newspapers"
"Ich habe ihm gesagt, dass ich sie nie gelesen habe"
"I told him I never even read them"
"Er schien darüber schrecklich enttäuscht zu sein"
"He seemed terribly disappointed at that"
"Und er vertraute mir an, dass alle dramatischen Kritiker in einer Verschwörung gegen ihn waren"
"and he confided to me that all the dramatic critics were in a conspiracy against him"
"Und er sagte mir, dass jeder Kritiker käuflich sei"
"and he told me that every critic could be bought"
»Ich sollte mich nicht wundern, ob er da ganz richtig war.«
"I should not wonder if he was quite right there"
"Aber andererseits können die meisten von ihnen, ihrem Aussehen

nach zu urteilen, überhaupt nicht teuer sein."
"But, on the other hand, judging from their appearance, most of them cannot be at all expensive"
»Nun, er schien zu glauben, daß sie über seine Verhältnisse gingen«, lachte Dorian
"Well, he seemed to think they were beyond his means," laughed Dorian
"Zu diesem Zeitpunkt wurden jedoch die Lichter im Theater gelöscht, und ich musste gehen"
"By this time, however, the lights were being put out in the theatre, and I had to go"
"Er wollte, dass ich ein paar Zigarren probiere, die er mir dringend empfahl, aber ich lehnte ab."
"He wanted me to try some cigars that he strongly recommended, but I declined"
"In der nächsten Nacht kam ich natürlich wieder dort an"
"The next night, of course, I arrived at the place again"
"Als er mich sah, machte er eine tiefe Verbeugung vor mir"
"When he saw me, he made me a low bow"
"und er versicherte mir, dass ich ein großzügiger Kunstmäzen sei"
"and he assured me that I was a munificent patron of art"
"Er war ein höchst offensiver Grobian, obwohl er eine außergewöhnliche Leidenschaft für Shakespeare hatte."
"He was a most offensive brute, though he had an extraordinary passion for Shakespeare"
"Er sagte mir einmal mit einem Hauch von Stolz, dass seine fünf Insolvenzen ausschließlich auf den Barden zurückzuführen seien."
"He told me once, with an air of pride, that his five bankruptcies were entirely due to The Bard"
"Und er bestand darauf, ihn so zu nennen."
"and he insisted on calling him that"
"Er schien es für eine Auszeichnung zu halten"
"He seemed to think it a distinction"
»Es war eine Auszeichnung, mein lieber Dorian – eine große Auszeichnung.«
"It was a distinction, my dear Dorian—a great distinction"
"Die meisten Menschen gehen bankrott, weil sie zu viel in die Prosa des Lebens investiert haben"
"Most people become bankrupt through having invested too heavily in the prose of life"
"Sich über Poesie ruiniert zu haben, ist eine Ehre"

"To have ruined one's self over poetry is an honour"
»Aber wann haben Sie zum ersten Mal mit Miß Sibyl Vane gesprochen?«
"But when did you first speak to Miss Sibyl Vane?"
"Die dritte Nacht"
"The third night"
"Sie hatte Rosalind gespielt"
"She had been playing Rosalind"
"Ich konnte nicht anders, als herumzulaufen"
"I could not help going round"
"Ich hatte ihr ein paar Blumen zugeworfen, und sie hatte mich angeschaut"
"I had thrown her some flowers, and she had looked at me"
»wenigstens glaubte ich, sie hätte mich angesehen.«
"at least, I fancied that she had looked at me"
"Der alte Mann war hartnäckig"
"The old man was persistent"
"Er schien entschlossen, mich hinter die Bühne zu bringen, also stimmte ich zu."
"He seemed determined to take me behind the stage, so I consented"
»Es war merkwürdig, daß ich sie nicht kennenlernen wollte, nicht wahr?«
"It was curious my not wanting to know her, wasn't it?"
»Nein; Ich glaube nicht."
"No; I don't think so"
"Mein lieber Harry, warum?"
"My dear Harry, why?"
"Ich werde es dir ein anderes Mal erzählen"
"I will tell you some other time"
"Jetzt will ich etwas über das Mädchen wissen"
"Now I want to know about the girl"
"Sibylle? Oh, sie war so schüchtern und so sanft."
"Sibyl? Oh, she was so shy and so gentle"
"Sie hat etwas von einem Kind"
"There is something of a child about her"
"Ihre Augen öffneten sich vor exquisitem Staunen, als ich ihr sagte, was ich von ihrer Leistung hielt"
"Her eyes opened wide in exquisite wonder when I told her what I thought of her performance"
»und sie schien sich ihrer Macht gar nicht bewußt zu sein.«
"and she seemed quite unconscious of her power"

"Ich glaube, wir waren beide ziemlich nervös"
"I think we were both rather nervous"
"Der alte Mann stand grinsend an der Tür des staubigen Gewächshauses"
"The old man stood grinning at the doorway of the dusty greenroom"
"Er hielt ausführliche Reden über uns beide"
"he made elaborate speeches about us both"
"Und wir standen da und sahen uns an wie Kinder"
"and we stood looking at each other like children"
"Er bestand darauf, mich Mylord zu nennen."
"He insisted on calling me My Lord"
"also musste ich Sibyl versichern, dass ich nichts dergleichen war"
"so I had to assure Sibyl that I was not anything of the kind"
"Sie sagte ganz einfach zu mir: 'Du siehst eher aus wie ein Prinz'"
"She said quite simply to me, 'You look more like a prince'"
"Ich muss dich Märchenprinz nennen"
'I must call you Prince Charming'
"Auf mein Wort, Dorian, Fräulein Sibyl weiß, wie man Komplimente macht."
"Upon my word, Dorian, Miss Sibyl knows how to pay compliments"
"Du verstehst sie nicht, Harry"
"You don't understand her, Harry"
"Sie betrachtete mich nur als Person in einem Theaterstück"
"She regarded me merely as a person in a play"
"Sie weiß nichts vom Leben"
"She knows nothing of life"
"Sie lebt bei ihrer Mutter, einer verblichenen, müden Frau"
"She lives with her mother, a faded tired woman"
"ihre Mutter spielte am ersten Abend Lady Capulet in einer Art magentafarbenem Mantel"
"her mother played Lady Capulet in a sort of magenta dressing-wrapper on the first night"
"Und sie sieht aus, als hätte sie schon bessere Tage gesehen"
"and she looks as if she had seen better days"
"Ich kenne diesen Blick. Es bedrückt mich«, murmelte Lord Henry, indem er seine Ringe betrachtete
"I know that look. It depresses me," murmured Lord Henry, examining his rings
"Der Mann wollte mir ihre Geschichte erzählen"
"The man wanted to tell me her history"
»aber ich sagte, es interessiere mich nicht.«

"but I said it did not interest me"
"Du hattest ganz recht"
"You were quite right"
"Die Tragödien anderer Menschen haben immer etwas unendlich Gemeines"
"There is always something infinitely mean about other people's tragedies"
"Sibylle ist das Einzige, was mir wichtig ist"
"Sibyl is the only thing I care about"
»Was geht mich das an, woher sie kommt?«
"What is it to me where she came from?"
"Von ihrem kleinen Kopf bis zu ihren kleinen Füßen ist sie absolut und ganz göttlich"
"From her little head to her little feet, she is absolutely and entirely divine"
"Jeden Abend meines Lebens gehe ich zu ihrem Schauspiel"
"Every night of my life I go to see her act"
"Und jede Nacht ist sie wunderbarer"
"and every night she is more marvellous"
»Das ist wohl der Grund, warum Sie jetzt nie mit mir speisen.«
"That is the reason, I suppose, that you never dine with me now"
"Ich dachte, du hättest eine merkwürdige Romanze zur Hand."
"I thought you must have some curious romance on hand"
»und Sie haben eine merkwürdige Romanze, aber sie ist nicht ganz das, was ich erwartet habe.«
"and you do have a curious romance, but it is not quite what I expected"
"Mein lieber Harry, wir essen jeden Tag zusammen zu Mittag."
"My dear Harry, we have lunch together every day"
"Und wenn wir nicht zusammen zu Mittag essen, dann essen wir zusammen"
"and if we don't have lunch together then we sup together"
»und ich bin schon mehrmals mit dir in der Oper gewesen,« sagte Dorian
"and I have been to the opera with you several times," said Dorian
und er öffnete verwundert seine blauen Augen
and he opened his blue eyes in wonder
"Du kommst immer schrecklich spät"
"You always come dreadfully late"
»Nun, ich kann nicht anders, als Sibylle spielen zu sehen«, rief er
"Well, I can't help going to see Sibyl play," he cried

"auch wenn es nur für einen einzigen Akt des Stücks ist"
"even if it is only for a single act of the play"
"Ich bekomme Hunger nach ihrer Anwesenheit"
"I get hungry for her presence"
"Ich denke an die wunderbare Seele, die in diesem kleinen Elfenbeinkörper verborgen ist"
"I think of the wonderful soul that is hidden away in that little ivory body"
"Und der Gedanke erfüllt mich mit Ehrfurcht"
"and the thought fills me with awe"
"Du kannst heute Abend mit mir essen, Dorian, oder?"
"You can dine with me tonight, Dorian, can't you?"
Er schüttelte den Kopf
He shook his head
»Heute abend ist sie Imogen«, antwortete er, »und morgen abend wird sie Julia sein.«
"Tonight she is Imogen," he answered, "and tomorrow night she will be Juliet"
"Wann ist sie Sibyl Vane?"
"When is she Sibyl Vane?"
"Niemals"
"Never"
"Ich gratuliere Ihnen"
"I congratulate you"
»Wie schrecklich du bist!«
"How horrid you are!"
"Sie ist alle großen Heldinnen der Welt in einem"
"She is all the great heroines of the world in one"
"Sie ist mehr als ein Individuum"
"She is more than an individual"
"Du lachst, aber ich sage dir, sie hat ein Genie."
"You laugh, but I tell you she has genius"
"Ich liebe sie, und ich muss sie dazu bringen, mich zu lieben"
"I love her, and I must make her love me"
"Du, der du alle Geheimnisse des Lebens kennst"
"You, who know all the secrets of life"
"Sag mir, wie ich Sibyl Vane dazu bringen kann, mich zu lieben!"
"tell me how to charm Sibyl Vane to love me!"
"Ich will Romeo eifersüchtig machen.
"I want to make Romeo jealous.
"Ich möchte, dass die Totenliebhaber der Welt unser Lachen hören

und traurig werden"
"I want the dead lovers of the world to hear our laughter and grow sad"
"Ich will einen Hauch unserer Leidenschaft, um ihren Staub ins Bewusstsein zu rühren"
"I want a breath of our passion to stir their dust into consciousness"
"Ich möchte ihre Asche in Schmerz wecken"
"I want to wake their ashes into pain"
»Mein Gott, Harry, wie ich sie anbete!«
"My God, Harry, how I worship her!"
Er ging im Zimmer auf und ab, während er sprach
He was walking up and down the room as he spoke
Hektische rote Flecken brannten auf seinen Wangen
Hectic spots of red burned on his cheeks
Er war furchtbar aufgeregt
He was terribly excited
Lord Henry beobachtete ihn mit einem subtilen Gefühl des Vergnügens
Lord Henry watched him with a subtle sense of pleasure
Wie ganz anders war er jetzt als der schüchterne, ängstliche Junge, den er in Basil Hallwards Atelier kennengelernt hatte!
How different he was now from the shy frightened boy he had met in Basil Hallward's studio!
Sein Wesen hatte sich entwickelt wie eine Blume
His nature had developed like a flower
eine Blume, die Blüten aus scharlachroter Flamme getragen hatte
a flower that had borne blossoms of scarlet flame
Aus seinem geheimen Versteck war seine Seele gekrochen
Out of its secret hiding-place had crept his soul
und der Wunsch war gekommen, ihm unterwegs zu begegnen
and desire had come to meet it on the way
»Und was gedenken Sie zu tun?« fragte Lord Henry endlich
"And what do you propose to do?" said Lord Henry at last
"Ich möchte, dass du und Basil eines Abends mit mir kommen und sie spielen sehen."
"I want you and Basil to come with me some night and see her act"
"Ich habe nicht die geringste Angst vor dem Ergebnis"
"I have not the slightest fear of the result"
»Sie werden ihr Genie sicher anerkennen.«
"You are certain to acknowledge her genius"
»Dann müssen wir sie aus den Händen dieses schrecklichen

Mannes befreien.«
"Then we must get her out of that horrible man's hands"
"Sie ist drei Jahre an ihn gebunden".
"She is bound to him for three years"
»Ich werde ihm natürlich etwas zahlen müssen.«
"I shall have to pay him something, of course"
"Wenn das alles geklärt ist, werde ich ein Theater im West End nehmen"
"When all that is settled, I shall take a West End theatre"
»und da will ich sie ordentlich herausbringen.«
"and there I will bring her out properly"
"Sie wird die Welt so verrückt machen, wie sie mich gemacht hat"
"She will make the world as mad as she has made me"
»Das wäre unmöglich, mein lieber Junge.«
"That would be impossible, my dear boy"
"Ja, das wird sie."
"Yes, she will"
Sie hat nicht bloß Kunst, vollendeten Kunstinstinkt in sich.
She has not merely art, consummate art-instinct, in her
Aber sie hat auch Persönlichkeit
but she has personality also
"Und Sie haben mir oft gesagt, dass es Persönlichkeiten sind, nicht Prinzipien, die das Zeitalter bewegen."
"and you have often told me that it is personalities, not principles, that move the age"
»Nun, in welche Nacht sollen wir gehen?«
"Well, what night shall we go?"
"Lass mich sehen. Heute ist Dienstag"
"Let me see. Today is Tuesday"
"Lasst uns morgen reparieren"
"Let us fix tomorrow"
Sie spielt morgen Julia."
She plays Juliet tomorrow."
"In Ordnung. Die Bristol um acht Uhr; und ich werde den lieben Basil holen."
"All right. The Bristol at eight o'clock; and I will get dear Basil"
"Nicht acht, Harry, bitte. Halb sechs"
"Not eight, Harry, please. Half-past six"
"Wir müssen da sein, bevor sich der Vorhang hebt"
"We must be there before the curtain rises"
"Du musst sie im ersten Akt sehen, wo sie Romeo trifft"

"You must see her in the first act, where she meets Romeo"
»Halb sechs! Was für eine Stunde!«
"Half-past six! What an hour!"
»Es wird sein, als würde man einen Fleischtee trinken oder einen englischen Roman lesen.«
"It will be like having a meat-tea, or reading an English novel"
»Es muß um sieben Uhr sein. Kein Gentleman speist vor sieben"
"It must be at seven. No gentleman dines before seven"
»Wirst du den lieben Basil bis dahin sehen?«
"Shall you see dear Basil between this and then?"
»Oder soll ich ihm schreiben?«
"Or shall I write to him?"
»Basil Hallward! Ich habe ihn seit einer Woche nicht mehr gesehen."
"Basil Hallward! I have not laid eyes on him for a week"
"Es ist ziemlich schrecklich von mir"
"It is rather horrid of me"
"Er hat mir mein Porträt in dem schönsten Rahmen geschickt"
"he has sent me my portrait in the most wonderful frame"
"Das Gestell, das er eigens selbst entworfen hat"
"the frame he specially designed by himself"
"Ich bin immer noch ein wenig neidisch auf das Bild"
"I am still a little jealous of the picture"
mein Porträt ist jetzt einen ganzen Monat jünger als ich"
my portrait is now whole month younger than I am"
"aber ich muss zugeben, dass ich mich an meinem Porträt ergötze"
"but I must admit that I delight in my portrait"
»Vielleicht ist es besser, wenn Sie ihm schreiben.«
"Perhaps you had better write to him"
"Ich will nicht allein mit ihm zusammen sein"
"I don't want to be with him alone"
"Er sagt Dinge, die mich nerven"
"He says things that annoy me"
"Er gibt mir gute Ratschläge"
"He gives me good advice"
Lord Henry lächelte
Lord Henry smiled
"Die Menschen verschenken sehr gerne, was sie selbst brauchen"
"People are very fond of giving away what they need most themselves"
"Es ist das, was ich die Tiefe der Großzügigkeit nenne"

"It is what I call the depth of generosity"
»Oh, Basil ist der beste Kerl.«
"Oh, Basil is the best of fellows"
»aber er scheint mir ein bißchen wie ein Philister zu sein.«
"but he seems to me to be just a bit of a Philistine"
"Seit ich dich kenne, Harry, habe ich das entdeckt."
"Since I have known you, Harry, I have discovered that"
»Basil, mein lieber Junge, setzt alles, was an ihm reizend ist, in sein Werk ein.«
"Basil, my dear boy, puts everything that is charming in him into his work"
"Die Konsequenz ist, dass er lebenslang nichts mehr hat"
"The consequence is that he has nothing left for life"
"Alles, was ihm bleibt, sind seine Vorurteile, seine Prinzipien und sein gesunder Menschenverstand"
"all he is left with is his prejudices, his principles, and his common sense"
"Die einzigen Künstler, die ich je gekannt habe, die persönlich entzückend sind, sind schlechte Künstler"
"The only artists I have ever known who are personally delightful are bad artists"
"Gute Künstler existieren einfach in dem, was sie machen"
"Good artists exist simply in what they make"
"und folglich sind sie völlig uninteressant an dem, was sie sind"
"and consequently they are perfectly uninteresting in what they are"
"Ein großer Dichter, ein wirklich großer Dichter, ist das unpoetischste aller Geschöpfe"
"A great poet, a really great poet, is the most unpoetic of all creatures"
"Aber minderwertige Dichter sind absolut faszinierend"
"But inferior poets are absolutely fascinating"
"Je schlechter ihre Reime sind, desto malerischer sehen sie aus"
"The worse their rhymes are, the more picturesque they look"
"Allein die Tatsache, ein Buch mit zweitklassigen Sonetten veröffentlicht zu haben, macht einen Mann ganz unwiderstehlich"
"The mere fact of having published a book of second-rate sonnets makes a man quite irresistible"
"Er lebt die Poesie, die er nicht schreiben kann"
"He lives the poetry that he cannot write"
"Die anderen schreiben die Poesie, die sie nicht zu verwirklichen wagen"
"The others write the poetry that they dare not realize"

»Ich frage mich, ob das wirklich so ist, Harry?« fragte Dorian Gray
"I wonder is that really so, Harry?" said Dorian Gray
und er tat etwas Parfüm aus einer großen Flasche mit Golddeckel auf sein Taschentuch
and he put some perfume on his handkerchief out of a large, gold-topped bottle
"Es muss sein, wenn du es sagst"
"It must be, if you say it"
"Und jetzt bin ich weg"
"And now I am off"
"Imogen wartet auf mich"
"Imogen is waiting for me"
"Vergiss morgen nicht. Auf Wiedersehen"
"Don't forget about tomorrow. Good-bye"
Als er das Zimmer verließ, senkten sich Lord Henrys schwere Augenlider, und er begann nachzudenken
As he left the room, Lord Henry's heavy eyelids drooped, and he began to think
Sicherlich hatten ihn nur wenige Menschen jemals so sehr interessiert wie Dorian Gray
Certainly few people had ever interested him so much as Dorian Gray
der Junge vergötterte wie verrückt jemand anderen
the lad madly adored someone else
und doch verursachte es ihm nicht den geringsten Anflug von Verdruß oder Eifersucht
and yet it caused him not the slightest pang of annoyance or jealousy
Er freute sich über die Entwicklung
He was pleased by the development
Das machte ihn zu einem interessanteren Studium
It made him a more interesting study
Er war schon immer von den Methoden der Naturwissenschaft fasziniert gewesen
He had been always enthralled by the methods of natural science
aber der gewöhnliche Gegenstand dieser Wissenschaft war ihm trivial und ohne Bedeutung erschienen
but the ordinary subject-matter of that science had seemed to him trivial and of no import
Und so hatte er damit begonnen, sich selbst zu vivisezieren, wie er damit geendet hatte, andere zu vivisezieren
And so he had begun by vivisecting himself, as he had ended by

vivisecting others
Menschenleben – das schien ihm das Einzige zu sein, was es wert war, untersucht zu werden
Human life—that appeared to him the one thing worth investigating
Im Vergleich dazu gab es nichts anderes von Wert
Compared to it there was nothing else of any value
man kann das Leben in seinem seltsamen Schmelztiegel von Schmerz und Lust beobachten
one can watch life in its curious crucible of pain and pleasure
aber man kann keine Glasmaske über dem Gesicht tragen
but one cannot wear over one's face a mask of glass
auch konnte man nicht verhindern, dass die schwefelhaltigen Dämpfe das Gehirn beunruhigten
nor could one keep the sulphurous fumes from troubling the brain
sie trübte die Phantasie mit ungeheuerlichen Phantasien und unförmigen Träumen
it made the imagination turbid with monstrous fancies and misshapen dreams
Es gab Gifte, die so subtil waren, dass man, um ihre Eigenschaften zu kennen, sie satt haben musste
There were poisons so subtle that to know their properties one had to sicken of them
Es gab Krankheiten, die so seltsam waren, dass man durch sie hindurchgehen musste
There were maladies so strange that one had to pass through them
sonst gab es keine Möglichkeit, die Natur der Krankheiten zu verstehen
else there was no way of understanding the nature of the maladies
Und doch, was für eine große Belohnung erhielt man!
And, yet, what a great reward one received!
Wie wunderbar wurde die ganze Welt zu einem!
How wonderful the whole world became to one!
Die merkwürdige harte Logik der Leidenschaft und das gefühlsgefärbte Leben des Intellekts zu bemerken
To note the curious hard logic of passion, and the emotional coloured life of the intellect
zu beobachten, wo sie sich trafen und wo sie sich trennten
to observe where they met, and where they separated
an welchem Punkt sie sich einig waren und an welchem Punkt sie sich uneinig waren
at what point they were in unison, and at what point they were at

discord
Das war eine Freude!
there was a delight in that!
Ist es egal, was die Kosten waren?
hat matter what the cost was?
Man konnte nie einen zu hohen Preis für eine Sensation zahlen
One could never pay too high a price for any sensation
Er war bei Bewusstsein, und der Gedanke brachte einen Glanz des Vergnügens in seine braunen Achataugen
He was conscious, and the thought brought a gleam of pleasure into his brown agate eyes
durch einige seiner musikalischen Worte hatte sich Dorian Grays Seele diesem weißen Mädchen zugewandt
through certain musical words of his, Dorian Gray's soul had turned to this white girl
Mit musikalischer Äußerung gesprochene Worte verneigte sich Dorian in Anbetung vor ihr
words said with musical utterance bowed Dorian in worship before her
Der Junge war zu einem großen Teil seine eigene Schöpfung
To a large extent the lad was his own creation
Er hatte ihn vorzeitig gemacht, das gehörte dazu
He had made him premature, that was part of it
Gewöhnliche Menschen warteten, bis das Leben ihnen seine Geheimnisse offenbarte
Ordinary people waited till life disclosed to them its secrets
aber den Wenigen, den Auserwählten, werden die Geheimnisse des Lebens offenbart, bevor der Schleier weggezogen ist
but to the few, to the elect, the mysteries of life are revealed before the veil has been drawn away
Manchmal war dies der Effekt der Kunst
Sometimes this was the effect of art
hauptsächlich befasst sich die Kunst der Literatur direkt mit den Leidenschaften und dem Intellekt
mainly the art of literature deals directly with the passions and the intellect
Aber hin und wieder tritt eine komplexe Persönlichkeit an die Stelle der Kunst
But now and then a complex personality takes the place of art
Auch das Leben hat seine kunstvollen Meisterwerke
life too has its elaborate masterpieces

so wie die Poesie, die Bildhauerei oder die Malerei ihre Meisterwerke haben
just as poetry has, or sculpture, or painting have their masterpieces
Ja, der Junge war zu früh
Yes, the lad was premature
Er sammelte seine Ernte, als es noch Frühling war
He was gathering his harvest while it was yet spring
Der Puls und die Leidenschaft der Jugend waren in ihm
The pulse and passion of youth were in him
aber er wurde sich seiner selbst bewußt
but he was becoming self-conscious
Es war entzückend, ihm zuzusehen
It was delightful to watch him
Sein schönes Gesicht und seine Seele waren ein Grund zum Staunen
his beautiful face and soul were things to wonder at
Es war egal, wie alles endete oder enden sollte
It was no matter how it all ended, or was destined to end
Er war wie eine dieser liebenswürdigen Gestalten in einem Festzug oder einem Theaterstück
He was like one of those gracious figures in a pageant or a play
ihre Freuden scheinen weit entfernt von einem zu sein
their joys seem to be remote from one
aber ihre Sorgen wecken den Sinn für Schönheit
but their sorrows stir one's sense of beauty
und ihre Wunden sind wie rote Rosen
and their wounds are like red roses
Seele und Körper, Körper und Seele – wie geheimnisvoll waren sie!
Soul and body, body and soul—how mysterious they were!
Es gab Animalismus in der Seele
There was animalism in the soul
und der Körper hatte seine Momente der Spiritualität
and the body had its moments of spirituality
Die Sinne konnten sich verfeinern und der Intellekt konnte sich verschlechtern
The senses could refine, and the intellect could degrade
Wer konnte sagen, wo der fleischliche Impuls aufhörte oder der psychische Impuls begann?
Who could say where the fleshly impulse ceased, or the psychical impulse began?
Wie oberflächlich waren die willkürlichen Definitionen der

gewöhnlichen Psychologen!
How shallow were the arbitrary definitions of ordinary psychologists!
Und doch, wie schwer ist es, sich zwischen den Ansprüchen der verschiedenen Schulen zu entscheiden!
And yet how difficult to decide between the claims of the various schools!
War die Seele ein Schatten, der im Haus der Sünde saß?
Was the soul a shadow seated in the house of sin?
Oder war der Körper wirklich in der Seele, wie Giordano Bruno dachte?
Or was the body really in the soul, as Giordano Bruno thought?
Die Trennung von Geist und Materie war ein Mysterium
The separation of spirit from matter was a mystery
und auch die Vereinigung des Geistes mit der Materie war ein Mysterium
and the union of spirit with matter was a mystery also
Er begann sich zu fragen, ob wir jemals eine absolute Psychologie machen könnten
He began to wonder whether we could ever make an absolute psychology
eine Psychologie, eine so absolute Wissenschaft, dass uns jeder kleine Frühling des Lebens offenbart werden würde
a psychology so absolute a science that each little spring of life would be revealed to us
Wie die Psychologie war, haben wir uns immer selbst missverstanden und andere selten verstanden
As psychology was, we always misunderstood ourselves and rarely understood others
Erfahrung hatte keinen ethischen Wert
Experience was of no ethical value
Erfahrung war nur der Name, den die Menschen ihren Fehlern gaben
Experience was merely the name men gave to their mistakes
Die Moralisten hatten die Erfahrung in der Regel als eine Art der Warnung angesehen
Moralists had, as a rule, regarded experience as a mode of warning
sie hatten behauptet, Erfahrung habe eine gewisse ethische Wirksamkeit bei der Charakterbildung
they had claimed experience had certain ethical efficacy in the formation of character

sie hatten Erfahrung als etwas gepriesen, das uns lehrte, was wir befolgen sollten
they had praised experience as something that taught us what to follow
und die Erfahrung hat uns gezeigt, was wir vermeiden sollten
and experience showed us what to avoid
Aber es gab keine treibende Kraft in der Erfahrung
But there was no motive power in experience
Sie war ebensowenig eine aktive Sache wie das Gewissen selbst
It was as little of an active cause as conscience itself
Alles, was diese Erfahrung wirklich zeigte, war, dass unsere Zukunft dieselbe sein würde wie unsere Vergangenheit
All that experience really demonstrated was that our future would be the same as our past
und es zeigte, dass wir die Sünde, die wir einmal mit Abscheu begangen hatten, viele Male mit Freude tun würden
and it demonstrated that the sin we had done once with loathing we would do many times with joy
Ihm war klar, dass die experimentelle Methode die einzige Methode für diese Aufgabe war
It was clear to him that the experimental method was the only method for the task
es war die einzige Methode, mit der man zu einer wissenschaftlichen Analyse der Leidenschaften gelangen konnte
it was the only method by which one could arrive at any scientific analysis of the passions
und sicherlich war Dorian Gray ein Thema, das für seine Neugier gemacht war
and certainly Dorian Gray was a subject made to for his curiosities
er schien reiche und fruchtbare Ergebnisse zu versprechen
he seemed to promise rich and fruitful results
Seine plötzliche wahnsinnige Liebe zu Sibyl Vane war ein psychologisches Phänomen von nicht geringem Interesse
His sudden mad love for Sibyl Vane was a psychological phenomenon of no small interest
Es bestand kein Zweifel, dass Neugier viel damit zu tun hatte
There was no doubt that curiosity had much to do with it
Neugier und Lust auf neue Erfahrungen
curiosity and the desire for new experiences
Dabei war es keine einfache, sondern eine sehr komplexe Leidenschaft

yet it was not a simple, but rather a very complex passion
Was in seiner Leidenschaft für den rein sinnlichen Instinkt der Knabenzeit lag, war verwandelt worden
What there was in his passion of the purely sensuous instinct of boyhood had been transformed
seine Knabenzeit war durch das Wirken der Phantasie verändert worden
his boyhood had been transformed by the workings of the imagination
es hatte sich in etwas verwandelt, das dem Knaben selbst fern von der Vernunft zu sein schien
it had changed into something that seemed to the lad himself to be remote from sense
gerade deshalb war es umso gefährlicher
because of that very reason it was all the more dangerous
Es waren die Leidenschaften, über deren Ursprung wir uns getäuscht hatten, die uns am stärksten tyrannisierten
It was the passions about whose origin we deceived ourselves that tyrannized most strongly over us
Unsere schwächsten Motive waren diejenigen, deren Natur wir uns bewußt waren
Our weakest motives were those of whose nature we were conscious
Es kam oft vor, dass wir, wenn wir dachten, wir würden mit anderen experimentieren
It often happened that when we thought we were experimenting on others
Wir haben wirklich an uns selbst experimentiert
really we were experimenting on ourselves
Während Lord Henry über diese Dinge träumte, klopfte es an die Tür
While Lord Henry sat dreaming on these things, a knock came to the door
Sein Diener trat ein und erinnerte ihn daran, dass es Zeit sei, sich für das Abendessen anzuziehen
his valet entered and reminded him it was time to dress for dinner
Er stand auf und schaute auf die Straße hinaus
He got up and looked out into the street
Der Sonnenuntergang hatte die oberen Fenster der gegenüberliegenden Häuser in scharlachrotes Gold getaucht
The sunset had smitten into scarlet gold the upper windows of the houses opposite

Die Scheiben glühten wie Platten aus erhitztem Metall
The panes glowed like plates of heated metal
Der Himmel über ihm war wie eine verblichene Rose
The sky above was like a faded rose
Er dachte an das junge, feuerbunte Leben seines Freundes und fragte sich, wie das alles enden würde
He thought of his friend's young fiery-coloured life and wondered how it was all going to end
Als er gegen halb zwölf Uhr nach Hause kam, sah er ein Telegramm auf dem Flurtisch liegen
When he arrived home, about half-past twelve o'clock, he saw a telegram lying on the hall table
Er öffnete sie und stellte fest, dass sie von Dorian Gray stammte
He opened it and found it was from Dorian Gray
das Telegramm teilte ihm mit, dass Dorian mit Sibyl Vane verlobt sei
the telegram told him that Dorian was engaged to be married to Sibyl Vane

Fünftes Kapitel
Chapter Five

Sie vergrub ihr Gesicht im Schoß der verblichenen, müde aussehenden Frau
she buried her face in the lap of the faded, tired-looking woman

»Mutter, Mutter, ich bin so glücklich!« flüsterte das Mädchen
"Mother, Mother, I am so happy!" whispered the girl

sie saß in dem einen Lehnstuhl, den ihr schäbiges Wohnzimmer enthielt
she was sitting in the one arm-chair that their dingy sitting-room contained

Ihr Rücken war dem schrillen Licht zugewandt
her back was turned to the shrill intrusive light

»Ich bin so glücklich!« wiederholte sie, »und du mußt auch glücklich sein!«
"I am so happy!" she repeated, "and you must be happy, too!"

Mrs. Vane zuckte zusammen und legte ihre dünnen, wismutweißen Hände auf den Kopf ihrer Tochter
Mrs. Vane winced and put her thin, bismuth-whitened hands on her daughter's head

»Glücklich!« wiederholte sie, »ich bin nur glücklich, Sibylle, wenn ich dich auf der Bühne sehe.«
"Happy!" she echoed, "I am only happy, Sibyl, when I see you on stage"

"Du darfst an nichts anderes denken als an deine Schauspielerei"
"You must not think of anything but your acting"

"Mr. Isaacs war sehr gut zu uns, und wir schulden ihm Geld."
"Mr. Isaacs has been very good to us, and we owe him money"

Das Mädchen blickte auf und schmollte
The girl looked up and pouted

»Geld, Mutter?« rief sie, »was macht Geld aus?«
"Money, Mother?" she cried, "what does money matter?"

"Liebe ist mehr als Geld"
"Love is more than money"

»Mr. Isaacs hat uns fünfzig Pfund vorgestreckt, um unsere Schulden zu begleichen.«
"Mr. Isaacs has advanced us fifty pounds to pay off our debts"

»und wir können ein richtiges Outfit für James besorgen.«
"and we can get a proper outfit for James"

"Das darfst du nicht vergessen, Sibylle"
"You must not forget that, Sibyl"

"Fünfzig Pfund sind eine sehr große Summe"
"Fifty pounds is a very large sum"
"Mr. Isaacs war sehr rücksichtsvoll"
"Mr. Isaacs has been most considerate"
Das Mädchen erhob sich und ging zum Fenster
the girl, raised to her feet and went over to the window
"Er ist kein Gentleman, Mutter, und ich hasse die Art, wie er mit mir spricht."
"He is not a gentleman, Mother, and I hate the way he talks to me"
»Ich weiß nicht, wie wir ohne ihn auskommen könnten«, antwortete die ältere Frau verdrießlich
"I don't know how we could manage without him," answered the elder woman querulously
Sibyl Vane warf den Kopf hin und her und lachte
Sibyl Vane tossed her head and laughed
"Wir wollen ihn nicht mehr, Mutter"
"We don't want him anymore, Mother"
"Der Märchenprinz regiert jetzt das Leben für uns." Dann hielt sie inne
"Prince Charming rules life for us now." Then she paused
Eine Rose bebte in ihrem Blut und beschattete ihre Wangen
A rose shook in her blood and shadowed her cheeks
Schneller Atem teilte die Blütenblätter ihrer Lippen. Sie zitterten.
Quick breath parted the petals of her lips. They trembled.
Ein südlicher Wind der Leidenschaft fegte über sie hinweg und bewegte die zierlichen Falten ihres Kleides
Some southern wind of passion swept over her and stirred the dainty folds of her dress
"Ich liebe ihn", sagte sie einfach
"I love him," she said simply
»Törichtes Kind! törichtes Kind!« war die Papageienphrase, die als Antwort geworfen wurde
"Foolish child! foolish child!" was the parrot-phrase flung in answer
Das Winken krummer, falscher Juwelenfinger verlieh den Worten eine Groteske
The waving of crooked, false-jewelled fingers gave grotesqueness to the words
Das Mädchen lachte wieder
The girl laughed again
Die Freude eines Vogels im Käfig lag in ihrer Stimme
The joy of a caged bird was in her voice

Ihre Augen fingen die Melodie auf und hallten sie in Glanz wider
Her eyes caught the melody and echoed it in radiance
dann schlossen sich ihre Augen für einen Augenblick, als wollten sie ihr Geheimnis verbergen
then her eyes closed for a moment, as though to hide their secret
Als sie die Augen öffnete, war der Nebel eines Traumes über sie hinweggezogen
When her eyes opened, the mist of a dream had passed across them
Dünnlippige Weisheit sprach ihr von dem abgenutzten Stuhl aus entgegen, deutete auf Klugheit hin
Thin-lipped wisdom spoke at her from the worn chair, hinted at prudence
zitiert aus jenem Buch der Feigheit
quoted from that book of cowardice
Der Autor äfft den Namen des gesunden Menschenverstandes nach
the author apes the name of common sense
Sie hörte nicht zu. Sie war frei in ihrem Gefängnis der Leidenschaft
She did not listen. She was free in her prison of passion
Ihr Prinz, Prince Charming, war bei ihr
Her prince, Prince Charming, was with her
Sie hatte das Gedächtnis angerufen, um ihn neu zu erschaffen
She had called on memory to remake him
Sie hatte ihre Seele ausgesandt, um nach ihm zu suchen, und sie hatte ihn zurückgebracht
She had sent her soul to search for him, and it had brought him back
Sein Kuss brannte wieder auf ihrem Mund
His kiss burned again upon her mouth
Ihre Augenlider waren warm von seinem Atem
Her eyelids were warm with his breath
Dann änderte die Weisheit ihre Methode und sprach von Spionage und Entdeckung
Then wisdom altered its method and spoke of espial and discovery
Dieser junge Mann könnte reich sein
This young man might be rich
Wenn ja, sollte an die Ehe gedacht werden
If so, marriage should be thought of
An der Schale ihres Ohres brachen sich die Wogen weltlicher Schlauheit
Against the shell of her ear broke the waves of worldly cunning
Die Pfeile der Handwerkskunst, die von ihr abgeschossen wurden

The arrows of craftsmanship shot by her
Sie sah, wie sich die dünnen Lippen bewegten, und lächelte
She saw the thin lips moving, and smiled
Plötzlich verspürte sie das Bedürfnis zu sprechen
Suddenly she felt the need to speak
Das wortreiche Schweigen beunruhigte sie
The wordy silence troubled her
»Mutter, Mutter«, rief sie, »warum liebt er mich so sehr?«
"Mother, Mother," she cried, "why does he love me so much?"
"Ich weiß, warum ich ihn liebe"
"I know why I love him"
"Ich liebe ihn, weil er so ist, wie Liebe selbst sein sollte"
"I love him because he is like what love itself should be"
»Aber was sieht er in mir?«
"But what does he see in me?"
"Ich bin seiner nicht würdig"
"I am not worthy of him"
»Und doch – warum, kann ich nicht sagen – obgleich ich mich so sehr unter ihm fühle.«
"And yet—why, I cannot tell—though I feel so much beneath him"
"Ich fühle mich nicht demütig"
"I don't feel humble"
"Ich bin stolz, furchtbar stolz"
"I feel proud, terribly proud"
"Mutter, hast du meinen Vater geliebt, wie ich den Märchenprinzen liebe?"
"Mother, did you love my father as I love Prince Charming?"
Die ältere Frau wurde bleich unter dem groben Puder, der ihre Wangen beschmierte
The elder woman grew pale beneath the coarse powder that daubed her cheeks
und ihre trockenen Lippen zuckten vor Schmerz
and her dry lips twitched with a spasm of pain
Sybil stürzte auf sie zu, schlang ihre Arme um ihren Hals und küßte sie
Sybil rushed to her, flung her arms round her neck, and kissed her
"Verzeih mir, Mutter"
"Forgive me, Mother"
"Ich weiß, dass es dir weh tut, über unseren Vater zu sprechen."
"I know it pains you to talk about our father"
"Aber es schmerzt dich nur, weil du ihn so sehr geliebt hast."

"But it only pains you because you loved him so much"
"Schau nicht so traurig"
"Don't look so sad"
"Ich bin heute so glücklich wie du vor zwanzig Jahren"
"I am as happy today as you were twenty years ago"
»Ah! Lass mich für immer glücklich sein!«
"Ah! let me be happy forever!"
"Mein Kind, du bist viel zu jung, um daran zu denken, dich zu verlieben"
"My child, you are far too young to think of falling in love"
»Außerdem, was wissen Sie von diesem jungen Mann?«
"Besides, what do you know of this young man?"
"Du kennst nicht einmal seinen Namen"
"You don't even know his name"
"Das Ganze ist höchst unbequem"
"The whole thing is most inconvenient"
"Und wirklich, warum musstest du dich verlieben, wenn James nach Australien geht?"
"and really, why did you have to fall in love when James is going away to Australia"
"und ich habe so viel zu denken"
"and I have so much to think of"
"Ich muss sagen, dass du mehr Rücksicht hättest nehmen sollen."
"I must say that you should have shown more consideration"
"Aber, wie ich schon sagte, wenn er reich ist ..."
"However, as I said before, if he is rich ..."
»Ah! Mutter, Mutter, laß mich glücklich sein!«
"Ah! Mother, Mother, let me be happy!"
Mrs. Vane warf ihr einen Blick zu und schloß sie in ihre Arme
Mrs. Vane glanced at her with and clasped her in her arms
eine jener falschen theatralischen Gesten, die für einen Bühnenspieler so oft zur zweiten Natur werden
one of those false theatrical gestures that so often become a mode of second nature to a stage-player
In diesem Moment öffnete sich die Tür und ein junger Bursche mit rauen braunen Haaren kam ins Zimmer
At this moment, the door opened and a young lad with rough brown hair came into the room
Er war von dicker Gestalt, und seine Hände und Füße waren groß und etwas ungeschickt in der Bewegung
He was thick-set of figure, and his hands and feet were large and

somewhat clumsy in movement
Er war nicht so fein erzogen wie seine Schwester
He was not so finely bred as his sister
Man hätte kaum geahnt, welch enge Beziehung zwischen ihnen bestand
One would hardly have guessed the close relationship that existed between them
Mrs. Vane heftete ihre Augen auf ihn und intensivierte ihr Lächeln
Mrs. Vane fixed her eyes on him and intensified her smile
Sie erhob ihren Sohn geistig zur Würde eines Publikums
She mentally elevated her son to the dignity of an audience
Sie war sicher, daß das Tableau interessant war
She felt sure that the tableau was interesting
»Ich glaube, du könntest mir einige deiner Küsse aufheben, Sibylle«, sagte der Bursche mit einem gutmütigen Grummeln
"You might keep some of your kisses for me, Sibyl, I think," said the lad with a good-natured grumble
»Ah! aber du magst es nicht, geküsst zu werden, Jim«, rief sie
"Ah! but you don't like being kissed, Jim," she cried
"Du bist ein schrecklicher alter Bär"
"You are a dreadful old bear"
Und sie rannte quer durch den Raum und umarmte ihn
And she ran across the room and hugged him
James Vane sah seiner Schwester zärtlich ins Gesicht
James Vane looked into his sister's face with tenderness
"Ich möchte, dass du mit mir spazieren gehst, Sibyl"
"I want you to come out with me for a walk, Sibyl"
»Ich glaube nicht, daß ich dieses schreckliche London jemals wiedersehen werde.«
"I don't suppose I shall ever see this horrid London again"
"Ich bin sicher, dass ich das nicht will"
"I am sure I don't want to"
»Mein Sohn, sag nicht so schreckliche Dinge«, murmelte Mrs. Vane
"My son, don't say such dreadful things," murmured Mrs Vane
und sie nahm mit einem Seufzer ein schäbiges Theaterkleid an
and she took up a tawdry theatrical dress, with a sigh
und sie fing an, das Kleid zu flicken
and she began to patch up the dress
Sie war ein wenig enttäuscht, dass er sich der Gruppe nicht angeschlossen hatte
She felt a little disappointed that he had not joined the group

Es hätte die theatralische Malerischkeit der Situation erhöht
It would have increased the theatrical picturesqueness of the situation
»Warum nicht, Mutter? Ich meine es ernst."
"Why not, Mother? I mean it"
"Du tust mir weh, mein Sohn"
"You pain me, my son"
"Ich vertraue darauf, dass Sie aus Australien in einer Position des Wohlstands zurückkehren werden"
"I trust you will return from Australia in a position of affluence"
"Ich glaube, dass es in den Kolonien keinerlei Gesellschaft gibt"
"I believe there is no society of any kind in the Colonies"
"Nichts, was ich als Gesellschaft bezeichnen würde"
"nothing that I would call society"
»wenn Sie also Ihr Glück gemacht haben, müssen Sie zurückkommen und sich in London behaupten.«
"so when you have made your fortune, you must come back and assert yourself in London"
»Gesellschaft!« murmelte der Junge
"Society!" muttered the lad
"Davon will ich nichts wissen"
"I don't want to know anything about that"
"Ich möchte etwas Geld verdienen, um dich und Sibyl von der Bühne zu holen."
"I should like to make some money to take you and Sibyl off the stage"
"Ich hasse es"
"I hate it"
»Ach, Jim!« sagte Sibylle lachend, »wie unfreundlich von dir!«
"Oh, Jim!" said Sibyl, laughing, "how unkind of you!"
"Aber gehst du wirklich mit mir spazieren? Das wird schön!"
"But are you really going for a walk with me? That will be nice!"
"Ich hatte Angst, dass du dich von einigen deiner Freunde verabschieden würdest."
"I was afraid you were going to say good-bye to some of your friends"
"Tom Hardy, der dir diese abscheuliche Pfeife gegeben hat?"
"Tom Hardy, who gave you that hideous pipe"
"Ned Langton, der sich über dich lustig macht, weil du aus dieser Pfeife rauchst?"
"Ned Langton, who makes fun of you for smoking from that pipe"

"Es ist sehr süß von dir, dass du mir deinen letzten Nachmittag überlassen hast."
"It is very sweet of you to let me have your last afternoon"
»Wohin sollen wir gehen? Lass uns in den Park gehen"
"Where shall we go? Let us go to the park"
»Ich bin zu schäbig«, antwortete er und runzelte die Stirn
"I am too shabby," he answered, frowning
"Nur schicke Leute gehen in den Park"
"Only fancy people go to the park"
»Unsinn, Jim«, flüsterte sie und streichelte den Ärmel seines Rockes
"Nonsense, Jim," she whispered, stroking the sleeve of his coat
Er zögerte einen Moment
He hesitated for a moment
»Gut«, sagte er schließlich, »aber zieh dich nicht zu lange an.«
"Very well," he said at last, "but don't be too long dressing"
Sie tanzte aus der Tür
She danced out of the door
Man konnte sie singen hören, als sie die Treppe hinauflief
One could hear her singing as she ran upstairs
Ihre kleinen Füße klatschten über den Köpfen
Her little feet pattered overhead
Er ging zwei- oder dreimal im Zimmer auf und ab
He walked up and down the room two or three times
Dann wandte er sich der reglosen Gestalt auf dem Stuhl zu
Then he turned to the still figure in the chair
»Mutter, sind meine Sachen fertig?« fragte er
"Mother, are my things ready?" he asked
»Ganz bereit, James«, antwortete sie, während sie ihre Arbeit im Auge behielt
"Quite ready, James," she answered, keeping her eyes on her work
Seit einigen Monaten hatte sie sich unwohl gefühlt, wenn sie mit ihrem rauhen, strengen Sohn allein war
For some months past she had felt ill at ease when she was alone with this rough stern son of hers
Ihre oberflächliche, geheime Natur wurde beunruhigt, als sich ihre Blicke trafen
Her shallow secret nature was troubled when their eyes met
Sie fragte sich, ob er etwas ahnte
She used to wonder if he suspected anything
Das Schweigen, denn er machte keine andere Bemerkung, wurde

ihr unerträglich
The silence, for he made no other observation, became intolerable to her
Sie begann sich zu beschweren
She began to complain
Frauen verteidigen sich durch Angriffe, so wie sie durch plötzliche und seltsame Kapitulationen angreifen
Women defend themselves by attacking, just as they attack by sudden and strange surrenders
»**Ich hoffe, Sie werden mit Ihrem Seefahrerleben zufrieden sein, James**«, sagte sie
"I hope you will be contented, James, with your sea-faring life," she said
"**Du musst daran denken, dass es deine eigene Entscheidung ist**"
"You must remember that it is your own choice"
Sie hätten eine Anwaltskanzlei betreten können"
You could have entered a solicitor's office"
"**Anwälte sind eine sehr respektable Klasse**"
"Solicitors are a very respectable class"
"**Und auf dem Land speist man oft bei den besten Familien**"
"and in the countryside they often dine with the best families"
»**Ich hasse Ämter und ich hasse Angestellte**«, antwortete er
"I hate offices, and I hate clerks," he replied
"**Aber du hast ganz recht**"
"But you are quite right"
"**Ich habe mein Leben selbst gewählt**"
"I have chosen my own life"
"**Alles, was ich sage, ist, pass auf Sibylle auf.**"
"All I say is, watch over Sibyl"
"**Lass sie nicht zu Schaden kommen**"
"Don't let her come to any harm"
"**Mutter, du musst auf sie aufpassen**"
"Mother, you must watch over her"
"**James, du sprichst wirklich sehr seltsam**"
"James, you really talk very strangely"
"**Natürlich wache ich über Sibylle**"
"Of course I watch over Sibyl"
"**Ich höre, dass ein Herr jeden Abend ins Theater kommt und nach hinten geht, um mit ihr zu sprechen.**"
"I hear a gentleman comes every night to the theatre and goes behind to talk to her"

"Ist das richtig? Was ist damit?"
"Is that right? What about that?"
"Du sprichst über Dinge, die du nicht verstehst, James"
"You are speaking about things you don't understand, James"
"In diesem Beruf sind wir es gewohnt, sehr viel erfreuliche Aufmerksamkeit zu erhalten"
"In the profession we are accustomed to receive a great deal of most gratifying attention"
"Ich selbst habe früher viele Blumensträuße auf einmal erhalten"
"I myself used to receive many bouquets at one time"
"Das war der Zeitpunkt, an dem die Schauspielerei wirklich verstanden wurde"
"That was when acting was really understood"
»Was Sibylle betrifft, so weiß ich im Augenblick nicht, ob ihre Bindung ernst ist oder nicht.«
"As for Sibyl, I do not know at present whether her attachment is serious or not"
"Aber es besteht kein Zweifel, dass der betreffende junge Mann ein perfekter Gentleman ist."
"But there is no doubt that the young man in question is a perfect gentleman"
"Er ist immer sehr höflich zu mir"
"He is always most polite to me"
"Außerdem hat er den Anschein, reich zu sein"
"Besides, he has the appearance of being rich"
"Und die Blumen, die er schickt, sind schön"
"and the flowers he sends are lovely"
»Du kennst aber seinen Namen nicht«, sagte der Bursche barsch
"You don't know his name, though," said the lad harshly
»Nein«, antwortete die Mutter mit einem ruhigen Gesichtsausdruck
"No," answered his mother with a placid expression in her face
"Seinen richtigen Namen hat er noch nicht verraten"
"He has not yet revealed his real name"
"Ich denke, es ist ziemlich romantisch von ihm"
"I think it is quite romantic of him"
"Er ist wahrscheinlich ein Mitglied der Aristokratie"
"He is probably a member of the aristocracy"
James Vane biss sich auf die Lippe
James Vane bit his lip
"Wacht über Sibylle, Mutter", rief er, "wacht über sie!"

"Watch over Sibyl, Mother," he cried, "watch over her"
"Mein Sohn, du beunruhigst mich sehr"
"My son, you distress me very much"
"Sibylle ist immer unter meiner besonderen Obhut"
"Sibyl is always under my special care"
»Natürlich, wenn dieser Herr reich ist, gibt es keinen Grund, warum sie nicht ein Bündnis mit ihm eingehen sollte.«
"Of course, if this gentleman is wealthy, there is no reason why she should not contract an alliance with him"
»Ich hoffe, er gehört zur Aristokratie.«
"I trust he is one of the aristocracy"
»Er hat den ganzen Anschein, muß ich sagen.«
"He has all the appearance of it, I must say"
"Es könnte eine höchst brillante Ehe für Sibylle sein"
"It might be a most brilliant marriage for Sibyl"
"Sie würden ein charmantes Paar abgeben"
"They would make a charming couple"
»Sein gutes Aussehen ist wirklich bemerkenswert; jeder bemerkt sie"
"His good looks are really quite remarkable; everybody notices them"
Der Bursche murmelte etwas vor sich hin und trommelte mit seinen groben Fingern gegen die Fensterscheibe
The lad muttered something to himself and drummed on the window-pane with his coarse fingers
Er hatte sich gerade umgedreht, um etwas zu sagen, als sich die Tür öffnete und Sibylle hereinkam
He had just turned round to say something when the door opened and Sibyl ran in
»Wie ernst es euch beiden ist!« rief sie. »Was ist los?«
"How serious you both are!" she cried. "What is the matter?"
»Nichts«, antwortete er. "Ich nehme an, man muss manchmal ernst sein"
"Nothing," he answered. "I suppose one must be serious sometimes"
Auf Wiedersehen, Mutter; Ich werde um fünf Uhr zu Abend essen.«
Good-bye, Mother; I will have my dinner at five o'clock"
"Alles ist verpackt, außer meinen Hemden, also brauchst du dir keine Sorgen zu machen"
"Everything is packed, except my shirts, so you need not trouble"
»Auf Wiedersehen, mein Sohn«, antwortete sie mit einer **Verbeugung angestrengter Stattlichkeit**

"Good-bye, my son," she answered with a bow of strained stateliness
Sie war äußerst verärgert über den Ton, den er ihr gegenüber angenommen hatte
She was extremely annoyed at the tone he had adopted with her
und es lag etwas in seinem Blick, das sie erschreckt hatte.
and there was something in his look that had made her feel afraid.
»Küsse mich, Mutter«, sagte das Mädchen
"Kiss me, Mother," said the girl
Ihre blumigen Lippen berührten die verwelkte Wange und wärmten ihren Frost
Her flowerlike lips touched the withered cheek and warmed its frost
»Mein Kind! mein Kind!« rief Mrs. Vane
"My child! my child!" cried Mrs. Vane
und sie blickte zur Decke hinauf, auf der Suche nach einer imaginären Galerie
and she looked up to the ceiling in search of an imaginary gallery
»Komm, Sibylle«, sagte ihr Bruder ungeduldig
"Come, Sibyl," said her brother impatiently
Er hasste die Affekte seiner Mutter
He hated his mother's affectations
Sie gingen hinaus in das flackernde, vom Wind verwehte Sonnenlicht und schlenderten die trostlose Euston Road entlang.
They went out into the flickering, wind-blown sunlight and strolled down the dreary Euston Road.
Die Passanten warfen einen verwunderten Blick auf den mürrischen, schweren Jüngling
The passersby glanced in wonder at the sullen heavy youth
der Jüngling, der in groben, schlecht sitzenden Kleidern in Gesellschaft eines so anmutigen, fein aussehenden Mädchens war
the youth who, in coarse, ill-fitting clothes, was in the company of such a graceful, refined-looking girl
Er war wie ein gewöhnlicher Gärtner, der mit einer Rose spazieren ging
He was like a common gardener walking with a rose
Jim runzelte von Zeit zu Zeit die Stirn, wenn er den neugierigen Blick eines Fremden erhaschte
Jim frowned from time to time when he caught the inquisitive glance of some stranger
Er mochte es nicht, angestarrt zu werden,
He had that dislike of being stared at,
das Gefühl, das Genies spät im Leben überkommt und nie das

Alltägliche verlässt
the feeling which comes on geniuses late in life and never leaves the commonplace
Sibylle war sich jedoch der Wirkung, die sie hervorbrachte, gar nicht bewußt
Sibyl, however, was quite unconscious of the effect she was producing
Ihre Liebe zitterte vor Lachen auf ihren Lippen
Her love was trembling in laughter on her lips
Sie dachte an den Märchenprinzen
She was thinking of Prince Charming
damit sie um so mehr an ihn denken konnte, sprach sie nicht von ihm
so that she might think of him all the more, she did not talk of him
aber statt dessen schwatzte sie weiter über das Schiff, auf dem Jim segeln wollte
but instead she prattled on about the ship in which Jim was going to sail
Sie sprach von dem Gold, das er mit Sicherheit finden würde
she spoke about the gold he was certain to find
Sie erkundigte sich nach der wunderbaren Erbin, deren Leben er vor den bösen Buschrangern in den roten Hemden retten sollte
she inquired about the wonderful heiress whose life he was to save from the wicked, red-shirted bushrangers
denn er sollte kein Seemann bleiben oder ein Superfrachter oder was auch immer er sein würde
because he was not to remain a sailor, or a supercargo, or whatever he was going to be
Oh nein! Das Dasein eines Seemanns war schrecklich
Oh, no! A sailor's existence was dreadful
Stellen Sie sich vor, in einem schrecklichen Schiff eingepfercht zu sein, während die heiseren, buckligen Wellen versuchen, hineinzukommen
Fancy being cooped up in a horrid ship, with the hoarse, humpbacked waves trying to get in
und ein schwarzer Wind, der die Masten niederbläst und die Segel in lange, schreiende Bänder zerreißt!
and a black wind blowing the masts down and tearing the sails into long screaming ribbons!
Er sollte das Schiff in Melbourne verlassen
He was to leave the vessel at Melbourne

er sollte sich höflich von dem Kapitän verabschieden
he was to bid a polite good-bye to the captain
und dann ging er sofort zu den Goldfeldern
and then he was go off at once to the gold-fields
Noch ehe eine Woche verstrichen war, stieß er auf einen großen Klumpen reinen Goldes
Before a week was over he was to come across a large nugget of pure gold
das größte Nugget, das jemals entdeckt worden war
the largest nugget that had ever been discovered
und dann sollte er seine Goldnuggets in einem Wagen, der von sechs berittenen Polizisten bewacht wurde, an die Küste bringen
and then he was to bring his gold nuggets down to the coast in a wagon guarded by six mounted policemen
Die Buschranger sollten sie dreimal angreifen
The bushrangers were to attack them three times
und sie wurden mit ungeheurem Gemetzel besiegt
and they were be defeated with immense slaughter
Oder nein. Er sollte überhaupt nicht zu den Goldfeldern gehen
Or, no. He was not to go to the gold-fields at all
Es waren schreckliche Orte, an denen Männer sich berauschten
They were horrid places, where men got intoxicated
dort erschossen sich die Männer in Kneipen gegenseitig und benutzten Schimpfwörter
there men shot each other in bar-rooms, and used bad language
Er sollte ein netter Schafzüchter werden
He was to be a nice sheep-farmer
eines Abends, als er nach Hause ritt
one evening, as he was riding home
er sollte sehen, wie die schöne Erbin von einem Räuber auf einem schwarzen Pferd entführt wurde
he was to see the beautiful heiress being carried off by a robber on a black horse
er sollte sie jagen und retten
he was to give chase, and rescue her
Natürlich würde sie sich in ihn verlieben, und er in sie
Of course, she would fall in love with him, and he with her
und sie heirateten, kamen nach Hause und lebten in einem ungeheuren Haus in London
and they would get married, and come home, and live in an immense house in London

Ja, es gab entzückende Dinge für ihn
Yes, there were delightful things in store for him
Aber er muss sehr gut sein und darf nicht die Beherrschung verlieren oder sein Geld töricht ausgeben
But he must be very good, and not lose his temper, or spend his money foolishly
Sie war nur ein Jahr älter als er, aber sie wusste so viel mehr vom Leben
She was only a year older than he was, but she knew so much more of life
Er mußte auch sicher sein, ihr mit jeder Post zu schreiben
He must be sure, also, to write to her by every mail
und er mußte jeden Abend vor dem Einschlafen seine Gebete sprechen
and he had to say his prayers each night before he went to sleep
Gott war sehr gut und würde über ihn wachen
God was very good, and would watch over him
Sie würde auch für ihn beten
She would pray for him, too
und in ein paar Jahren würde er ziemlich reich und glücklich zurückkommen
and in a few years he would come back quite rich and happy
Der Junge hörte ihr mürrisch zu und gab keine Antwort
The lad listened sulkily to her and made no answer
Er war herzkrank, als er sein Zuhause verließ
He was heart-sick at leaving home
aber es war nicht nur das, was ihn düster und mürrisch machte
but it was not this alone that made him gloomy and morose
So unerfahren er auch war, so hatte er doch ein starkes Gefühl für die Gefahr, die von Sibylls Lage ausging
Inexperienced though he was, he had still a strong sense of the danger of Sibyl's position
Dieser junge Dandy, der mit ihr Liebe machte, konnte ihr nichts Gutes bedeuten
This young dandy who was making love to her could mean her no good
Er war ein Gentleman, und er hasste ihn dafür
He was a gentleman, and he hated him for that
er haßte ihn durch einen merkwürdigen Rasseninstinkt, den er sich nicht erklären konnte
he hated him through some curious race-instinct for which he could

not account
ein Instinkt, der darum um so mehr in ihm vorherrschte
an instinct which for that reason was all the more dominant within him
Er war sich auch der Oberflächlichkeit und Eitelkeit des Wesens seiner Mutter bewußt
He was conscious also of the shallowness and vanity of his mother's nature
und darin sah er die unendliche Gefahr für Sibyls und Sibylls Glück
and in that he saw the infinite peril for Sibyl and Sibyl's happiness
Kinder beginnen damit, ihre Eltern zu lieben
Children begin by loving their parents
wenn sie älter werden, beurteilen sie sie
as they grow older they judge them
manchmal vergeben sie ihnen
sometimes they forgive them
Seine Mutter! Er hatte etwas auf dem Herzen, das er von ihr verlangen wollte
His mother! He had something on his mind to ask of her
etwas, worüber er viele Monate des Schweigens gebrütet hatte
something that he had brooded on for many months of silence
Ein zufälliger Satz, den er im Theater gehört hatte
A chance phrase that he had heard at the theatre
ein geflüstertes höhnisches Grinsen, das eines Nachts zu seinen Ohren gedrungen war, als er an der Bühnentür wartete
a whispered sneer that had reached his ears one night as he waited at the stage-door
sie hatte eine Reihe schrecklicher Gedanken in Gang gesetzt
it had set loose a train of horrible thoughts
Er erinnerte sich daran, als wäre es die Peitsche einer Jagdgerte über sein Gesicht gewesen
He remembered it as if it had been the lash of a hunting-crop across his face
Seine Brauen verzogen sich zu einer keilförmigen Furche
His brows knit together into a wedge-like furrow
und mit einem Zucken des Schmerzes biß er sich auf die Unterlippe
and with a twitch of pain he bit his underlip
»Du hörst nicht auf ein Wort, das ich sage, Jim«, rief Sibylle
"You are not listening to a word I am saying, Jim," cried Sibyl

»und ich mache die schönsten Pläne für deine Zukunft.«
"and I am making the most delightful plans for your future"
"Sag doch was"
"Do say something"
"Was soll ich sagen?"
"What do you want me to say?"
»Ach! daß du ein guter Junge sein und uns nicht vergessen wirst«, antwortete sie und lächelte ihn an
"Oh! that you will be a good boy and not forget us," she answered, smiling at him
Er zuckte die Achseln
He shrugged his shoulders
"Du wirst mich eher vergessen als ich dich, Sibylle"
"You are more likely to forget me than I am to forget you, Sibyl"
Sie errötete. »Was meinst du, Jim?« fragte sie
She flushed. "What do you mean, Jim?" she asked
"Du hast einen neuen Freund, höre ich"
"You have a new friend, I hear"
"Wer ist er? Warum haben Sie mir nichts von ihm erzählt? Er meint es nicht gut."
"Who is he? Why have you not told me about him? He means you no good"
»Halt, Jim!« rief sie
"Stop, Jim!" she exclaimed
»Sie dürfen nichts gegen ihn sagen. Ich liebe ihn"
"You must not say anything against him. I love him"
»Nun, du kennst nicht einmal seinen Namen«, antwortete der Bursche
"Why, you don't even know his name," answered the lad
"Wer ist er? Ich habe ein Recht darauf, es zu wissen."
"Who is he? I have a right to know"
"Er heißt Märchenprinz"
"He is called Prince Charming"
"Gefällt dir der Name nicht?"
"Don't you like the name"
»Ach! Du dummer Junge! man sollte es nie vergessen"
"Oh! you silly boy! you should never forget it"
"Wenn man ihn nur sehen würde, würde man ihn für den wunderbarsten Menschen der Welt halten"
"If you only saw him, you would think him the most wonderful person in the world"

»Eines Tages wirst du ihn treffen – wenn du aus Australien zurückkommst.«
"Someday you will meet him—when you come back from Australia"
"Du wirst ihn so sehr mögen"
"You will like him so much"
"Jeder mag ihn, und ich ... Ich liebe ihn"
"Everybody likes him, and I ... I love him"
"Ich wünschte, du könntest heute Abend ins Theater kommen"
"I wish you could come to the theatre tonight"
»Er wird da sein, und ich soll Julia spielen.«
"He is going to be there, and I am to play Juliet"
»Ach! wie ich es spielen soll!«
"Oh! how I shall play it!"
»Stell dir vor, Jim, du wärst verliebt und spielst die Rolle der Julia!«
"Imagine, Jim, to be in love and play the role Juliet!"
"Dass er dort sitzt! Und ich spiele meine Rolle zu seiner Freude!"
"To have him sitting there! And I play my role for his delight!"
"Ich fürchte, ich könnte die Gesellschaft erschrecken, erschrecken oder begeistern"
"I am afraid I may frighten the company, frighten or enthral them"
"Verliebt sein bedeutet, über sich selbst hinauszuwachsen"
"To be in love is to surpass one's self"
»Der arme, schreckliche Mr. Isaacs wird seinen Müßiggängern an der Bar ›Genie‹ zurufen.«
"Poor dreadful Mr. Isaacs will be shouting 'genius' to his loafers at the bar"
"Er hat mich als Dogma gepredigt; heute abend wird er mich als eine Offenbarung verkünden.«
"He has preached me as a dogma; to-night he will announce me as a revelation"
"Ich fühle es. Und es ist alles sein, sein einziger, Märchenprinz, mein wunderbarer Liebhaber, mein Gnadengott."
"I feel it. And it is all his, his only, Prince Charming, my wonderful lover, my god of graces"
"Aber ich bin arm neben ihm"
"But I am poor beside him"
"Arm? Was macht das schon?"
"Poor? What does that matter?"
"Wenn sich die Armut an der Tür einschleicht, fliegt die Liebe durch das Fenster herein"

"When poverty creeps in at the door, love flies in through the window"
"Unsere Sprichwörter müssen umgeschrieben werden"
"Our proverbs want rewriting"
»Sie wurden im Winter gemacht, und es ist jetzt Sommer; Frühling für mich, glaube ich.«
"They were made in winter, and it is summer now; spring-time for me, I think"
"Ein wahrer Tanz der Blüten am blauen Himmel"
"a very dance of blossoms in blue skies"
»Er ist ein Gentleman«, sagte der Junge mürrisch
"He is a gentleman," said the lad sullenly
»Ein Prinz!« rief sie musikalisch
"A prince!" she cried musically
"Was willst du mehr?"
"What more do you want?"
"Er will dich versklaven"
"He wants to enslave you"
"Ich schaudere bei dem Gedanken, frei zu sein"
"I shudder at the thought of being free"
"Ich möchte, dass du dich vor ihm hütest"
"I want you to beware of him"
"Ihn zu sehen bedeutet, ihn anzubeten"
"To see him is to worship him"
"Ihn zu kennen bedeutet, ihm zu vertrauen"
"to know him is to trust him"
"Sibylle, du bist verrückt nach ihm"
"Sibyl, you are mad about him"
Sie lachte und nahm seinen Arm
She laughed and took his arm
»Du lieber alter Jim, du sprichst, als wärst du hundert.«
"You dear old Jim, you talk as if you were a hundred"
"Eines Tages wirst du selbst verliebt sein"
"Someday you will be in love yourself"
"Dann wirst du wissen, was es ist"
"Then you will know what it is"
"Schau nicht so mürrisch"
"Don't look so sulky"
"Sicherlich sollten Sie froh sein, das zu denken."
"Surely you should be glad to think that"
»obwohl du fortgehst, läßt du mich glücklicher zurück, als ich es je

zuvor war.«
"though you are going away, you leave me happier than I have ever been before"
"Das Leben war hart für uns beide, schrecklich hart und schwierig"
"Life has been hard for us both, terribly hard and difficult"
"Aber jetzt wird es anders sein"
"But it will be different now"
"Du gehst in eine neue Welt, und ich habe eine gefunden"
"You are going to a new world, and I have found one"
»Hier sind zwei Stühle; Lasst uns hinsetzen und die klugen Leute vorbeiziehen sehen."
"Here are two chairs; let us sit down and see the smart people go by"
Sie nahmen ihre Plätze inmitten einer Menge von Beobachtern ein
They took their seats amidst a crowd of watchers
Die Tulpenbeete auf der anderen Straßenseite brannten wie pochende Feuerringe
The tulip-beds across the road flamed like throbbing rings of fire
Ein weißer Staub – eine zitternde Wolke von Iriswurzeln, wie es schien – hing in der keuchenden Luft
A white dust—tremulous cloud of orris-root it seemed—hung in the panting air
Die bunten Sonnenschirme tanzten und tauchten wie monströse Schmetterlinge
The brightly coloured parasols danced and dipped like monstrous butterflies
Sie brachte ihren Bruder dazu, von sich selbst zu sprechen, von seinen Hoffnungen und Aussichten
She made her brother talk of himself, of his hopes and his prospects
Er sprach langsam und mit Anstrengung
He spoke slowly and with effort
Sie reichten sich gegenseitig Worte zu, Schachspieler, die Figuren bewegten
They passed words to each other chess players moving pieces
Sibylle fühlte sich bedrückt. Sie konnte ihre Freude nicht ausdrücken
Sibyl felt oppressed. She could not communicate her joy
Ein schwaches Lächeln, das ihren mürrischen Mund umzog, war das einzige Echo, das sie gewinnen konnte
A faint smile curving that sullen mouth was all the echo she could win
Nach einiger Zeit wurde sie still

After some time she became silent
Plötzlich erhaschte sie einen Blick auf goldenes Haar und lachende Lippen
Suddenly she caught a glimpse of golden hair and laughing lips
und in einem offenen Wagen mit zwei Damen fuhr Dorian Gray vorbei
and in an open carriage with two ladies Dorian Gray drove past
Sie sprang auf
She started to her feet
»Da ist er!« rief sie
"There he is!" she cried
»Wer?« fragte Jim Vane
"Who?" said Jim Vane
»Märchenprinz«, antwortete sie und sah der Victoria nach
"Prince Charming," she answered, looking after the Victoria
Er sprang auf und packte sie grob am Arm
He jumped up and seized her roughly by the arm
"Zeig ihn mir. Welcher ist er? Zeige ihn"
"Show him to me. Which is he? Point him out"
»Ich muß ihn sehen!« rief er
"I must see him!" he exclaimed
aber in diesem Augenblick kam der Vierspänner des Herzogs von Berwick dazwischen
but at that moment the Duke of Berwick's four-in-hand came between
und als er den Platz frei gelassen hatte, war der Wagen aus dem Park gefegt
and when it had left the space clear, the carriage had swept out of the park
»Er ist fort«, murmelte Sibylle traurig
"He is gone," murmured Sibyl sadly
"Ich wünschte, du hättest ihn gesehen"
"I wish you had seen him"
»wenn er dir jemals Unrecht tut, werde ich ihn töten.«
"if he ever does you any wrong, I shall kill him"
"denn so gewiß, wie es einen Gott im Himmel gibt"
"for as sure as there is a God in heaven"
Sie sah ihn entsetzt an
She looked at him in horror
Er wiederholte seine Worte
He repeated his words

Sie schneiden die Luft wie ein Dolch
They cut the air like a dagger
Die Leute ringsum begannen zu gaffen
The people round began to gape
Eine Dame, die dicht neben ihr stand, kicherte
A lady standing close to her tittered
»Kommen Sie, Jim; Komm weg«, flüsterte sie
"Come away, Jim; come away," she whispered
Er folgte ihr hartnäckig, als sie durch die Menge ging
He followed her doggedly as she passed through the crowd
Er war froh über das, was er gesagt hatte
He felt glad at what he had said
Als sie die Achillesstatue erreichten, drehte sie sich um
When they reached the Achilles Statue, she turned round
In ihren Augen lag Mitleid, das zu einem Lachen auf ihren Lippen wurde
There was pity in her eyes that became laughter on her lips
Sie schüttelte den Kopf über ihn
She shook her head at him
»Du bist töricht, Jim, ganz und gar töricht.«
"You are foolish, Jim, utterly foolish"
"Du bist ein schlecht gelaunter Junge, das ist alles"
"you are a bad-tempered boy, that is all"
"Wie kannst du so schreckliche Dinge sagen?"
"How can you say such horrible things?"
"Du weißt nicht, wovon du sprichst"
"You don't know what you are talking about"
"Du bist einfach eifersüchtig und unfreundlich"
"You are simply jealous and unkind"
»Ah! Ich wünschte, du würdest dich verlieben."
"Ah! I wish you would fall in love"
"Liebe macht gut"
"Love makes people good"
"Und was du gesagt hast, war böse"
"and what you said was wicked"
»Ich bin sechzehn«, antwortete er, »und ich weiß, wer ich bin.«
"I am sixteen," he answered, "and I know who I am"
"Mutter ist keine Hilfe für dich"
"Mother is no help to you"
"Sie versteht nicht, wie sie sich um dich kümmern soll"
"She doesn't understand how to look after you"

"Ich wünschte jetzt, ich würde gar nicht nach Australien gehen"
"I wish now that I was not going to Australia at all"
"Ich habe den großen Verstand, das Ganze hinzuschmeißen"
"I have a great mind to chuck the whole thing up"
"Ich würde es tun, wenn meine Artikel nicht unterschrieben worden wären"
"I would, if my articles hadn't been signed"
"Oh, sei nicht so ernst, Jim."
"Oh, don't be so serious, Jim"
"Du bist wie einer der Helden dieser albernen Melodramen, in denen Mutter so gerne mitgespielt hat."
"You are like one of the heroes of those silly melodramas Mother used to be so fond of acting in"
"Ich werde mich nicht mit dir streiten"
"I am not going to quarrel with you"
»Ich habe ihn gesehen, und oh!«
"I have seen him, and oh!"
"Ihn zu sehen, ist vollkommenes Glück"
"to see him is perfect happiness"
"Ich weiß, dass du niemals jemandem schaden würdest, den ich liebe, oder?"
"I know you would never harm anyone I love, would you?"
»Nicht, solange Sie ihn lieben, nehme ich an«, war die mürrische Antwort
"Not as long as you love him, I suppose," was the sullen answer
»Ich werde ihn ewig lieben!« rief sie
"I shall love him forever!" she cried
»Und er? Wird er dich für immer lieben?"
"And he? Will he love you forever?"
"Auch für immer!"
"Forever, too!"
"Er sollte dich besser für immer lieben"
"He had better love you for ever"
Sie wich vor ihm zurück
She shrank from him
Dann lachte sie und legte ihre Hand auf seinen Arm
Then she laughed and put her hand on his arm
Er war nur ein Knabe
He was merely a boy
Am Marble Arch riefen sie einen Omnibus
At the Marble Arch they hailed an omnibus

der Omnibus ließ sie in der Nähe ihres schäbigen Hauses in der Euston Road zurück
the omnibus left them close to their shabby home in the Euston Road
Es war nach fünf Uhr
It was after five o'clock
Sibyl musste sich ein paar Stunden hinlegen, bevor sie auf die Bühne ging
Sibyl had to lie down for a couple of hours before going on stage
Jim bestand darauf, dass sie es tun sollte
Jim insisted that she should do so
Er sagte, dass er sich lieber von ihr trennen würde, wenn ihre Mutter nicht anwesend sei
He said that he would rather part with her when their mother was not present
Sie würde sicher eine Szene machen, und er verabscheute Szenen jeder Art
She would be sure to make a scene, and he detested scenes of every kind
In Sybils eigenem Zimmer trennten sie sich
In Sybil's own room they parted
In dem Herzen des Knaben war Eifersucht
There was jealousy in the lad's heart
und da war ein grimmiger, mörderischer Haß gegen den Fremden
and there was a fierce murderous hatred of the stranger
der Fremde, der, wie es ihm schien, zwischen sie getreten war
the stranger who, as it seemed to him, had come between them
Dennoch schlang sie ihre Arme um seinen Hals
Yet, she flung her arms around his neck
und ihre Finger wanderten durch sein Haar
and her fingers strayed through his hair
er erweichte sie und küsste sie mit echter Zuneigung
he softened and kissed her with real affection
Tränen standen ihm in den Augen, als er die Treppe hinunterging
There were tears in his eyes as he went downstairs
Seine Mutter wartete unten auf ihn
His mother was waiting for him below
Sie murrte über seine Unpünktlichkeit, als er eintrat
She grumbled at his unpunctuality, as he entered
Er antwortete nicht, sondern setzte sich zu seinem spärlichen Mahl
He made no answer, but sat down to his meagre meal
Die Fliegen schwirrten um den Tisch herum und krochen über das

fleckige Tuch
The flies buzzed round the table and crawled over the stained cloth
Durch das Rumpeln der Omnibusse und das Rattern der Straßendroschken
Through the rumble of omnibuses, and the clatter of street-cabs
Er konnte die dröhnende Stimme hören, die jede Minute verschlang, die ihm noch blieb
he could hear the droning voice devouring each minute that was left to him
Nach einiger Zeit stieß er seinen Teller weg
After some time, he thrust away his plate
und er legte den Kopf in die Hände
and he put his head in his hands
Er fühlte, daß er ein Recht gehabt hatte, es zu erfahren
He felt that he had had a right to know
Es hätte ihm schon früher gesagt werden sollen, wenn es so gewesen wäre, wie er es vermutet hatte
It should have been told to him before, if it was as he suspected
Bleiern vor Angst beobachtete ihn seine Mutter
Leaden with fear, his mother watched him
Worte fielen mechanisch von ihren Lippen
Words dropped mechanically from her lips
Ein zerfetztes Spitzentaschentuch zuckte in ihren Fingern
A tattered lace handkerchief twitched in her fingers
Als die Uhr sechs schlug, stand er auf und ging zur Tür
When the clock struck six, he got up and went to the door
Dann drehte er sich um und sah sie an
Then he turned back and looked at her
Ihre Blicke trafen sich, und in ihren sah er einen wilden Schrei um Gnade
Their eyes met, and in hers he saw a wild appeal for mercy
ihre Bitte um Gnade erzürnte ihn
her appeal for mercy enraged him
»Mutter, ich habe dich etwas zu fragen«, sagte er
"Mother, I have something to ask you," he said
Ihre Augen wanderten vage im Zimmer umher
Her eyes wandered vaguely about the room
Sie gab keine Antwort
She made no answer
"Sag mir die Wahrheit. Ich habe ein Recht darauf, es zu wissen."
"Tell me the truth. I have a right to know"

"Warst du mit meinem Vater verheiratet?"
"Were you married to my father?"
Sie stieß einen tiefen Seufzer aus
She heaved a deep sigh
Es war ein Seufzer der Erleichterung
It was a sigh of relief
den Augenblick, in dem sie sich Tag und Nacht, wochen- und monatelang, gefürchtet hatte
the moment that night and day, for weeks and months, she had dreaded
Endlich war der schreckliche Augenblick gekommen
the terrible moment had come at last
und doch fühlte sie keinen Schrecken
and yet she felt no terror
In gewisser Weise war es sogar eine Enttäuschung für sie
Indeed, in some measure it was a disappointment to her
Die vulgäre Direktheit der Frage verlangte nach einer direkten Antwort
The vulgar directness of the question called for a direct answer
nichts hatte allmählich zu der Situation geführt
nothing had gradually led up to the situation
Die Frage war grob
the question was crude
Die Situation erinnerte sie an eine schlechte Probe
the situation reminded her of a bad rehearsal
»Nein«, antwortete sie und wunderte sich über die rauhe Einfachheit des Lebens
"No," she answered, wondering at the harsh simplicity of life
»Mein Vater war damals ein Schurke!« rief der Bursche und ballte die Fäuste
"My father was a scoundrel then!" cried the lad, clenching his fists
Sie schüttelte den Kopf
She shook her head
"Ich wusste, dass er nicht frei war"
"I knew he was not free"
"Wir haben uns sehr geliebt"
"We loved each other very much"
"Wenn er gelebt hätte, hätte er für uns gesorgt"
"If he had lived, he would have made provision for us"
"Sprich nicht gegen ihn, mein Sohn"
"Don't speak against him, my son"

»Er war dein Vater und ein Gentleman.«
"He was your father, and a gentleman"
"In der Tat war er sehr gut vernetzt"
"Indeed, he was highly connected"
Ein Schwur brach von seinen Lippen
An oath broke from his lips
»Ich kümmere mich nicht um mich«, rief er, »aber lassen Sie Sibylle nicht ...«
"I don't care for myself," he exclaimed, "but don't let Sibyl...."
»Es ist ein Gentleman, nicht wahr, der in sie verliebt ist?«
"It is a gentleman, isn't it, who is in love with her?"
»Ich nehme an, auch sehr gut vernetzt.«
"Highly connected, too, I suppose."
Einen Augenblick lang überkam die Frau ein abscheuliches Gefühl der Demütigung
For a moment a hideous sense of humiliation came over the woman
Ihr Kopf senkte sich und sie wischte sich mit zitternden Händen die Augen
Her head drooped and she wiped her eyes with shaking hands
»Sibylle hat eine Mutter«, murmelte sie; "Ich hatte keinen"
"Sibyl has a mother," she murmured; "I had none"
Der Junge war gerührt
The lad was touched
Er ging auf sie zu, bückte sich und küßte sie
He went towards her, and stooping down, he kissed her
»Es tut mir leid, wenn ich Sie gequält habe, indem ich Sie nach meinem Vater gefragt habe«, sagte er
"I am sorry if I have pained you by asking about my father," he said
»aber ich konnte nicht anders«
"but I could not help it"
»Ich muß jetzt gehen. Auf Wiedersehen"
"I must go now. Good-bye"
"Vergiss nicht, dass du jetzt nur noch ein Kind zu versorgen hast"
"Don't forget that you will have only one child now to look after"
»und glauben Sie mir, wenn dieser Mann meiner Schwester Unrecht tut, werde ich herausfinden, wer er ist.«
"and believe me that if this man wrongs my sister, I will find out who he is"
»und ich werde ihn aufspüren und töten wie einen Hund. Ich schwöre es."
"and I will track him down, and kill him like a dog. I swear it"

Die übertriebene Torheit der Drohung und die wahnsinnigen melodramatischen Worte
The exaggerated folly of the threat and the mad melodramatic words
Die leidenschaftliche Geste, die die Drohung begleitete, ließ ihr das Leben lebendiger erscheinen
the passionate gesture that accompanied the threat made life seem more vivid to her
Sie kannte die Atmosphäre
She was familiar with the atmosphere
Sie atmete freier
She breathed more freely
und zum ersten Mal seit vielen Monaten bewunderte sie ihren Sohn wirklich
and for the first time for many months she really admired her son
Sie hätte die Szene gerne auf der gleichen emotionalen Ebene fortgesetzt
She would have liked to have continued the scene on the same emotional scale
aber Koffer mussten hinuntergetragen und Schalldämpfer gesucht werden
but trunks had to be carried down and mufflers looked for
Die Plackerei in der Herberge ging ein und aus
The lodging-house drudge bustled in and out
Da war das Feilschen mit dem Kutscher
There was the bargaining with the cabman
Der Moment verlor sich in vulgären Details
The moment was lost in vulgar details
schließlich fuhr ihr Sohn davon
finally her son was driving away
sie schwenkte das zerfetzte Spitzentaschentuch aus dem Fenster
she waved the tattered lace handkerchief from the window
mit einem erneuten Gefühl der Enttäuschung
there was with a renewed feeling of disappointment
Sie war sich bewusst, dass eine große Chance vergeudet worden war
She was conscious that a great opportunity had been wasted
Sie tröstete sich, indem sie Sibyl erzählte, wie trostlos ihr Leben sein würde
She consoled herself by telling Sibyl how desolate she felt her life would be
jetzt, da sie nur noch ein Kind zu versorgen hatte

now that she had only one child to look after
Sie erinnerte sich an den Satz
She remembered the phrase
Es hatte ihr gefallen
It had pleased her
Von der Drohung sagte sie nichts
Of the threat she said nothing
Es wurde lebhaft und dramatisch ausgedrückt
It was vividly and dramatically expressed
Sie hatte das Gefühl, dass sie alle eines Tages darüber lachen würden
She felt that they would all laugh at it some day

Sechstes Kapitel
Chapter Six

Das Abendessen war an diesem Abend für drei Personen gedeckt worden
dinner had been laid for three that evening
Hallward wurde in ein kleines Privatzimmer im Bristol geführt
Hallward was being shown into a little private room at the Bristol
»**Ich nehme an, Sie haben die Neuigkeiten gehört, Basil?**« **fragte Lord Henry**
"I suppose you have heard the news, Basil?" said Lord Henry
»**Nein, Harry**«, **antwortete der Künstler**
"No, Harry," answered the artist
und er gab Hut und Mantel dem sich verbeugenden Kellner
and he gave his hat and coat to the bowing waiter
"**Was ist das? Nichts über Politik, hoffe ich!**"
"What is it? Nothing about politics, I hope!"
"**Nachrichten aus der Politik interessieren mich nicht**"
"news of politics don't interest me"
"**Es gibt kaum eine einzige Person im Unterhaus, die es wert ist, gemalt zu werden**"
"There is hardly a single person in the House of Commons worth painting"
"**obwohl viele von ihnen besser wären, wenn sie ein wenig weißgetüncht wären**"
"though many of them would be the better if they were a little whitewashed"
»**Dorian Gray ist verlobt, um zu heiraten**«, **sagte Lord Henry**
"Dorian Gray is engaged to be married," said Lord Henry
er achtete auf Basils Reaktion, während er sprach
he watched for Basil's reaction as he spoke
Hallward war überrascht und runzelte dann die Stirn
Hallward was surprised, and then he frowned
»**Dorian hat sich verlobt!**« **rief er.** "**Unmöglich!**"
"Dorian engaged to be married!" he cried. "Impossible!"
"**Es ist vollkommen wahr**"
"It is perfectly true"
»**Mit wem ist er verlobt?**«
"To whom is he engaged?"
»**Zu irgendeiner kleinen Schauspielerin**«
"To some little actress or other"
"**Ich kann es nicht glauben**"

"I can't believe it"
"Dorian ist viel zu vernünftig"
"Dorian is far too sensible"
"Dorian ist viel zu weise, um nicht ab und zu dumme Dinge zu tun, mein lieber Basil."
"Dorian is far too wise not to do foolish things now and then, my dear Basil"
"Heiraten ist kaum etwas, das man ab und zu tun kann, Harry"
"Marriage is hardly a thing that one can do now and then, Harry"
»Außer in Amerika«, entgegnete Lord Henry träge
"Except in America," rejoined Lord Henry languidly
"Aber ich habe nicht gesagt, dass er verheiratet ist"
"But I didn't say he was married"
"Ich sagte, er sei verlobt, um zu heiraten"
"I said he was engaged to be married"
"Es gibt einen großen Unterschied"
"There is a great difference"
"Ich habe eine deutliche Erinnerung daran, verheiratet zu sein"
"I have a distinct remembrance of being married"
»aber ich kann mich gar nicht daran erinnern, daß ich verlobt war.«
"but I have no recollection at all of being engaged"
"Ich bin geneigt zu glauben, dass ich nie verlobt war"
"I am inclined to think that I never was engaged"
"Aber denk an Dorians Geburt, Stellung und Reichtum."
"But think of Dorian's birth, and position, and wealth"
"Es wäre absurd für ihn, so viel unter ihm zu heiraten"
"It would be absurd for him to marry so much beneath him"
"Wenn du ihn dazu bringen willst, dieses Mädchen zu heiraten, sag ihm das, Basil."
"If you want to make him marry this girl, tell him that, Basil"
»Dann wird er es gewiß tun.«
"He is sure to do it, then"
"Männer machen durch und durch dumme Dinge"
"men do thoroughly stupid thing"
"Aber sie tun es immer durch und durch dumm aus den edelsten Motiven"
"but they always do thoroughly stupid out of the noblest motives"
"Ich hoffe, dem Mädchen geht es gut, Harry."
"I hope the girl is good, Harry"
"Ich will nicht, dass Dorian an eine abscheuliche Kreatur gebunden wird."

"I don't want to see Dorian tied to some vile creature"
"eine abscheuliche Kreatur, die seine Natur erniedrigen und seinen Intellekt ruinieren könnte"
"a vile creature who might degrade his nature and ruin his intellect"
»Oh, sie ist besser als gut – sie ist schön«, murmelte Lord Henry
"Oh, she is better than good—she is beautiful," murmured Lord Henry
und er nippte an einem Glas Wermut und Orangenbitter
and he sipped a glass of vermouth and orange-bitters
"Dorian sagt, sie sei schön"
"Dorian says she is beautiful"
»und er irrt sich nicht oft in solchen Dingen.«
"and he is not often wrong about things of that kind"
"Ihr Porträt von ihm hat seine Wertschätzung geschärft"
"Your portrait of him has quickened his appreciation"
"seine Wertschätzung für das persönliche Erscheinungsbild anderer Menschen"
"his appreciation of the personal appearance of other people"
"Es hat unter anderem diese hervorragende Wirkung gehabt"
"It has had that excellent effect, amongst others"
»Wir werden sie heute abend sehen, wenn der Junge seine Verabredung nicht vergisst.«
"We are to see her tonight, if that boy doesn't forget his appointment"
"Ist das dein Ernst?"
"Are you serious?"
"Ich meine es ganz ernst, Basil, stell dir vor, ich wäre jemals ernster."
"I am quite serious, Basil, imagine if I was ever more serious"
"Der Gedanke, jemals ernster zu sein, als ich es jetzt bin, würde mich unglücklich machen"
"the thought of ever being more serious than I am now would make me miserable"
»Aber sind Sie damit einverstanden, Harry?« fragte der Maler
"But do you approve of it, Harry?" asked the painter
er ging im Zimmer auf und ab und biss sich auf die Lippe
he was walking up and down the room and biting his lip
"Sie können es möglicherweise nicht gutheißen"
"You can't approve of it, possibly"
"Es ist eine dumme Verliebtheit"
"It is some silly infatuation"
"Ich billige oder missbillige jetzt nichts mehr"

"I never approve, or disapprove, of anything now"
"Es ist eine absurde Einstellung zum Leben"
"It is an absurd attitude to take towards life"
"Wir sind nicht in die Welt geschickt, um unsere moralischen Vorurteile zu äußern"
"We are not sent into the world to air our moral prejudices"
"Ich nehme nie Notiz davon, was gewöhnliche Leute sagen"
"I never take any notice of what common people say"
»und ich mische mich nie in das ein, was reizende Leute tun.«
"and I never interfere with what charming people do"
"Wenn mich eine Persönlichkeit fasziniert, ist sie für mich absolut reizvoll"
"If a personality fascinates me, it is absolutely delightful to me"
"Welche Ausdrucksweise auch immer diese Persönlichkeit wählt"
"whatever mode of expression that personality selects"
"Dorian Gray verliebt sich in ein wunderschönes Mädchen, das Julia spielt"
"Dorian Gray falls in love with a beautiful girl who acts Juliet"
»und dann macht er ihr einen Heiratsantrag.«
"and then he proposes to marry her"
"Warum nicht? Wenn er Messalina heiratete, wäre er nicht weniger interessant."
"Why not? If he wedded Messalina, he would be none the less interesting"
"Du weißt, dass ich kein Verfechter der Ehe bin"
"You know I am not a champion of marriage"
"Der wirkliche Nachteil der Ehe ist, dass sie einen selbstlos macht"
"The real drawback to marriage is that it makes one unselfish"
"Und selbstlose Menschen sind farblos, es fehlt ihnen an Individualität"
"And unselfish people are colourless, they lack individuality"
"Dennoch gibt es bestimmte Temperamente, die die Ehe komplexer macht"
"Still, there are certain temperaments that marriage makes more complex"
"Sie behalten ihren Egoismus und fügen ihm viele andere Egos hinzu"
"They retain their egotism, and add to it many other egos"
"Sie sind gezwungen, mehr als ein Leben zu haben"
"They are forced to have more than one life"
"Sie werden besser organisiert"

"They become more highly organized"
"Ich sollte mir vorstellen, dass dies der Zweck der menschlichen Existenz ist"
"I should fancy that is the object of man's existence"
"Außerdem ist jede Erfahrung wertvoll"
"Besides, every experience is of value"
"Und was auch immer man gegen die Ehe sagen mag, es ist sicherlich eine Erfahrung"
"and whatever one may say against marriage, it is certainly an experience"
"Ich hoffe, dass Dorian Gray dieses Mädchen zu seiner Frau macht."
"I hope that Dorian Gray will make this girl his wife"
"Ich hoffe, er verehrt sie sechs Monate lang leidenschaftlich"
"I hope he passionately adores her for six months"
"und dann hoffe ich, dass er plötzlich von jemand anderem fasziniert wird"
"and then I hope he suddenly becomes fascinated by someone else"
"Er wäre eine wunderbare Studie"
"He would be a wonderful study"
»Du meinst nicht ein einziges Wort von alledem, Harry; du weißt, dass du es nicht tust"
"You don't mean a single word of all that, Harry; you know you don't"
"Wenn Dorian Grays Leben verdorben würde, wäre niemand trauriger als du"
"If Dorian Gray's life were spoiled, no one would be sorrier than yourself"
"Du bist viel besser, als du vorgibst zu sein"
"You are much better than you pretend to be"
Lord Henry lachte. "Es gibt einen Grund, warum wir alle so gerne so gut von anderen denken"
Lord Henry laughed. "there is a reason we all like to think so well of others"
"Weil wir alle Angst um uns selbst haben"
"because we are all afraid for ourselves"
"Die Basis des Optimismus ist blanker Terror"
"The basis of optimism is sheer terror"
"Wir halten uns gerne für großzügig"
"we like to think of ourselves as generous"
"Wir schreiben anderen die Tugenden zu, die uns wahrscheinlich

zugute kommen"
"we credit others with the virtues that are likely to benefit us"
"Wir loben den Bankier, damit wir unser Konto überziehen können"
"We praise the banker so that we may overdraw our account"
"Und wir finden gute Eigenschaften im Wegelagerer"
"and we find good qualities in the highwayman"
"In der Hoffnung, dass er unsere Taschen schonen kann"
"in the hope that he may spare our pockets"
"Ich meine alles, was ich gesagt habe"
"I mean everything that I have said"
"Ich habe die größte Verachtung für Optimismus"
"I have the greatest contempt for optimism"
"Was ein verdorbenes Leben betrifft, so wird kein Leben verdorben, außer einem, dessen Wachstum aufgehalten wird"
"As for a spoiled life, no life is spoiled but one whose growth is arrested"
"Wenn man eine Natur verderben will, muss man sie nur reformieren"
"If you want to mar a nature, you have merely to reform it"
"Was die Heirat betrifft, das wäre natürlich albern."
"As for marriage, of course that would be silly"
"Aber es gibt noch andere und interessantere Bande zwischen Männern und Frauen"
"but there are other and more interesting bonds between men and women"
"Ich werde diese Beziehungen auf jeden Fall fördern"
"I will certainly encourage these relationships"
"Sie haben den Charme, modisch zu sein"
"They have the charm of being fashionable"
"Aber hier ist Dorian selbst"
"But here is Dorian himself"
"Er wird dir mehr erzählen als ich"
"He will tell you more than I can"
»Mein lieber Harry, mein lieber Basil, ihr müßt mir beide gratulieren!« sagte der Bursche
"My dear Harry, my dear Basil, you must both congratulate me!" said the lad
und er warf seinen Abendumhang mit den mit Satin gefütterten Flügeln ab
and he threw off his evening cape with its satin-lined wings

und er schüttelte jedem seiner Freunde die Hand
and he shook each of his friends by the hand
"Ich war noch nie so glücklich"
"I have never been so happy"
"Natürlich ist es plötzlich, alle wirklich entzückenden Dinge"
"Of course, it is sudden, all really delightful things are"
"Und doch scheint es mir das Einzige zu sein, wonach ich mein ganzes Leben lang gesucht habe"
"And yet it seems to me to be the one thing I have been looking for all my life"
Er wurde rot vor Aufregung und Freude
He was flushed with excitement and pleasure
und er sah außerordentlich gut aus
and he looked extraordinarily handsome
»Ich hoffe, du wirst immer sehr glücklich sein, Dorian«, sagte Hallward
"I hope you will always be very happy, Dorian," said Hallward
»aber ich verzeihe Ihnen nicht ganz, daß Sie mir nichts von Ihrer Verlobung mitgeteilt haben.«
"but I don't quite forgive you for not having let me know of your engagement"
"Und ich kann dir nicht verzeihen, dass du Harry zuerst Bescheid gegeben hast."
"and I can't forgive you for letting Harry know first"
»Und ich verzeihe Ihnen nicht, daß Sie zu spät zum Essen kommen«, unterbrach ihn Lord Henry
"And I don't forgive you for being late for dinner," broke in Lord Henry
Er legte seine Hand auf die Schulter des Jungen und lächelte, während er sprach
he put his hand on the lad's shoulder and smiled as he spoke
"Komm, lass uns hinsetzen und probieren, wie der neue Koch hier ist"
"Come, let us sit down and try what the new chef here is like"
"Und dann wirst du uns erzählen, wie es dazu kam."
"and then you will tell us how it all came about"
»Es gibt wirklich nicht viel zu erzählen,« rief Dorian
"There is really not much to tell," cried Dorian
sie nahmen an dem kleinen runden Tisch Platz
they took their seats at the small round table
"Was geschah, war einfach folgendes:

"What happened was simply this:"
»Nachdem ich dich gestern Abend verlassen habe, Harry, habe ich mich angezogen
"After I left you yesterday evening, Harry, I dressed
"Ich habe in diesem kleinen italienischen Restaurant zu Abend gegessen"
"I had some dinner at that little Italian restaurant"
"Das kleine italienische Restaurant in der Rupert Street, das Sie mir vorgestellt haben"
"the little Italian restaurant in Rupert Street you introduced me to"
"und ich ging um acht Uhr ins Theater"
"and I went down at eight o'clock to the theatre"
"Sibylle spielte die Rolle der Rosalind"
"Sibyl was playing the role of Rosalind"
"Natürlich war die Landschaft schrecklich und das Orlando absurd"
"Of course, the scenery was dreadful and the Orlando absurd"
»Aber Sibylle! Du hättest sie sehen sollen!"
"But Sibyl! You should have seen her!"
"Als sie in ihren Jungenkleidern auftauchte, war sie wunderbar"
"When she came on in her boy's clothes, she was perfectly wonderful"
"Sie trug ein moosfarbenes Samtwams mit zimtfarbenen Ärmeln"
"She wore a moss-coloured velvet jerkin with cinnamon sleeves"
"schlanker, brauner, kreuzstrumpfbandartiger Schlauch"
"slim, brown, cross-gartered hose"
eine zierliche kleine grüne Mütze mit einer Falkenfeder, die sich in einem Juwel verfangen hat"
a dainty little green cap with a hawk's feather caught in a jewel"
"und ein Kapuzenumhang, der mit mattem Rot gefüttert ist"
"and a hooded cloak lined with dull red"
"Sie war mir nie exquisiter vorgekommen"
"She had never seemed to me more exquisite"
"Du hast diese Tanagra-Figur in deinem Atelier, Basil"
"you have that Tanagra figurine in your studio, Basil"
"Sie hatte die ganze zarte Anmut dieser Tanagra-Figur"
"She had all the delicate grace of that Tanagra figurine"
"Ihr Haar gruppierte sich um ihr Gesicht wie dunkle Blätter um eine blasse Rose"
"Her hair clustered round her face like dark leaves round a pale rose"
»Was ihre Schauspielerei angeht – nun, Sie werden sie heute abend

sehen.«
"As for her acting — well, you shall see her tonight"
"Sie ist einfach eine geborene Künstlerin"
"She is simply a born artist"
"Ich saß absolut begeistert in der schmuddeligen Box"
"I sat in the dingy box absolutely enthralled"
"Ich vergaß, dass ich in London und im neunzehnten Jahrhundert war"
"I forgot that I was in London and in the nineteenth century"
"Ich war mit meiner Liebe in einem Wald unterwegs, den noch nie ein Mensch gesehen hatte"
"I was away with my love in a forest that no man had ever seen"
"Nachdem die Vorstellung vorbei war, ging ich zurück und sprach mit ihr"
"After the performance was over, I went behind and spoke to her"
"Wir saßen zusammen hinter dem Theater"
"we were sitting together behind the theatre"
"Plötzlich trat ein Blick in ihre Augen, den ich dort noch nie gesehen hatte."
"suddenly there came into her eyes a look that I had never seen there before"
"Meine Lippen bewegten sich zu ihren und wir küssten uns"
"My lips moved towards hers and we kissed each other"
"Ich kann Ihnen nicht beschreiben, was ich in diesem Moment gefühlt habe"
"I can't describe to you what I felt at that moment"
"Es schien mir, als wäre mein ganzes Leben auf einen perfekten Punkt eingeengt worden"
"It seemed to me that all my life had been narrowed to one perfect point"
"Ein perfekter Moment purer rosafarbener Freude"
"one perfect moment of pure rose-coloured joy"
"Sie zitterte am ganzen Körper und zitterte wie eine weiße Narzisse"
"She trembled all over and shook like a white narcissus"
"Dann warf sie sich auf die Knie und küsste meine Hände"
"Then she flung herself on her knees and kissed my hands"
"Ich habe das Gefühl, dass ich Ihnen das alles nicht erzählen sollte, aber ich kann nicht anders"
"I feel that I should not tell you all this, but I can't help it"
"Natürlich ist unsere Verlobung ein totes Geheimnis"

"Of course, our engagement is a dead secret"
"Sie hat es nicht einmal ihrer eigenen Mutter erzählt"
"She has not even told her own mother"
"Ich weiß nicht, was meine Vormünder sagen werden"
"I don't know what my guardians will say"
"Lord Radley wird sicher wütend sein, aber das ist mir egal."
"Lord Radley is sure to be furious, but I don't care"
"Ich werde in weniger als einem Jahr volljährig sein"
"I shall be of age in less than a year"
"und dann kann ich tun, was ich will"
"and then I can do what I like"
»Ich habe recht gehabt, Basil, nicht wahr?«
"I have been right, Basil, haven't I?"
"Meine Liebe aus der Poesie zu nehmen, war gut?"
"to take my love out of poetry was good?"
»und meine Frau in Shakespeares Stücken zu finden, war gut?«
"and to find my wife in Shakespeare's plays was good?"
"Lippen, die Shakespeare sprechen lehrte, haben mir ihr Geheimnis ins Ohr geflüstert"
"Lips that Shakespeare taught to speak have whispered their secret in my ear"
»Ich habe die Arme Rosalinds um mich geschlungen.«
"I have had the arms of Rosalind around me"
"und ich habe Julia auf den Mund geküsst"
"and I have kissed Juliet on the mouth"
»Ja, Dorian, ich glaube, du hattest recht«, sagte Hallward langsam
"Yes, Dorian, I suppose you were right," said Hallward slowly
»Haben Sie sie heute gesehen?« fragte Lord Henry
"Have you seen her today?" asked Lord Henry
Dorian Gray schüttelte den Kopf
Dorian Gray shook his head
"Ich habe sie im Wald von Arden zurückgelassen"
"I left her in the forest of Arden"
"Ich werde sie in einem Obstgarten in Verona finden"
"I shall find her in an orchard in Verona"
Lord Henry nippte nachdenklich an seinem Champagner
Lord Henry sipped his champagne in a meditative manner
"An welcher Stelle hast du das Wort Heirat erwähnt, Dorian?"
"At what particular point did you mention the word marriage, Dorian?"
»Und was hat sie geantwortet?«

"And what did she say in answer?"
"Vielleicht hast du alles vergessen"
"Perhaps you forgot all about it"
"Mein lieber Harry, ich habe es nicht als geschäftliche Transaktion behandelt."
"My dear Harry, I did not treat it as a business transaction"
"und ich habe keinen formellen Vorschlag gemacht"
"and I did not make any formal proposal"
"Ich habe ihr gesagt, dass ich sie liebe"
"I told her that I loved her"
"Und sie sagte, sie sei nicht würdig, meine Frau zu sein"
"and she said she was not worthy to be my wife"
»Nicht würdig! Die ganze Welt ist mir nichts im Vergleich zu ihr.«
"Not worthy! Why, the whole world is nothing to me compared with her"
»Frauen sind wunderbar praktisch«, murmelte Lord Henry
"Women are wonderfully practical," murmured Lord Henry
"Sie sind viel praktischer als wir"
"they are much more practical than we are"
"In solchen Situationen vergessen wir oft, etwas über die Ehe zu sagen"
"In situations of that kind we often forget to say anything about marriage"
"Und sie erinnern uns immer an die Ehe"
"and they always remind us about marriage"
Hallward legte die Hand auf seinen Arm
Hallward laid his hand upon his arm
"Tu es nicht, Harry. Du hast Dorian geärgert."
"Don't, Harry. You have annoyed Dorian"
"Er ist nicht wie andere Männer"
"He is not like other men"
"Er würde niemals Unglück über jemanden bringen"
"He would never bring misery upon anyone"
»Dafür ist sein Wesen zu fein.«
"His nature is too fine for that"
Lord Henry blickte über den Tisch hinweg
Lord Henry looked across the table
"Dorian ist nie böse über mich", antwortete er
"Dorian is never annoyed with me," he answered
"Ich habe die Frage aus dem bestmöglichen Grund gestellt"
"I asked the question for the best reason possible"

"Ich habe die Frage aus dem einzigen Grund gestellt, in der Tat"
"I asked the question for the only reason, indeed"
»das entschuldigt einen, wenn man irgendeine Frage stellt – einfache Neugierde.«
"that excuses one for asking any question—simple curiosity"
"Ich habe die Theorie, dass es immer die Frauen sind, die uns einen Heiratsantrag machen"
"I have a theory that it is always the women who propose to us"
"Nicht wir sind es, die den Frauen einen Heiratsantrag machen"
"it is not not we who propose to the women"
"Außer natürlich im bürgerlichen Leben"
"Except, of course, in middle-class life"
"Aber dann ist das Bürgertum nicht modern"
"But then the middle classes are not modern"
Dorian Gray lachte und warf den Kopf hin und her
Dorian Gray laughed, and tossed his head
»Du bist ganz unverbesserlich, Harry; aber es macht mir nichts aus."
"You are quite incorrigible, Harry; but I don't mind"
"Es ist unmöglich, dir böse zu sein"
"It is impossible to be angry with you"
"Wenn Sie Sibyl Vane sehen, werden Sie es sehen"
"When you see Sibyl Vane, you will feel see it"
"Der Mann, der ihr Unrecht tun könnte, wäre eine Bestie"
"the man who could wrong her would be a beast"
"Ein Biest ohne Herz"
"a beast without a heart"
"Wie kann jemand das beschämen, was er liebt?"
"how can anyone wish to shame the thing he loves?"
"Ich liebe Sibyl Vane"
"I love Sibyl Vane"
"Ich möchte sie auf ein Podest aus Gold stellen"
"I want to place her on a pedestal of gold"
"und ich möchte, dass die Welt die Frau anbetet, die mir gehört"
"and I want to see the world worship the woman who is mine"
"Was ist die Ehe? Ein unwiderrufliches Gelübde"
"What is marriage? An irrevocable vow"
"Dafür verspottet man ihn. Ah! mach dich nicht lustig"
"You mock at it for that. Ah! don't mock"
"Es ist ein unwiderrufliches Gelübde, das ich ablegen möchte"
"It is an irrevocable vow that I want to take"

"Ihr Vertrauen macht mich treu, ihr Glaube macht mich gut"
"Her trust makes me faithful, her belief makes me good"
"Wenn ich mit ihr zusammen bin, bereue ich alles, was du mir beigebracht hast"
"When I am with her, I regret all that you have taught me"
"Ich werde anders, als du mich gekannt hast"
"I become different from what you have known me to be"
"Ich bin verändert"
"I am changed"
"und die bloße Berührung von Sibyl Vanes Hand lässt mich vergessen"
"and the mere touch of Sibyl Vane's hand makes me forget"
"Ich vergesse dich und all deine Theorien"
"I forget you and all your theories"
"all eure falschen, faszinierenden, giftigen, entzückenden Theorien"
"all your wrong, fascinating, poisonous, delightful theories"
während er sich an einem Salat bediente, erkundigte sich Lord Henry;
while helping himself to some salad, Lord Henry inquired;
"Und was sind diese Theorien? Wenn ich fragen darf"
"And what are those theories? If I may ask"
"Oh, deine Theorien über das Leben, die Liebe und deine Theorien über das Vergnügen"
"Oh, your theories about life, love, and your theories about pleasure"
"Ich habe alle deine Theorien vergessen, Harry."
"I forget all your theories, in fact, Harry"
antwortete er mit seiner langsamen, melodischen Stimme
he answered in his slow melodious voice
"Vergnügen ist das Einzige, worüber es sich lohnt, eine Theorie zu haben"
"Pleasure is the only thing worth having a theory about"
"Aber ich fürchte, ich kann meine Theorie nicht für mich beanspruchen"
"But I am afraid I cannot claim my theory as my own"
"Es gehört der Natur, nicht mir"
"It belongs to Nature, not to me"
"Vergnügen ist der Test der Natur, ihr Zeichen der Anerkennung"
"Pleasure is Nature's test, her sign of approval"
"Wenn wir glücklich sind, sind wir immer gut"
"When we are happy, we are always good"

"Aber wenn wir gut sind, sind wir nicht immer glücklich"
"but when we are good, we are not always happy"
»Ah! aber was meinen Sie mit gut?« rief Basil Hallward
"Ah! but what do you mean by good?" cried Basil Hallward
»Ja«, wiederholte Dorian und lehnte sich in seinem Stuhl zurück
"Yes," echoed Dorian, leaning back in his chair
und er sah Lord Henry über die schweren Büschel purpurlippiger Iris hinweg an
and he looked at Lord Henry over the heavy clusters of purple-lipped irises
»Was meinst du mit gut, Harry?«
"what do you mean by good, Harry?"
er berührte den dünnen Stiel seines Glases mit seinen bleichen, fein spitzen Fingern
he touched the thin stem of his glass with his pale, fine-pointed fingers
"Gut zu sein bedeutet, mit sich selbst im Einklang zu sein", antwortete er
"To be good is to be in harmony with one's self," he replied
"Zwietracht bedeutet, gezwungen zu werden, mit anderen in Harmonie zu sein"
"Discord is to be forced to be in harmony with others"
"Das eigene Leben – das ist das Wichtigste"
"One's own life—that is the important thing"
"Was das Leben der Nachbarn angeht, nun..."
"As for the lives of one's neighbours, well..."
"wenn man ein Prig oder ein Puritaner sein will"
"if one wishes to be a prig or a Puritan"
"Dann kann man seine moralischen Ansichten über sie zur Schau stellen"
"then one can flaunt one's moral views about them"
"Aber das Leben anderer und ihre Moral gehen einen nichts an"
"but the lives of others and their morals are not one's concern"
"Außerdem hat der Individualismus wirklich das höhere Ziel"
"Besides, individualism has really the higher goal"
"Die moderne Moral besteht darin, den Maßstab des eigenen Alters zu akzeptieren"
"Modern morality consists in accepting the standard of one's age"
"Aber ein Mann von Kultur darf niemals die Maßstäbe seines Alters akzeptieren"
"but a man of culture must never accept the standards of one's age"

"Den Maßstab seines Alters zu akzeptieren, ist eine Form der gröbsten Unsittlichkeit"
"to accept the standard of his age is a form of the grossest immorality"
der Gemalte war sich Lord Henrys Schlussfolgerung nicht so sicher
the painted was not so sure of Lord Henry's conclusion
"Wir können nicht nur für uns selbst leben"
"we can't live merely for one self"
»Sicher, Harry, man zahlt einen schrecklichen Preis dafür?«
"surely, Harry, one pays a terrible price for doing so?"
"Ja, uns wird heutzutage alles zu viel berechnet"
"Yes, we are overcharged for everything nowadays"
"Ich sollte mir vorstellen, dass es eine wirkliche Tragödie der Armen gibt"
"I should fancy that there is one real tragedy of the poor"
"Sie können sich nichts als Selbstverleugnung leisten"
"they can afford nothing but self-denial"
"Schöne Sünden sind wie schöne Dinge""
"Beautiful sins are like beautiful things""
"Sie sind das Privileg der Reichen"
"they are the privilege of the rich"
"Man muss anders bezahlen als mit Geld"
"One has to pay in other ways but money"
»Was für Wege, lieber Basil?«
"What sort of ways, dear Basil?"
»Ach! Ich sollte meinen, man müsste mit Reue, mit Leiden, mit ..."
"Oh! I should fancy one has to pay in remorse, in suffering, in ..."
"Nun, man muss im Bewusstsein der Erniedrigung bezahlen"
"well, one has to pay in the consciousness of degradation"
Lord Henry zuckte die Achseln
Lord Henry shrugged his shoulders
"Mein Lieber, mittelalterliche Kunst ist bezaubernd"
"My dear fellow, medieval art is charming"
"Aber mittelalterliche Emotionen sind veraltet"
"but medieval emotions are out of date"
"Man kann sie natürlich in der Fiktion verwenden"
"One can use them in fiction, of course"
"Aber dann können die Dinge, die in der Fiktion verwendet werden, nicht mehr in Fakten verwendet werden"
"But then, the things used in fiction can no longer be used in facts"
"Glauben Sie mir, kein zivilisierter Mensch bereut jemals ein

Vergnügen"
"Believe me, no civilized man ever regrets a pleasure"
"Und kein unzivilisierter Mensch weiß jemals, was ein Vergnügen ist"
"and no uncivilized man ever knows what a pleasure is"
»Ich weiß, was Vergnügen ist«, rief Dorian Gray
"I know what pleasure is," cried Dorian Gray
"Vergnügen ist, jemanden zu verehren"
"pleasure is to adore someone"
antwortete er, während er mit einigen Früchten spielte;
he answered while toying with some fruits;
"Das ist sicher besser, als verehrt zu werden"
"That is certainly better than being adored"
"Verehrt zu werden ist ein Ärgernis"
"Being adored is a nuisance"
"Frauen behandeln uns so, wie die Menschheit ihre Götter behandelt"
"Women treat us just as humanity treats its gods"
"Sie beten uns an und belästigen uns immer, etwas für sie zu tun"
"They worship us, and are always bothering us to do something for them"
murmelte der Knabe ernst zur Antwort;
the lad murmured gravely in reply;
"Ich hätte sagen sollen, dass sie uns zuerst gegeben haben, was sie verlangen."
"I should have said that whatever they ask for they had first given to us"
"Sie schaffen Liebe in unserer Natur"
"They create love in our natures"
"Sie haben das Recht, es zurückzufordern"
"They have a right to demand it back"
»Das ist ganz richtig, Dorian«, rief Hallward
"That is quite true, Dorian," cried Hallward
»Nichts ist jemals ganz wahr«, sagte Lord Henry
"Nothing is ever quite true," said Lord Henry
»Das ist ganz wahr«, unterbrach Dorian
"THIS is quite true" interrupted Dorian
"Du musst zugeben, Harry, dass Frauen Männern das Gold ihres Lebens geben."
"You must admit, Harry, that women give to men the very gold of their lives"

»Möglicherweise«, seufzte er, »aber sie wollen es ausnahmslos in sehr kleinen Münzen zurück.«
"Possibly," he sighed, "but they invariably want it back in very small coins"
"Das ist die Sorge"
"That is the worry"
"Frauen, wie es ein geistreicher Franzose einmal ausdrückte, inspirieren uns"
"Women, as some witty Frenchman once put it, inspire us"
"Sie wecken uns mit dem Wunsch, Meisterwerke zu schaffen"
"they inspire us with the desire to do masterpieces"
"Und sie hindern uns immer daran, die Meisterwerke herauszutragen"
"and they always prevent us from carrying the masterpieces out"
"Harry, du bist schrecklich!"
"Harry, you are dreadful!"
"Ich weiß nicht, warum ich dich so sehr mag"
"I don't know why I like you so much"
»Du wirst mich immer mögen, Dorian«, erwiderte er
"You will always like me, Dorian," he replied
»Wollt ihr einen Kaffee trinken, ihr Jungs?«
"Will you have some coffee, you fellows?"
"Kellner, bringen Sie Kaffee und feinen Champagner und ein paar Zigaretten"
"Waiter, bring coffee, and fine-champagne, and some cigarettes"
»Nein, kümmere dich nicht um die Zigaretten – ich habe welche.«
"No, don't mind the cigarettes—I have some"
"Basil, ich kann dir nicht erlauben, Zigarren zu rauchen"
"Basil, I can't allow you to smoke cigars"
"Du musst eine Zigarette haben"
"You must have a cigarette"
"Eine Zigarette ist die perfekte Art eines perfekten Vergnügens"
"A cigarette is the perfect type of a perfect pleasure"
"Es ist exquisit und lässt einen unbefriedigt zurück"
"It is exquisite, and it leaves one unsatisfied"
"Was will man mehr?"
"What more can one want?"
"Ja, Dorian, du wirst mich immer lieb haben."
"Yes, Dorian, you will always be fond of me"
"Ich vertrete euch alle Sünden, die ihr nie zu begehen wagt habt"
"I represent to you all the sins you have never had the courage to

commit"
»Was für einen Unsinn du redest, Harry!« rief der Bursche
"What nonsense you talk, Harry!" cried the lad
Er nahm ein Licht von einem feuerspeienden silbernen Drachen, den der Kellner mitgebracht hatte
he took a light from a fire-breathing silver dragon that the waiter had brought
"Lasst uns ins Theater gehen"
"Let us go down to the theatre"
"Wenn Sibylle auf die Bühne kommt, wirst du ein neues Lebensideal haben"
"When Sibyl comes on the stage you will have a new ideal of life"
"Sie wird dir etwas darstellen, das du nie gekannt hast"
"She will represent something to you that you have never known"
»Ich habe alles gewußt«, sagte Lord Henry mit einem müden Blick in den Augen
"I have known everything," said Lord Henry, with a tired look in his eyes
"aber ich bin immer bereit für ein neues Gefühl"
"but I am always ready for a new emotion"
"Ich fürchte jedoch, dass es so etwas jedenfalls für mich nicht gibt."
"I am afraid, however, that, for me at any rate, there is no such thing"
"Trotzdem könnte mich dein wunderbares Mädchen begeistern"
"Still, your wonderful girl may thrill me"
"Ich liebe die Schauspielerei. Es ist so viel realer als das Leben."
"I love acting. It is so much more real than life"
»Laßt uns gehen. Dorian, kommst du mit?«
"Let us go. Dorian, you will come with me?"
»Es tut mir so leid, Basil, aber es ist nur Platz für zwei im Brougham.«
"I am so sorry, Basil, but there is only room for two in the brougham"
"Ihr müsst uns in einem Hansom folgen"
"You must follow us in a hansom"
Sie standen auf, zogen ihre Mäntel an und nippten an ihrem Kaffee im Stehen
They got up and put on their coats, sipping their coffee standing
Der Maler schwieg und war beschäftigt
The painter was silent and preoccupied
Es lag eine Düsternis über ihm
There was a gloom over him
Er konnte diese Heirat nicht ertragen

He could not bear this marriage
und doch schien es ihm besser als viele andere Dinge, die hätten geschehen können
and yet it seemed to him better than many other things that might have happened
Nach ein paar Minuten gingen sie alle die Treppe hinunter
After a few minutes, they all passed downstairs.
Er fuhr alleine, wie verabredet, fort
He drove off by himself, as had been arranged
und er beobachtete die blinkenden Lichter des kleinen Brougham vor sich
and he watched the flashing lights of the little brougham in front of him
Ein seltsames Gefühl des Verlustes überkam ihn
A strange sense of loss came over him
Er fühlte, dass Dorian Gray für ihn nie wieder das sein würde, was er in der Vergangenheit gewesen war
He felt that Dorian Gray would never again be to him all that he had been in the past
Das Leben war zwischen sie gekommen
Life had come between them
Seine Augen verdunkelten sich
His eyes darkened
und die überfüllten, flammenden Straßen verschwommen vor seinen Augen
and the crowded flaring streets became blurred to his eyes
Als die Droschke vor dem Theater hielt, schien es ihm, als sei er um Jahre älter geworden
When the cab drew up at the theatre, it seemed to him that he had grown years older

Kapitel Sieben
Chapter Seven

Aus irgendeinem Grund war das Haus in dieser Nacht überfüllt
For some reason or other, the house was crowded that night

Der dicke Manager, der sie an der Tür empfing, strahlte über beide Ohren
the fat manager who met them at the door was beaming from ear to ear

Er hatte ein öliges, zitterndes Lächeln
he had an oily tremulous smile

Er begleitete sie mit einer Art pompöser Demut zu ihrer Theaterloge
He escorted them to their theatre box with a sort of pompous humility

Er fuchtelte mit seinen fetten, juwelenbesetzten Händen und sprach mit lauter Stimme
he waved his fat jewelled hands and talked at the top of his voice

Dorian Gray verabscheute ihn mehr denn je
Dorian Gray loathed him more than ever

Er fühlte sich, als sei er gekommen, um Miranda zu suchen, und sei Caliban begegnet
He felt as if he had come to look for Miranda, and had been met by Caliban

Lord Henry hingegen mochte ihn ziemlich
Lord Henry, upon the other hand, rather liked him

Zumindest erklärte er, dass er ihn mochte
At least he declared he that he liked him

und er bestand darauf, ihm die Hand zu schütteln
and he insisted on shaking him by the hand

und er versicherte ihm, daß er stolz sei, einen Mann zu treffen, der ein wahres Genie entdeckt habe
and he assured him that he was proud to meet a man who had discovered a real genius

Am meisten freute er sich, einen Mann zu treffen, der wegen eines Dichters bankrott gegangen war
most of all he was happy to meet a man who had gone bankrupt over a poet

Hallward amüsierte sich damit, die Gesichter in der Grube zu beobachten
Hallward amused himself with watching the faces in the pit

Die Hitze war furchtbar drückend

The heat was terribly oppressive
und das riesige Sonnenlicht flammte wie eine monströse Dahlie mit gelben Feuerblättern
and the huge sunlight flamed like a monstrous dahlia with petals of yellow fire
Die Jugendlichen auf der Galerie hatten ihre Mäntel und Westen ausgezogen
The youths in the gallery had taken off their coats and waistcoats
und sie hängten ihre Mäntel über die Seite
and they hung their coats over the side
Sie sprachen über das Theater hinweg miteinander
They talked to each other across the theatre
und sie teilten ihre Orangen mit den schäbigen Mädchen, die neben ihnen saßen
and they shared their oranges with the tawdry girls who sat beside them
Einige Frauen lachten in der Grube
Some women were laughing in the pit
Ihre Stimmen waren schrecklich schrill und unharmonisch
Their voices were horribly shrill and discordant
Das Knallen der Korken kam von der Bar
The sound of the popping of corks came from the bar
»Was für ein Ort, um seine Göttlichkeit zu finden!« sagte Lord Henry
"What a place to find one's divinity in!" said Lord Henry
»Ja!« antwortete Dorian Gray
"Yes!" answered Dorian Gray
"Hier habe ich sie gefunden"
"It was here I found her"
"Und sie ist göttlich über alles Lebendige"
"and she is divine beyond all living things"
"Wenn sie auf der Bühne steht, vergisst man alles"
"When she is on stage you will forget everything"
"Diese gemeinen, rauen Leute mit ihren groben Gesichtern und brutalen Gesten"
"These common rough people, with their coarse faces and brutal gestures"
"Sie werden ganz anders, wenn sie auf der Bühne steht"
"they become quite different when she is on the stage"
"Sie sitzen schweigend da und beobachten sie"
"They sit silently and watch her"

"Sie weinen und lachen, wie sie es will"
"They weep and laugh as she wills them to do"
"Sie macht sie so reaktionsschnell wie eine Geige"
"She makes them as responsive as a violin"
"Sie vergeistigt sie"
"She spiritualizes them"
"und man fühlt, dass sie aus demselben Fleisch und Blut sind wie man selbst"
"and one feels that they are of the same flesh and blood as one's self"
»Das gleiche Fleisch und Blut wie man selbst! Oh, ich hoffe nicht!« rief Lord Henry
"The same flesh and blood as one's self! Oh, I hope not!" exclaimed Lord Henry
Er musterte die Insassen der Galerie durch sein Opernglas
he was scanning the occupants of the gallery through his opera-glass
»Achte nicht auf ihn, Dorian«, sagte der Maler
"Don't pay any attention to him, Dorian," said the painter
"Ich verstehe, was du meinst"
"I understand what you mean"
"Und ich glaube an dieses Mädchen"
"and I believe in this girl"
"Jeder, den du liebst, muss wunderbar sein"
"Any one you love must be marvellous"
"Und jedes Mädchen, das die Wirkung hat, die du beschreibst, muss fein und edel sein."
"and any girl who has the effect you describe must be fine and noble"
"Das eigene Alter zu vergeistigen, das ist etwas, das es wert ist, getan zu werden"
"To spiritualize one's age, that is something worth doing"
"Wenn dieses Mädchen denjenigen eine Seele geben kann, die ohne eine gelebt haben"
"If this girl can give a soul to those who have lived without one"
"Wenn sie den Sinn für Schönheit in Menschen wecken kann, deren Leben schmutzig und hässlich war"
"if she can create the sense of beauty in people whose lives have been sordid and ugly"
"wenn sie sie von ihrem Egoismus befreien kann"
"if she can strip them of their selfishness"
"wenn sie ihnen Tränen leihen kann für Sorgen, die nicht ihre eigenen sind"
"if she can lend them tears for sorrows that are not their own"

"**Dann ist sie all deiner Anbetung wert**"
"then she is worthy of all your adoration"
"**Dann ist sie der Anbetung der Welt würdig**"
"then she is worthy of the adoration of the world"
"**Diese Ehe ist ganz richtig**"
"This marriage is quite right"
"**Zuerst dachte ich das nicht, aber jetzt gebe ich es zu.**"
"I did not think so at first, but I admit it now"
"**Die Götter haben Sibyl Vane für dich gemacht**"
"The gods made Sibyl Vane for you"
"**Ohne sie wärst du unvollständig gewesen**"
"Without her you would have been incomplete"
»**Danke, Basil**«, antwortete Dorian Gray und drückte ihm die Hand
"Thanks, Basil," answered Dorian Gray, pressing his hand
"**Ich wusste, dass du mich verstehen würdest**"
"I knew that you would understand me"
"**Harry ist so zynisch, er macht mir Angst**"
"Harry is so cynical, he terrifies me"
"**Aber hier ist das Orchester, es ist ganz schrecklich**"
"But here is the orchestra, it is quite dreadful"
"**Aber es dauert nur etwa fünf Minuten**"
"but it only lasts for about five minutes"
"**Dann hebt sich der Vorhang**"
"Then the curtain rises"
»**und du wirst das Mädchen sehen, dem ich mein ganzes Leben schenken werde.**«
"and you will see the girl to whom I am going to give all my life"
"**das Mädchen, dem ich alles gegeben habe, was gut an mir ist**"
"the girl to whom I have given everything that is good in me"
Eine Viertelstunde später
A quarter of an hour afterwards
inmitten eines außergewöhnlichen Applausgetümes
amidst an extraordinary turmoil of applause
Sibyl Vane betrat die Bühne
Sibyl Vane stepped on to the stage
Ja, sie war auf jeden Fall schön anzusehen
Yes, she was certainly lovely to look at
eines der lieblichsten Geschöpfe, dachte Lord Henry, das er je gesehen hatte
one of the loveliest creatures, Lord Henry thought, that he had ever seen

Es lag etwas von dem Rehkitz in ihrer schüchternen Anmut und ihren erschrockenen Augen
There was something of the fawn in her shy grace and startled eyes
Ein schwaches Erröten, wie der Schatten einer Rose in einem silbernen Spiegel
A faint blush, like the shadow of a rose in a mirror of silver
die Röte stieg ihr in die Wangen, als sie auf das überfüllte, begeisterte Haus blickte
the blush came to her cheeks as she glanced at the crowded enthusiastic house
Sie trat ein paar Schritte zurück, und ihre Lippen schienen zu zittern
She stepped back a few paces and her lips seemed to tremble
Basil Hallward sprang auf und begann zu applaudieren
Basil Hallward leaped to his feet and began to applaud
Regungslos und wie im Traum saß Dorian Gray da und starrte sie an
Motionless, and as one in a dream, sat Dorian Gray, gazing at her
Lord Henry blickte durch seine Brille und murmelte: »Reizend! charmant!"
Lord Henry peered through his glasses, murmuring, "Charming! charming!"
Der Schauplatz war die Halle von Capulets Haus
The scene was the hall of Capulet's house
Romeo in seiner Pilgertracht war mit Mercutio und seinen anderen Freunden eingetreten
Romeo in his pilgrim's dress had entered with Mercutio and his other friends
Die Band stimmte ein paar Takte Musik an, und der Tanz begann
The band struck up a few bars of music, and the dance began
die Menge der plumpen, schäbig gekleideten Schauspieler
the crowd of ungainly, shabbily dressed actors
Sibyl Vane bewegte sich durch sie hindurch wie ein Geschöpf aus einer feineren Welt
Sibyl Vane moved through them like a creature from a finer world
Ihr Körper schwankte, während sie tanzte, wie eine Pflanze im Wasser schwankt
Her body swayed, while she danced, as a plant sways in the water
Die Kurven ihrer Kehle waren die Kurven einer weißen Lilie
The curves of her throat were the curves of a white lily
Ihre Hände schienen aus kühlem Elfenbein zu sein

Her hands seemed to be made of cool ivory
Und doch war sie merkwürdig lustlos
Yet she was curiously listless
Sie zeigte kein Zeichen von Freude, als ihre Augen auf Romeo ruhten
She showed no sign of joy when her eyes rested on Romeo
Die wenigen Worte, die sie zu sprechen hatte
The few words she had to speak
"Guter Pilger, du tust deiner Hand zu viel Unrecht"
"Good pilgrim, you do wrong your hand too much"
»Welche manierliche Hingabe sich darin zeigt;«
"Which mannerly devotion shows in this;"
"Denn Heilige haben Hände, die Pilgerhände berühren"
"For saints have hands that pilgrims' hands do touch"
"Und Handfläche an Handfläche ist der Kuss der heiligen Palmer"
"And palm to palm is holy palmers' kiss"
Der kurze Dialog, der folgt, wurde auf eine durch und durch künstliche Art und Weise gesprochen
the brief dialogue that follows was spoken in a thoroughly artificial manner
Die Stimme war exquisit
The voice was exquisite
aber vom Standpunkt des Tons aus war es absolut falsch
but from the point of view of tone it was absolutely false
Es war falsch in der Farbe
It was wrong in colour
Es nahm dem Vers alles Leben
It took away all the life from the verse
Es machte die Leidenschaft unwirklich
It made the passion unreal
Dorian Gray wurde bleich, als er sie beobachtete
Dorian Gray grew pale as he watched her
Er war verwirrt und ängstlich
He was puzzled and anxious
Keiner seiner Freunde wagte es, ihm etwas zu sagen
Neither of his friends dared to say anything to him
Sie schien ihnen absolut inkompetent zu sein
She seemed to them to be absolutely incompetent
Sie wurden schrecklich enttäuscht
They were horribly disappointed
Dennoch waren sie der Meinung, dass die wahre Prüfung jeder

Julia die Balkonszene ist
Yet they felt that the true test of any Juliet is the balcony scene
Darauf haben sie gewartet
They waited for that
Wenn sie dort versagte, war nichts in ihr
If she failed there, there was nothing in her
Sie sah charmant aus, als sie im Mondlicht herauskam
She looked charming as she came out in the moonlight
Das konnte nicht geleugnet werden
That could not be denied
Aber die Inszenierung ihres Schauspiels war unerträglich
But the staginess of her acting was unbearable
und ihr Schauspiel wurde immer schlechter, je weiter sie ging
and her acting grew worse as she went on
Ihre Gesten wurden absurd künstlich
Her gestures became absurdly artificial
Sie hat alles, was sie zu sagen hatte, überbetont."
She overemphasized everything that she had to say"
Die schöne Passage;
The beautiful passage;
"Du weißt, dass die Maske der Nacht auf meinem Gesicht ist"
"Thou knowest the mask of night is on my face"
"Sonst würde eine jungfräuliche Röte meine Wange bemalen"
"Else would a maiden blush bepaint my cheek"
"Für das, was du mich heute Abend reden gehört hast"
"For that which thou hast heard me speak tonight"
ihre Zeilen wurden mit der schmerzhaften Präzision eines Schulmädchens deklamiert
her lines were declaimed with the painful precision of a schoolgirl
ein Schulmädchen, das von einem zweitklassigen Professor der Redekunst gelehrt wurde
a schoolgirl who has been taught to recite by some second-rate professor of elocution
Als sie sich über den Balkon beugte und zu diesen wunderbaren Zeilen kam:
When she leaned over the balcony and came to those wonderful lines—
"Obwohl ich mich an dir erfreue"
"Although I joy in thee"
"Ich habe heute Abend keine Freude an diesem Vertrag"
"I have no joy of this contract tonight"

"Es ist zu voreilig, zu unüberlegt, zu plötzlich."
"It is too rash, too unadvised, too sudden:"
"Zu ähnlich wie der Blitz, der aufhört zu sein"
"Too like the lightning, which doth cease to be"
»Ehe man sagen kann: ›Es wird leichter‹. Süße, gute Nacht!«
"Ere one can say, 'It lightens.' Sweet, good-night!"
"Diese Knospe der Liebe durch den reifenden Atem des Sommers"
"This bud of love by summer's ripening breath"
"Könnte sich als schöne Blume erweisen, wenn wir uns das nächste Mal treffen..."
"May prove a beauteous flower when next we meet-"
sie sprach die Worte, als ob sie ihr keine Bedeutung hätten
she spoke the words as though they conveyed no meaning to her
Es war keine Nervosität
It was not nervousness
In der Tat war sie weit davon entfernt, nervös zu sein, sondern absolut in sich geschlossen
Indeed, so far from being nervous, she was absolutely self-contained
Es war einfach schlechte Kunst
It was simply bad art
Sie war ein kompletter Versager
She was a complete failure
Selbst das gewöhnliche ungebildete Publikum in der Grube und im Stollen verlor sein Interesse
Even the common uneducated audience of the pit and gallery lost their interest
Sie wurden unruhig und fingen an, laut zu reden und zu pfeifen
They got restless, and began to talk loudly and to whistle
Der Direktor stand im hinteren Teil des Dress-Circles
The manager was standing at the back of the dress-circle
er stampfte mit den Füßen und fluchte vor Wut
he was stamping his feet and swearing with rage
Die einzige Person, die sich nicht bewegte, war das Mädchen selbst
The only person unmoved was the girl herself
Als der zweite Akt zu Ende war, kam ein Sturm von Zischen
When the second act was over, there came a storm of hisses
Lord Henry erhob sich von seinem Stuhl und zog seinen Mantel an
Lord Henry got up from his chair and put on his coat
»Sie ist ganz schön, Dorian«, sagte er, »aber sie ist keine Schauspielerin.«
"She is quite beautiful, Dorian," he said, "but she is not an actress"

»Laß uns gehen«, schlug er vor
"Let us go," he suggested
»Ich werde das Stück zu Ende spielen«, antwortete der Junge mit harter, bitterer Stimme
"I am going to see the play through," answered the lad, in a hard bitter voice
"Es tut mir schrecklich leid, dass ich dich einen Abend vergeudet habe, Harry."
"I am awfully sorry that I have made you waste an evening, Harry"
"Ich entschuldige mich bei euch beiden"
"I apologize to you both"
»Mein lieber Dorian, ich sollte glauben, Miß Vane sei krank«, unterbrach ihn Hallward
"My dear Dorian, I should think Miss Vane was ill," interrupted Hallward
"Wir werden an einem anderen Abend kommen"
"We will come some other night"
»Ich wünschte, sie wäre krank«, erwiderte er
"I wish she were ill," he rejoined
"Aber sie scheint mir einfach gefühllos und kalt zu sein"
"But she seems to me to be simply callous and cold"
"Sie hat sich völlig verändert"
"She has entirely altered"
"Gestern Abend war sie eine großartige Künstlerin"
"Last night she was a great artist"
"Heute Abend ist sie nur eine gewöhnliche mittelmäßige Schauspielerin"
"This evening she is merely a commonplace mediocre actress"
"Sprich nicht so über jemanden, den du liebst, Dorian."
"Don't talk like that about any one you love, Dorian"
"Liebe ist etwas Wunderbareres als Kunst"
"Love is a more wonderful thing than art"
»Sie sind beide nur Formen der Nachahmung«, bemerkte Lord Henry
"They are both simply forms of imitation," remarked Lord Henry
»Aber lassen Sie uns gehen«, beharrte er
"But do let us go," he insisted
"Dorian, du darfst nicht länger hier bleiben"
"Dorian, you must not stay here any longer"
"Es ist nicht gut für die Moral, schlechtes Handeln zu sehen"
"It is not good for one's morals to see bad acting"

"Außerdem nehme ich nicht an, dass du willst, dass deine Frau schauspielert."
"Besides, I don't suppose you will want your wife to act"
"Was macht es also aus, wenn sie Julia wie eine Holzpuppe spielt"?
"so what does it matter if she plays Juliet like a wooden doll"?
"Sie ist sehr reizend"
"She is very lovely"
"Wenn sie so wenig über das Leben weiß wie über die Schauspielerei, wird sie entzückend sein"
"if she knows as little about life as she does about acting, she will be delightful"
"Es gibt nur zwei Arten von Menschen, die wirklich faszinierend sind"
"There are only two kinds of people who are really fascinating"
"Menschen, die absolut alles wissen"
"people who know absolutely everything"
"Und Menschen, die absolut nichts wissen"
"and people who know absolutely nothing"
»Um Gottes willen, mein lieber Junge, sieh nicht so tragisch aus!«
"Good heavens, my dear boy, don't look so tragic!"
"Das Geheimnis, jung zu bleiben, besteht darin, niemals eine Emotion zu haben, die unangemessen ist"
"The secret of remaining young is never to have an emotion that is unbecoming"
"Komm mit Basil und mir in den Club"
"Come to the club with Basil and myself"
"Wir werden Zigaretten rauchen und auf die Schönheit der Sibyl Vane anstoßen"
"We will smoke cigarettes and drink to the beauty of Sibyl Vane"
"Sie ist wunderschön. Was will man mehr?"
"She is beautiful. What more can you want?"
»Geh weg, Harry«, rief der Junge
"Go away, Harry," cried the lad
"Ich will allein sein. Lieber Basil, du musst gehen."
"I want to be alone. Dear Basil, you must go"
»Ah! Siehst du nicht, daß mir das Herz bricht?«
"Ah! can't you see that my heart is breaking?"
Die heißen Tränen stiegen ihm in die Augen
The hot tears came to his eyes
Seine Lippen zitterten, und er eilte in den hinteren Teil der Theaterloge

His lips trembled, and he rushed to the back of the theatre box
Er lehnte sich an die Wand und verbarg sein Gesicht in den Händen
he leaned up against the wall, hiding his face in his hands
»Laß uns gehen, Basil«, sagte Lord Henry mit einer seltsamen Zärtlichkeit in der Stimme
"Let us go, Basil," said Lord Henry with a strange tenderness in his voice
und die beiden jungen Männer gingen zusammen hinaus
and the two young men went out together
Wenige Augenblicke später flammten die Scheinwerfer auf
A few moments afterwards the footlights flared up
und der Vorhang hob sich für den dritten Akt
and the curtain rose on the third act
Dorian Gray kehrte zu seinem Platz zurück
Dorian Gray went back to his seat
Er sah bleich und stolz und gleichgültig aus
He looked pale, and proud, and indifferent
Das Stück zog sich in die Länge und schien endlos zu sein
The play dragged on, and seemed interminable
Die Hälfte des Publikums ging hinaus, stapfte in schweren Stiefeln und lachte
Half of the audience went out, tramping in heavy boots and laughing
Das Ganze war ein Fiasko
The whole thing was a fiasco
Der letzte Akt wurde vor fast leeren Bänken gespielt
The last act was played to almost empty benches
Der Vorhang senkte sich mit einem Zittern und einigen Stöhnen
The curtain went down on a titter and some groans
Sobald es vorbei war, eilte Dorian Gray hinter die Kulissen
As soon as it was over, Dorian Gray rushed behind the scenes
Das Mädchen stand allein da, mit einem Ausdruck des Triumphs auf ihrem Gesicht
The girl was standing there alone, with a look of triumph on her face
Ihre Augen wurden von einem köstlichen Feuer erleuchtet
Her eyes were lit with an exquisite fire
Sie strahlte aus
There was a radiance about her
Ihre geöffneten Lippen lächelten über ein eigenes Geheimnis
Her parted lips were smiling over some secret of their own
Als er eintrat, sah sie ihn an

When he entered, she looked at him
und ein Ausdruck unendlicher Freude überkam sie
and an expression of infinite joy came over her
»Was für eine schlechte Schauspielerin ich heute abend war, Dorian!« rief sie
"How bad an actress I was tonight, Dorian!" she cried
»Schrecklich!« antwortete er und sah sie erstaunt an
"Horrible!" he answered, gazing at her in amazement
"Schrecklich? Es war schrecklich."
"Horrible? It was dreadful"
"Bist du krank?"
"Are you ill?"
"Du hast keine Ahnung, was es war"
"You have no idea what it was"
"Du hast keine Ahnung, was ich gelitten habe"
"You have no idea what I suffered"
Das Mädchen lächelte. "Dorian", antwortete sie
The girl smiled. "Dorian," she answered
sie verweilte bei seinem Namen mit langgezogener Musik in ihrer Stimme
she lingered over his name with long-drawn music in her voice
"Als wäre sein Name süßer als Honig für die roten Blütenblätter ihres Mundes"
"as though his name were sweeter than honey to the red petals of her mouth"
"Dorian, du hättest es verstehen sollen"
"Dorian, you should have understood"
"Aber jetzt verstehst du doch, oder?"
"But you understand now, don't you?"
»Verstehst du was?« fragte er wütend
"Understand what?" he asked, angrily
"Du verstehst, warum ich heute Abend so schlecht war"
"you understand why I was so bad tonight"
"Du verstehst, warum ich immer böse sein werde"
"you understand why I shall always be bad"
"Du verstehst, warum ich nie wieder gut auf der Bühne spielen werde"
"you understand why I shall never act well on stage again"
Er zuckte die Achseln
He shrugged his shoulders
»Sie sind wohl krank.«

"You are ill, I suppose"
"Wenn man krank ist, sollte man nicht auf die Bühne gehen"
"When you are ill you shouldn't go on stage"
"Du machst dich lächerlich"
"You make yourself ridiculous"
"Meine Freunde langweilten sich. Ich war gelangweilt"
"My friends were bored. I was bored"
Sie schien nicht auf ihn zu hören
She seemed not to listen to him
Sie war verklärt vor Freude
She was transfigured with joy
Eine Ekstase des Glücks beherrschte sie
An ecstasy of happiness dominated her
»Dorian, Dorian!« rief sie
"Dorian, Dorian," she cried
"Bevor ich dich kannte, war die Schauspielerei die einzige Realität meines Lebens"
"before I knew you, acting was the one reality of my life"
"Ich habe nur im Theater gelebt"
"It was only in the theatre that I lived"
"Ich dachte, dass alles wahr ist"
"I thought that it was all true"
"Ich war an einem Abend Rosalind und am anderen Abend Portia"
"I was Rosalind one night and Portia the other"
"Die Freude von Beatrice war meine Freude"
"The joy of Beatrice was my joy"
»und Cordelias Leiden waren auch mein.«
"and the sorrows of Cordelia were mine also"
"Ich habe an alles geglaubt, was ich getan habe"
"I believed in everything that I acted"
"Die einfachen Leute, die mit mir auf der Bühne standen, schienen mir gottgleich zu sein"
"The common people who were on the stage with me seemed to me to be godlike"
"Die gemalten Szenen waren meine Welt"
"The painted scenes were my world"
"Ich kannte nichts als Schatten und dachte, sie seien real"
"I knew nothing but shadows, and I thought them real"
»Du kamst – oh, meine schöne Liebe! – und du hast meine Seele aus dem Gefängnis befreit.«
"You came—oh, my beautiful love!—and you freed my soul from

prison"
"Du hast mir beigebracht, was Realität wirklich ist"
"You taught me what reality really is"
"Heute Abend habe ich zum ersten Mal in meinem Leben die Hohlheit durchschaut"
"Tonight, for the first time in my life, I saw through the hollowness"
"Ich habe den Schwindel durchschaut"
"I saw through the sham"
"Ich durchschaute die Albernheit des leeren Festzugs, in dem ich immer gespielt hatte"
"I saw through the silliness of the empty pageant in which I had always played"
"Heute Abend wurde mir zum ersten Mal bewusst, dass der Romeo hässlich war"
"Tonight, for the first time, I became conscious that the Romeo was hideous"
"Ich sah, dass Romeo alt war, und malte"
"I saw that Romeo was old, and painted"
"Ich sah, dass das Mondlicht im Obstgarten falsch war"
"I saw that the moonlight in the orchard was false"
"Ich sah, dass die Landschaft vulgär war"
"I saw that the scenery was vulgar"
"und ich sah, dass die Worte, die ich zu sprechen hatte, unwirklich waren"
"and I saw that the words I had to speak were unreal"
"Es waren nicht meine Worte"
"they were not my words"
"Es waren nicht die Worte, die ich sagen wollte"
"they were not the words that I wanted to say"
"Du hattest mir etwas Höheres gebracht"
"You had brought me something higher"
"Du hattest mir etwas gebracht, von dem alle Kunst nur ein Spiegelbild ist"
"you had brought me something of which all art is but a reflection"
"Du hattest mir verständlich gemacht, was Liebe wirklich ist"
"You had made me understand what love really is"
»Meine Liebe! Mein Liebling! Märchenprinz! Prinz des Lebens!"
"My love! My love! Prince Charming! Prince of life!"
"Ich habe die Schatten satt"
"I have grown sick of shadows"
"Du bist mehr für mich, als alle Kunst jemals sein kann"

"You are more to me than all art can ever be"
"Warum sollte ich mit den Puppen eines Theaterstücks zusammen sein?"
"Why should I be with the puppets of a play?"
"Ich konnte nicht verstehen, wie es sein konnte, dass alles von mir gegangen war"
"I could not understand how it was that everything had gone from me"
"Ich dachte, dass ich wunderbar sein würde"
"I thought that I was going to be wonderful"
"Ich stellte fest, dass ich nichts tun konnte"
"I found that I could do nothing"
"Plötzlich dämmerte es meiner Seele, was das alles bedeutete"
"Suddenly it dawned on my soul what it all meant"
"Das Wissen war für mich exquisit"
"The knowledge was exquisite to me"
"Ich hörte sie zischen und lächelte"
"I heard them hissing, and I smiled"
»Was konnten sie von einer Liebe wie der unsrigen wissen?«
"What could they know of love such as ours?"
»Nimm mich mit, Dorian – nimm mich mit.«
"Take me away, Dorian—take me away with you"
"Bring mich dorthin, wo wir ganz allein sein können"
"take me to where we can be quite alone"
"Ich hasse die Bühne"
"I hate the stage"
"Ich könnte eine Leidenschaft nachahmen, die ich nicht fühle"
"I might mimic a passion that I do not feel"
"aber ich kann nicht einen nachahmen, der mich wie Feuer verbrennt"
"but I cannot mimic one that burns me like fire"
»Ach, Dorian, Dorian, verstehst du jetzt, was es bedeutet?«
"Oh, Dorian, Dorian, you understand now what it signifies?"
"Selbst wenn ich könnte, wäre es eine Entweihung für mich, wenn ich so handeln würde, als wäre ich verliebt"
"Even if I could, it would be profanation for me to act being in love"
"Du hast mich das sehen lassen"
"You have made me see that"
Er warf sich auf das Sofa und wandte sein Gesicht ab
He flung himself down on the sofa and turned away his face
»Du hast meine Liebe getötet«, murmelte er

"You have killed my love," he muttered
Sie sah ihn verwundert an und lachte
She looked at him in wonder and laughed
Er gab keine Antwort
He made no answer
Sie kam auf ihn zu
She came across to him
und mit ihren kleinen Fingern streichelte sie sein Haar
and with her little fingers she stroked his hair
Sie kniete nieder und presste seine Hände an ihre Lippen
She knelt down and pressed his hands to her lips
Er zog seine Finger weg
He drew his fingers away
und ein Schauder durchlief ihn
and a shudder ran through him
Dann sprang er auf und ging zur Tür
Then he leaped up and went to the door
»Ja,« rief er, »du hast meine Liebe getötet
"Yes," he cried, "you have killed my love
"Du hast meine Fantasie angeregt"
"You used to stir my imagination"
"Jetzt erregst du nicht einmal meine Neugierde"
"Now you don't even stir my curiosity"
"Sie erzielen einfach keine Wirkung"
"You simply produce no effect"
"Ich habe dich geliebt, weil du wunderbar warst"
"I loved you because you were marvellous"
"Ich habe dich geliebt, weil du Genie und Intellekt hattest"
"I loved you because you had genius and intellect"
"Ich habe dich geliebt, weil du die Träume großer Dichter verwirklicht hast"
"I loved you because you realized the dreams of great poets"
"Du hast den Schatten der Kunst Form und Substanz gegeben"
"you gave shape and substance to the shadows of art"
"Du hast alles weggeworfen"
"You have thrown it all away"
"Du bist oberflächlich und dumm"
"You are shallow and stupid"
»Mein Gott! wie wahnsinnig ich war, dich zu lieben!«
"My God! how mad I was to love you!"
»Was für ein Narr ich gewesen bin!«

"What a fool I have been!"
"Du bist mir jetzt nichts"
"You are nothing to me now"
"Ich werde dich nie wiedersehen"
"I will never see you again"
"Ich werde nie an dich denken"
"I will never think of you"
"Ich werde niemals deinen Namen erwähnen"
"I will never mention your name"
"Du weißt nicht, was du einmal für mich warst"
"You don't know what you were to me, once"
»Oh, ich kann es nicht ertragen, daran zu denken!«
"Oh, I can't bear to think of it!"
»Ich wünschte, ich hätte dich nie gesehen!«
"I wish I had never laid eyes upon you!"
"Du hast die Romantik meines Lebens verdorben"
"You have spoiled the romance of my life"
»Wie wenig kannst du von der Liebe wissen, wenn du sagst, sie verdirbt deine Kunst!«
"How little you can know of love, if you say it mars your art!"
"Ohne deine Kunst bist du nichts"
"Without your art, you are nothing"
"Ich hätte dich berühmt, prächtig, großartig gemacht"
"I would have made you famous, splendid, magnificent"
"Die Welt hätte dich angebetet"
"The world would have worshipped you"
"und du hättest meinen Namen getragen"
"and you would have borne my name"
"Was bist du jetzt?"
"What are you now?"
"Eine drittklassige Schauspielerin mit einem hübschen Gesicht"
"A third-rate actress with a pretty face"
Das Mädchen wurde bleich und zitterte
The girl grew white, and trembled
Sie ballte die Hände
She clenched her hands together
Ihre Stimme schien ihr im Hals stecken zu bleiben.
her voice seemed to catch in her throat.
»Das ist nicht dein Ernst, Dorian?« murmelte sie
"You are not serious, Dorian?" she murmured
"Du spielst eine Rolle in einem Theaterstück"

"You are acting a part in a play"
"Eine Rolle spielen! Das überlasse ich dir."
"Acting a part! I leave that to you"
»Du machst das so gut«, antwortete er bitter
"You do it so well," he answered bitterly
Sie erhob sich von ihren Knien
She rose from her knees
in ihrem Gesicht lag ein kläglicher Ausdruck des Schmerzes
there was a piteous expression of pain in her face
sie kam quer durch das Zimmer zu ihm
she came across the room to him
Sie legte ihre Hand auf seinen Arm und sah ihm in die Augen
She put her hand upon his arm and looked into his eyes
Er stieß sie zurück. »Fass mich nicht an!« rief er
He thrust her back. "Don't touch me!" he cried
Ein leises Stöhnen brach aus ihr heraus
A low moan broke from her
sie warf sich ihm zu Füßen
she flung herself at his feet
und sie lag da wie eine zertrampelte Blume
and she lay there like a trampled flower
"Dorian, Dorian, verlass mich nicht!", flüsterte sie
"Dorian, Dorian, don't leave me!" she whispered
"Es tut mir so leid, dass ich mich nicht gut verhalten habe"
"I am so sorry I didn't act well"
"Ich habe die ganze Zeit an dich gedacht"
"I was thinking of you all the time"
»Aber ich will es versuchen – ja, ich will es versuchen.«
"But I will try—indeed, I will try"
"Es kam so plötzlich über mich, meine Liebe zu dir"
"It came so suddenly across me, my love for you"
"Ich glaube, ich hätte es nie erfahren, wenn du mich nicht geküsst hättest"
"I think I should never have known it if you had not kissed me"
"Wenn wir uns nicht geküsst hätten"
"if we had not kissed each other"
"Küss mich noch einmal, meine Liebe"
"Kiss me again, my love"
"Geh nicht von mir weg"
"Don't go away from me"
"Ich kann es nicht ertragen"

"I can't bear it"
»Ach! Geh nicht von mir weg"
"Oh! don't go away from me"
"Mein Bruder ... Nein; Macht nichts"
"My brother ... No; never mind"
"Er hat es nicht so gemeint. Er war im Scherz ..."
"He didn't mean it. He was in jest...."
»Aber du, oh! Kannst du mir heute Abend nicht verzeihen?"
"But you, oh! can't you forgive me for tonight?"
"Ich werde so hart arbeiten und versuchen, mich zu verbessern"
"I will work so hard and try to improve"
"Sei nicht grausam zu mir"
"Don't be cruel to me"
"Weil ich dich mehr liebe als alles andere auf der Welt"
"because I love you better than anything in the world"
"Schließlich habe ich dir nur einmal nicht gefallen"
"After all, it is only once that I have not pleased you"
"Aber du hast ganz recht, Dorian."
"But you are quite right, Dorian"
"Ich hätte mich mehr als Künstler zeigen sollen"
"I should have shown myself more of an artist"
"Es war dumm von mir"
"It was foolish of me"
»und doch konnte ich nicht anders«
"and yet I couldn't help it"
"Oh, verlass mich nicht, verlass mich nicht"
"Oh, don't leave me, don't leave me"
Ein Anfall von leidenschaftlichem Schluchzen würgte sie
A fit of passionate sobbing choked her
Sie kauerte auf dem Boden wie ein verwundetes Ding
She crouched on the floor like a wounded thing
Dorian Gray blickte mit seinen schönen Augen auf sie herab
Dorian Gray, with his beautiful eyes, looked down at her
seine gemeißelten Lippen kräuselten sich in exquisiter Verachtung
his chiselled lips curled in exquisite disdain
Die Gefühle von Menschen, die man nicht mehr liebt, haben immer etwas Lächerliches an sich
There is always something ridiculous about the emotions of people whom one has ceased to love
Sibyl Vane erschien ihm absurd melodramatisch
Sibyl Vane seemed to him to be absurdly melodramatic

Ihre Tränen und ihr Schluchzen ärgerten ihn
Her tears and sobs annoyed him
»Ich gehe«, sagte er endlich mit seiner ruhigen, klaren Stimme
"I am going," he said at last in his calm clear voice
"Ich möchte nicht unfreundlich sein, aber ich kann dich nicht wiedersehen"
"I don't wish to be unkind, but I can't see you again"
"Du hast mich enttäuscht"
"You have disappointed me"
Sie weinte leise und gab keine Antwort, sondern schlich näher
She wept silently, and made no answer, but crept nearer
Ihre kleinen Hände streckten sich blind aus und schienen nach ihm zu suchen
Her little hands stretched blindly out, and appeared to be seeking for him
Er drehte sich auf dem Absatz um und verließ das Zimmer
He turned on his heel and left the room
In wenigen Augenblicken war er aus dem Theater heraus
In a few moments he was out of the theatre
Wohin er ging, wußte er kaum
Where he went to he hardly knew
Er erinnerte sich, wie er durch schwach beleuchtete Straßen wanderte
He remembered wandering through dimly lit streets
Er ging an hageren, schwarz beschatteten Torbögen und böse aussehenden Häusern vorbei
he went past gaunt, black-shadowed archways and evil-looking houses
Frauen mit heiseren Stimmen und barschem Gelächter hatten ihm nachgerufen
Women with hoarse voices and harsh laughter had called after him
Betrunkene waren vorbeigetaumelt, fluchten und schwatzten vor sich hin wie monströse Affen
Drunkards had reeled by, cursing and chattering to themselves like monstrous apes
Er hatte groteske Kinder gesehen, die sich auf den Türstufen zusammengekauert hatten
He had seen grotesque children huddled upon door-steps
und er hatte Schreie und Schwüre von düsteren Gerichten gehört
and he had heard shrieks and oaths from gloomy courts
Als die Morgendämmerung gerade anbrach, befand er sich in der

Nähe von Covent Garden
As the dawn was just breaking, he found himself close to Covent Garden
Die Dunkelheit hob sich und wurde von schwachen Feuern gerötet
The darkness lifted, and, was flushed with faint fires
der Himmel höhlte sich zu einer vollkommenen Perle aus
the sky hollowed itself into a perfect pearl
Riesige Karren voller nickender Lilien rumpelten langsam die polierte, leere Straße hinunter
Huge carts filled with nodding lilies rumbled slowly down the polished empty street
Die Luft war schwer vom Duft der Blumen
The air was heavy with the perfume of the flowers
und ihre Schönheit schien ihm ein Schmerzmittel zu verschaffen
and their beauty seemed to bring him an anodyne for his pain
Er folgte auf den Markt und beobachtete die Männer, die ihre Wagen ausluden
He followed into the market and watched the men unloading their wagons
Ein weißgekleideter Fuhrmann bot ihm ein paar Kirschen an
A white-smocked carter offered him some cherries
Er dankte ihm und wunderte sich, warum er sich weigerte, Geld für sie anzunehmen
He thanked him, wondered why he refused to accept any money for them
und er fing an, die Kirschen teilnahmslos zu essen
and he began to eat the cherries listlessly
Sie waren um Mitternacht gepflückt worden
They had been plucked at midnight
die Kälte des Mondes war in sie eingedrungen
the coldness of the moon had entered into them
Eine lange Reihe von Jungen, die Kisten mit gestreiften Tulpen und gelben und roten Rosen trugen
A long line of boys carrying crates of striped tulips, and of yellow and red roses
Die Jungs bahnten sich ihren Weg durch die riesigen, jadegrünen Gemüsehaufen
the boys threaded their way through the huge, jade-green piles of vegetables
Unter dem Portikus mit seinen grauen, sonnengebleichten Säulen
Under the portico, with its grey, sun-bleached pillars

dort lungerte ein Trupp zerlumpter barhäuptiger Mädchen herum
there loitered a troop of draggled bareheaded girls
sie warteten darauf, dass die Auktion vorbei war
they were waiting for the auction to be over
Andere drängten sich um die Schwingtüren des Kaffeehauses auf der Piazza
Others crowded round the swinging doors of the coffee-house in the piazza
Die schweren Karrenpferde rutschten und stampften auf die rauhen Steine
The heavy cart-horses slipped and stamped upon the rough stones
die Pferde schüttelten ihre Glocken und ihr Zeug
the horses shook their bells and trappings
Einige der Fahrer lagen schlafend auf einem Stapel Säcke
Some of the drivers were lying asleep on a pile of sacks
Mit Irishals- und Kurzfüßen rannten die Tauben umher und sammelten Samen
Iris-necked and pink-footed, the pigeons ran about picking up seeds
Nach einer Weile winkte er einem Schönen zu und fuhr nach Hause
After a little while, he hailed a handsome and drove home
Einige Augenblicke lang verweilte er auf der Türschwelle
For a few moments he loitered upon the doorstep
Er sah sich auf dem stillen Platz um
he looked round at the silent square
leere, geschlossene Fensterläden und starre Jalousien
blank, close-shuttered windows, and staring blinds
Der Himmel war jetzt reiner Opal
The sky was pure opal now
und die Dächer der Häuser glänzten wie Silber gegen den Himmel
and the roofs of the houses glistened like silver against the sky
Aus einem Schornstein gegenüber stieg ein dünner Rauchkranz auf
From some chimney opposite a thin wreath of smoke was rising
Es kräuselte sich wie ein violettes Band durch die perlmuttfarbene Luft
It curled, a violet ribbon, through the nacre-coloured air
Venezianische Laternen hingen von der Decke des großen, eichengetäfelten Eingangs
Venetian lanterns hung from the ceiling of the great, oak-panelled entrance

sie waren die Beute eines Dogenkahns gewesen
they had been the spoil of some Doge's barge
ihre Lichter brannten immer noch von drei flackernden Düsen
their lights were still burning from three flickering jets
dünne blaue Flammenblätter schienen sie zu sein, umrandet von weißem Feuer
thin blue petals of flame they seemed, rimmed with white fire
Er wies sie hinaus, warf Hut und Umhang auf den Tisch
He turned them out and, having thrown his hat and cape on the table
Er ging durch die Bibliothek auf die Tür seines Schlafzimmers zu
he passed through the library towards the door of his bedroom
eine große achteckige Kammer im Erdgeschoss
a large octagonal chamber on the ground floor
In seinem neugeborenen Gefühl für Luxus hatte er gerade das Zimmer dekorieren lassen
in his new-born feeling for luxury, he had just had decorated the room
er hatte einige merkwürdige Renaissance-Wandteppiche aufgehängt
he had hung some curious Renaissance tapestries
Wandteppiche, die auf einem stillgelegten Dachboden in Selby Royal entdeckt worden waren
tapestries that had been discovered in a disused attic at Selby Royal
Als er die Klinke der Tür drehte, fiel sein Blick auf sein Bild
As he was turning the handle of the door, his eye fell on his picture
das Porträt, das Basil Hallward von ihm gemalt hatte
the portrait Basil Hallward had painted of him
Er fuhr wie überrascht zurück
He started back as if in surprise
Dann ging er in sein Zimmer und sah etwas verwirrt aus
Then he went on into his own room, looking somewhat puzzled
Nachdem er das Knopfloch aus dem Rock genommen hatte, schien er zu zögern
After he had taken the button-hole out of his coat, he seemed to hesitate
Schließlich kam er zurück, ging zu dem Bild und betrachtete es
Finally, he came back, went over to the picture, and examined it
In dem schwachen, angehaltenen Licht, das sich durch die cremefarbenen Seidenjalousien kämpfte
In the dim arrested light that struggled through the cream-coloured silk blinds

das Gesicht schien ihm ein wenig verändert zu sein
the face appeared to him to be a little changed
Der Ausdruck sah anders aus
The expression looked different
Man hätte sagen können, dass ein Hauch von Grausamkeit im Mund lag
One would have said that there was a touch of cruelty in the mouth
Es war auf jeden Fall seltsam
It was certainly strange
Er drehte sich um, ging zum Fenster und zog die Jalousie hoch.
He turned round and, walking to the window, drew up the blind.
Die helle Morgendämmerung durchflutete den Raum
The bright dawn flooded the room
und das Licht fegte die phantastischen Schatten in düstere Winkel
and the light swept the fantastic shadows into dusky corners
und da lagen die Schatten schaudernd
and there the shadows lay shuddering
Aber der seltsame Ausdruck schien dort zu verweilen
But the strange expression seemed to linger there
Der seltsame Ausdruck schien sich noch mehr verstärkt zu haben
the strange expression seemed to have intensified even more
Das zitternde, glühende Sonnenlicht zeigte ihm die Linien der Grausamkeit um den Mund
The quivering ardent sunlight showed him the lines of cruelty round the mouth
es war so klar, als hätte er in einen Spiegel geschaut
it was as clearly as if he had been looking into a mirror
nachdem er etwas Schreckliches getan hatte
after he had done some dreadful thing
Er zuckte zusammen und nahm ein ovales Glas vom Tisch, das von elfenbeinfarbenen Amoren umrahmt war
He winced and and took up from the table an oval glass framed in ivory Cupids
eines von Lord Henrys vielen Geschenken an ihn
one of Lord Henry's many presents to him
er warf einen hastigen Blick in seine polierten Tiefen
he glanced hurriedly into its polished depths
Kein solcher Strich verzerrte seine roten Lippen
No line like that warped his red lips
Was bedeutete das?
What did it mean?

Er rieb sich die Augen
He rubbed his eyes
Er trat nahe an das Bild heran und betrachtete es noch einmal
he came close to the picture, and examined it again
Es gab keine Anzeichen für eine Veränderung, als er sich das eigentliche Gemälde ansah
There were no signs of any change when he looked into the actual painting
und doch war es kein Zweifel, daß sich der ganze Ausdruck verändert hatte
and yet there was no doubt that the whole expression had altered
Es war nicht nur eine Einbildung von ihm
It was not a mere fancy of his own
Die Sache war schrecklich offensichtlich
The thing was horribly apparent
Er warf sich in einen Stuhl und begann nachzudenken
He threw himself into a chair and began to think
Plötzlich blitzte ihm eine Erinnerung durch den Kopf
Suddenly there flashed across his mind a memory
das, was er in Basil Hallwards Atelier gesagt hatte, als der Film fertig war
the thing that he had said in Basil Hallward's studio the day the picture had been finished
Ja, er erinnerte sich genau daran
Yes, he remembered it perfectly
Er hatte den wahnsinnigen Wunsch geäußert, daß er selbst jung bleiben und das Porträt alt werden möchte
He had uttered a mad wish that he himself might remain young, and the portrait grow old
er hatte sich gewünscht, daß seine eigene Schönheit ungetrübt bleiben möge
he had wished that his own beauty might be untarnished
und er hatte gewünscht, dass das Gesicht auf der Leinwand die Last seiner Leidenschaften und Sünden trage
and he had wished the face on the canvas bear the burden of his passions and his sins
er hatte sich gewünscht, dass das gemalte Bild von den Linien des Leidens und des Denkens versengt sein möge
he had wished that the painted image might be seared with the lines of suffering and thought
und er wünschte, all die zarte Blüte und Lieblichkeit seiner damals

noch bewußten Knabenzeit zu bewahren
and he wished to keep all the delicate bloom and loveliness of his then just conscious boyhood
Sicherlich war sein Wunsch nicht in Erfüllung gegangen? Solche Dinge waren unmöglich
Surely his wish had not been fulfilled? Such things were impossible
Es schien ungeheuerlich, auch nur an so unmögliche Dinge zu denken
It seemed monstrous even to think of such impossible things
Und doch lag das Bild vor ihm
And, yet, there was the picture before him
Das Bild mit dem Hauch von Grausamkeit im Mund
the picture with the touch of cruelty in the mouth
Grausamkeit! War er grausam gewesen?
Cruelty! Had he been cruel?
Es war die Schuld des Mädchens, nicht seine
It was the girl's fault, not his
Er hatte von ihr als einer großen Künstlerin geträumt
He had dreamed of her as a great artist
er hatte ihr seine Liebe geschenkt, weil er sie für großartig gehalten hatte
he had given his love to her because he had thought her great
Dann hatte sie ihn enttäuscht
Then she had disappointed him
Sie war oberflächlich und unwürdig gewesen
She had been shallow and unworthy
Und doch überkam ihn ein Gefühl unendlichen Bedauerns
And, yet, a feeling of infinite regret came over him
Er dachte daran, wie sie zu seinen Füßen lag und schluchzte wie ein kleines Kind
he thought of her lying at his feet sobbing like a little child
Er erinnerte sich, mit welcher Gefühllosigkeit er sie beobachtet hatte
He remembered with what callousness he had watched her
Warum war er so gemacht worden?
Why had he been made like that?
Warum war ihm eine solche Seele gegeben worden?
Why had such a soul been given to him?
Aber er hatte auch gelitten
But he had suffered also
Während der drei schrecklichen Stunden, die das Stück gedauert

hatte,
During the three terrible hours that the play had lasted
Er hatte Jahrhunderte des Schmerzes erlebt
he had lived centuries of pain
Es war Äon um Äon der Folter
it was aeon upon aeon of torture
Sein Leben war so viel wert wie ihres
His life was worth as much as hers
Sie hatte ihn für einen Augenblick verunstaltet, wenn er sie für eine Ewigkeit verwundet hatte
She had marred him for a moment, if he had wounded her for an age
Außerdem waren Frauen besser geeignet, Kummer zu ertragen als Männer
Besides, women were better suited to bear sorrow than men
Sie lebten von ihren Gefühlen
They lived on their emotions
Sie dachten nur an ihre Gefühle
They only thought of their emotions
Wenn sie Liebhaber nahmen, dann nur, um jemanden zu haben, mit dem sie Szenen haben konnten
When they took lovers, it was merely to have someone with whom they could have scenes
Lord Henry hatte ihm folgendes gesagt
Lord Henry had told him this
und Lord Henry wußte, was Frauen waren
and Lord Henry knew what women were
Warum sollte er sich um Sibyl Vane kümmern?
Why should he trouble about Sibyl Vane?
Sie war jetzt nichts mehr für ihn
She was nothing to him now
Aber das Bild?
But the picture?
Was sollte er dazu sagen?
What was he to say of that?
sein Bild enthielt das Geheimnis seines Lebens und erzählte seine Geschichte
his picture held the secret of his life, and told his story
sein Bild hatte ihn gelehrt, seine eigene Schönheit zu lieben
his picture had taught him to love his own beauty
Würde sein Bild ihn lehren, seine eigene Seele zu verabscheuen?
Would his picture teach him to loathe his own soul?

Würde er sich sein Bild jemals wieder ansehen?
Would he ever look at his picture again?
Nein; es war nur eine Illusion, die von den gestörten Sinnen verursacht wurde
No; it was merely an illusion wrought on by the troubled senses
Die schreckliche Nacht, die er verbracht hatte, hatte Phantome hinterlassen
The horrible night that he had passed had left phantoms behind it
Plötzlich war in sein Gehirn jener winzige scharlachrote Fleck gefallen, der die Menschen wahnsinnig macht
Suddenly there had fallen upon his brain that tiny scarlet speck that makes men mad
Das Bild hatte sich nicht geändert
The picture had not changed
Es war töricht, so zu denken
It was folly to think so
und doch beobachtete ihn sein Bild mit seinem schönen, entstellten Gesicht und seinem grausamen Lächeln
and yet his picture was watching him with its beautiful marred face and its cruel smile
Sein helles Haar glänzte im frühen Sonnenlicht
Its bright hair gleamed in the early sunlight
Seine blauen Augen trafen seine eigenen
Its blue eyes met his own
Ein Gefühl unendlichen Mitleids, nicht für sich selbst, sondern für das gemalte Bild seiner selbst, überkam ihn
A sense of infinite pity, not for himself, but for the painted image of himself, came over him
sein Bild hatte sich bereits verändert und würde sich noch mehr verändern
his picture had altered already, and would alter more
das Gold würde zu Grau verwelken
the gold would wither into grey
die roten und weißen Rosen würden sterben
the red and white roses would die
Für jede Sünde, die er beging, würde ein Fleck die Fairness des Porträts beflecken und zerstören
For every sin that he committed, a stain would fleck and wreck the portrait's fairness
Aber er wollte nicht sündigen
But he was not going to sin

Das Bild, verändert oder unverändert, würde für ihn das sichtbare Emblem des Gewissens sein
The picture, changed or unchanged, would be to him the visible emblem of conscience
Er würde der Versuchung widerstehen
He would resist temptation
Er würde Lord Henry nicht mehr sehen
He would not see Lord Henry any more
Jedenfalls würde er nicht auf diese subtilen, giftigen Theorien hören
he would not, at any rate, listen to those subtle poisonous theories
im Garten des lieben Basil hatten sie zuerst die Leidenschaft für unmögliche Dinge in ihm geweckt
in dear Basil's garden they had first stirred within him the passion for impossible things
Er würde zu Sibyl Vane zurückkehren
He would go back to Sibyl Vane
er würde sie dazu bringen, sich zu bessern, sie zu heiraten, sie wieder zu lieben.
he would make her amend, marry her, try to love her again.
Ja, es war seine Pflicht, dies zu tun
Yes, it was his duty to do so
Sie muss mehr gelitten haben als er
She must have suffered more than he had
Armes Kind! Er war selbstsüchtig und grausam zu ihr gewesen
Poor child! He had been selfish and cruel to her
Die Faszination, die sie auf ihn ausgeübt hatte, würde zurückkehren
The fascination that she had exercised over him would return
Sie würden zusammen glücklich sein
They would be happy together
Sein Leben mit ihr würde schön und rein sein
His life with her would be beautiful and pure
Er erhob sich von seinem Stuhl
He got up from his chair
und er zog einen Paravent direkt vor das Porträt
and he pulled a screen right in front of the portrait
Er schauderte, als er das Bild betrachtete
he shuddered as he glanced at the picture
»Wie schrecklich!« murmelte er vor sich hin
"How horrible!" he murmured to himself

und er ging zum Fenster und öffnete es
and he walked across to the window and opened it
Als er auf das Gras trat, holte er tief Luft
When he stepped out on to the grass, he drew a deep breath
Die frische Morgenluft schien alle seine düsteren Leidenschaften zu vertreiben
The fresh morning air seemed to drive away all his sombre passions
Er dachte nur an Sibylle
He thought only of Sibyl
Ein schwaches Echo seiner Liebe kehrte zu ihm zurück
A faint echo of his love came back to him
Er wiederholte ihren Namen immer und immer wieder
He repeated her name over and over again
Die Vögel, die im taunassen Garten sangen, schienen den Blumen von ihr zu erzählen
The birds that were singing in the dew-drenched garden seemed to be telling the flowers about her

Achtes Kapitel
Chapter Eight

Es war schon lange nach Mittag, als er erwachte
It was long past noon when he awoke
Sein Kammerdiener hatte sich mehrmals auf den Zehenspitzen in das Zimmer geschlichen
His valet had crept several times on tiptoe into the room
um zu sehen, ob Dorian aus seinem Schlaf erwachte
to see if Dorian was stirring from his sleep
und er hatte sich gefragt, warum sein junger Herr so lange schlafen ließ
and he had wondered what made his young master sleep so late
Endlich ertönte seine Glocke, und Victor kam leise mit einer Tasse Tee herein
Finally his bell sounded, and Victor came in softly with a cup of tea
und er hatte einen Stapel Briefe auf einem kleinen Tablett mit altem Sèvres-Porzellan
and he had a pile of letters, on a small tray of old Sevres china
Er zog die olivfarbenen Satinvorhänge mit ihrem blau schimmernden Futter zurück
he drew back the olive-satin curtains, with their shimmering blue lining
die Vorhänge, die vor den drei hohen Fenstern hingen
the curtains that hung in front of the three tall windows
»Monsieur hat heute morgen gut geschlafen«, sagte er lächelnd
"Monsieur has well slept this morning," he said, smiling
»Wie viel Uhr ist es, Victor?« fragte Dorian Gray schläfrig
"What o'clock is it, Victor?" asked Dorian Gray drowsily
»Eineinviertel Stunden, Monsieur.«
"One hour and a quarter, Monsieur"
Er richtete sich auf, nippte an einem Tee und blätterte in seinen Briefen
He sat up, and having sipped some tea, turned over his letters
Einer der Briefe war von Lord Henry und war an diesem Morgen von Hand gebracht worden
One of the letters was from Lord Henry, and had been brought by hand that morning
Er zögerte einen Augenblick und legte dann den Umschlag beiseite
He hesitated for a moment, and then put the envelope aside
Die anderen Briefe öffnete er teilnahmslos
The other letters he opened listlessly

Sie enthielten die übliche Sammlung von Karten und Einladungen zum Essen
They contained the usual collection of cards and invitations to dinner
Eintrittskarten für Vernissagen, Programme von Benefizkonzerten und dergleichen
tickets for private views, programmes of charity concerts, and the like
die üblichen Einladungen, die während der Saison jeden Morgen auf modische junge Männer überschüttet wurden
the usual invitations showered on fashionable young men every morning during the season
Es gab eine ziemlich hohe Rechnung für eine ziselierte silberne Louis-Quinze-Toilettengarnitur
There was a rather heavy bill for a chased silver Louis-Quinze toilet-set
er hatte noch nicht den Mut gehabt, die Rechnung an seine Vormünder zu schicken
he had not yet had the courage to send the bill to his guardians
seine Eltern waren extrem altmodische Leute
his parents were extremely old-fashioned people
Sie haben nicht erkannt, dass wir in einer Zeit leben, in der unnötige Dinge unsere einzigen Notwendigkeiten sind
they did not realize we live in an age when unnecessary things are our only necessities
und es gab mehrere höflich formulierte Mitteilungen von Geldverleihern aus der Jermyn Street
and there were several courteously worded communications from Jermyn Street money-lenders
sie boten an, jede Geldsumme sofort vorzuschießen
they offered to advance any sum of money at a moment's notice
und sie boten die günstigsten Zinssätze
and they offered the most reasonable rates of interest
Nach etwa zehn Minuten stand er auf
After about ten minutes he got up
Er warf sich einen kunstvollen Schlafrock aus seidengestickter Kaschmirwolle über
he threw on on an elaborate dressing-gown of silk-embroidered cashmere wool
und er trat in das mit Onyx gepflasterte Badezimmer
and he passed into the onyx-paved bathroom
Das kühle Nass erfrischte ihn nach seinem langen Schlaf
The cool water refreshed him after his long sleep

Er schien alles vergessen zu haben, was er durchgemacht hatte
He seemed to have forgotten all that he had gone through
Ein- oder zweimal überkam ihn das dumpfe Gefühl, an einer seltsamen Tragödie teilgenommen zu haben
A dim sense of having taken part in some strange tragedy came to him once or twice
aber da war die Unwirklichkeit eines Traumes über die Erinnerung
but there was the unreality of a dream about the memory
Sobald er angekleidet war, ging er in die Bibliothek
As soon as he was dressed, he went into the library
das Frühstück war für ihn auf einem kleinen runden Tisch in der Nähe des offenen Fensters gedeckt worden
breakfast had been laid out for him on a small round table close to the open window
Es war ein exquisiter Tag
It was an exquisite day
Die warme Luft schien mit Gewürzen beladen zu sein
The warm air seemed laden with spices
Eine Biene flog herein und schwirrte um die blaue Drachenschale herum
A bee flew in and buzzed round the blue-dragon bowl
Die Schale war mit schwefelgelben Rosen gefüllt
the bowl was filled with sulphur-yellow roses
Er fühlte sich vollkommen glücklich
He felt perfectly happy
Plötzlich fiel sein Blick auf den Bildschirm, den er vor dem Porträt platziert hatte
Suddenly his eye fell on the screen that he had placed in front of the portrait
Einen Augenblick lang erschrak er wieder
for a moment he started was startle again
»Zu kalt für Monsieur?« fragte sein Kammerdiener und stellte ein Omelett auf den Tisch
"Too cold for Monsieur?" asked his valet, putting an omelette on the table
»Soll ich das Fenster schließen?« bot der Kammerdiener an
"should I shut the window?" the valet offered
Dorian schüttelte den Kopf. »Mir ist nicht kalt«, murmelte er
Dorian shook his head. "I am not cold," he murmured
War das alles wahr? Hatte sich das Porträt wirklich verändert?
Was it all true? Had the portrait really changed?

Oder war es einfach seine eigene Einbildung gewesen?
Or had it been simply his own imagination?
Hatte seine Phantasie ihn einen bösen Blick sehen lassen, wo ein Blick der Freude gewesen war?
had his imagination made him see a look of evil where there had been a look of joy?
Eine bemalte Leinwand konnte sich doch nicht verändern?
Surely a painted canvas could not alter?
Der Gedanke daran war absurd
The idea of it was absurd
Es würde als eine Geschichte dienen, die man Basil eines Tages erzählen könnte
It would serve as a tale to tell Basil some day
eine solche Geschichte würde ihn zum Lächeln bringen
such a story would make him smile
Und doch, wie lebhaft war seine Erinnerung an die ganze Sache!
And, yet, how vivid was his recollection of the whole thing!
Zuerst in der dämmrigen Dämmerung und dann in der hellen Morgendämmerung
First in the dim twilight, and then in the bright dawn
Er hatte den Hauch von Grausamkeit um die verzogenen Lippen gesehen
he had seen the touch of cruelty round the warped lips
Er fürchtete fast, dass sein Kammerdiener das Zimmer verließ
He almost dreaded his valet leaving the room
Er wusste, dass er, wenn er allein war, das Porträt untersuchen musste
He knew that when he was alone he would have to examine the portrait
Er fürchtete sich vor der Gewissheit
He was afraid of certainty
Der Kaffee und die Zigaretten waren gebracht worden, und der Mann drehte sich um, um zu gehen
the coffee and cigarettes had been brought and the man turned to go
Dorian verspürte ein wildes Verlangen, ihm zu sagen, dass er bleiben solle
Dorian felt a wild desire to tell him to remain
Als sich die Tür hinter ihm schloss, rief er ihn zurück
As the door was closing behind him, he called him back
Der Mann stand da und wartete auf seine Befehle
The man stood waiting for his orders

Dorian sah ihn einen Moment lang an
Dorian looked at him for a moment
»Ich bin heute nicht zu Hause, Victor«, sagte er mit einem Seufzer
"I am not at home today, Victor," he said with a sigh
Der Mann verbeugte sich und verließ den Raum
The man bowed and left the room
Dann erhob er sich vom Tisch und zündete sich eine Zigarette an
Then he rose from the table and lit a cigarette
Er warf sich auf ein luxuriös gepolstertes Sofa
he flung himself down on a luxuriously cushioned couch
die Couch, die dem Bildschirm des Porträts zugewandt stand
the couch that stood facing the screen of the portrait
Der Schirm des Porträts war ein alter Schirm aus vergoldetem spanischem Leder
The screen of the portrait was an old one, of gilt Spanish leather
das Leder war mit einem ziemlich blumigen Louis-Quatorze-Muster gestanzt und geschmiedet worden
the leather had been stamped and wrought with a rather florid Louis-Quatorze pattern
Neugierig scannte er das Leder
He scanned the leather curiously
Er fragte sich, ob vor dem Schirm das Geheimnis des Lebens eines Mannes verborgen war
he wondered if before the screen was concealed the secret of a man's life
Sollte er es doch beiseite schieben?
Should he move it aside, after all?
Warum sollte es nicht dort bleiben?
Why not let it stay there?
Was nützte das Wissen?
What was the use of knowing?
Wenn die Sache wahr war, war sie schrecklich
If the thing was true, it was terrible
Wenn es nicht wahr war, warum sollte man sich dann darum kümmern?
If it was not true, why trouble about it?
Aber was wäre, wenn es durch ein Schicksal oder einen tödlicheren Zufall jemand gesehen hätte?
But what if, by some fate or deadlier chance someone saw it?
Andere Augen als seine könnten hinter ihm spionieren und die schreckliche Veränderung sehen

eyes other than his might spy behind and see the horrible change
Was würde er tun, wenn Basil Hallward käme und ihn bat, sich sein eigenes Bild anzusehen?
What would he do if Basil Hallward came and asked to look at his own picture?
der liebe Basil würde das sicher tun
dear Basil would be sure to do that
Nein; die Sache mußte untersucht werden, und zwar sofort
No; the thing had to be examined, and at once
Alles wäre besser als dieser schreckliche Zustand des Zweifels
Anything would be better than this dreadful state of doubt
Er stand auf und schloss beide Türen ab
He got up and locked both doors
Wenigstens würde er allein sein, wenn er die Maske seiner Schande betrachtete
At least he would be alone when he looked upon the mask of his shame
Dann zog er den Bildschirm zur Seite und sah sich von Angesicht zu Angesicht
Then he drew the screen aside and saw himself face to face
Es war vollkommen richtig; das Porträt hatte sich verändert
It was perfectly true; the portrait had altered
er ertappte sich zuerst dabei, wie er das Porträt betrachtete
he found himself at first gazing at the portrait
er betrachtete es mit einem Gefühl fast wissenschaftlichen Interesses
he looked at it with a feeling of almost scientific interest
Das Wunder war kein kleines Wunder
the marvel was no small wonder
später erinnerte er sich oft an die Natur seiner Neugier
afterwards he often remembered the nature of his curiosity
Dass eine solche Veränderung stattgefunden hatte, war für ihn unglaublich
That such a change should have taken place was incredible to him
Und doch war es eine Tatsache
And yet it was a fact
Gab es eine subtile Affinität zwischen den chemischen Atomen?
Was there some subtle affinity between the chemical atoms?
die Atome, die sich auf der Leinwand zu Form und Farbe geformt haben?
the atoms that shaped themselves into form and colour on the

canvas?
Und die Atome der Seele, die in ihm war?
and the atoms of the soul that was within him?
Könnte es sein, dass diese Seele das, was sie dachte, erreicht hat?
Could it be that what that soul thought, they achieved?
dass sie das, was sie träumte, wahr machten?
that what it dreamed, they made true?
Oder gab es einen anderen, schrecklicheren Grund?
Or was there some other, more terrible reason?
Er schauderte und fürchtete sich
He shuddered, and felt afraid
Er ging zurück zur Couch und lag dort
going back to the couch and he lay there
Er verbrachte seine Zeit damit, das Bild mit angewidertem Entsetzen zu betrachten
he spent his time gazing at the picture in sickened horror
Es gab jedoch eine Sache, von der er fühlte, daß sie für ihn getan hatte
there was one thing, however, he felt that it had done for him
Es hatte ihm bewusst gemacht, wie ungerecht und grausam er gegen Sibyl Vane gewesen war
It had made him conscious how unjust and cruel he had been to Sibyl Vane
Es war noch nicht zu spät, Wiedergutmachung dafür zu leisten
It was not too late to make reparation for that
Sie könnte immer noch seine Frau sein
She could still be his wife
Seine unwirkliche und selbstsüchtige Liebe würde einem höheren Einfluß weichen
His unreal and selfish love would yield to some higher influence
seine Liebe würde sich in eine edlere Leidenschaft verwandeln
his love would be transformed into some nobler passion
das Porträt, das der liebe Basil von ihm gemalt hatte, sollte ihm ein Wegweiser durchs Leben sein
the portrait dear Basil had painted of him would be a guide to him through life
sein Porträt wäre für ihn das, was Heiligkeit für manche ist
his portrait would be to him what holiness is to some
es wäre das, was das Gewissen für andere ist
it would be what conscience is to others
und es wäre das, was die Gottesfurcht für uns alle ist

and it would be what the fear of God is to us all
Es gab Opiate für die Reue
There were opiates for remorse
Drogen, die das moralische Empfinden in den Schlaf wiegen könnten
drugs that could lull the moral sense to sleep
Aber hier war ein sichtbares Symbol für die Erniedrigung der Sünde
But here was a visible symbol of the degradation of sin
Hier war ein allgegenwärtiges Zeichen des Verderbens, das die Menschen über ihre Seelen gebracht hatten
Here was an ever-present sign of the ruin men brought upon their souls
Es schlug drei Uhr und vier, und die halbe Stunde läutete ihr doppeltes Glockenspiel
Three o'clock struck, and four, and the half-hour rang its double chime
aber Dorian Gray rührte sich nicht von der Couch
but Dorian Gray did not stir from the couch
Er versuchte, die scharlachroten Fäden des Lebens zu sammeln
He was trying to gather up the scarlet threads of life
und er versuchte, die Fäden zu einem Muster zu verweben
and he was trying to weave the threads into a pattern
er versuchte, seinen Weg durch das sanguinische Labyrinth der Leidenschaft zu finden
he was trying to find his way through the sanguine labyrinth of passion
Er wußte nicht, was er tun oder denken sollte
He did not know what to do, or what to think
Schließlich ging er zum Tisch hinüber
Finally, he went over to the table
und er schrieb einen leidenschaftlichen Brief an das Mädchen, das er geliebt hatte
and he wrote a passionate letter to the girl he had loved
er flehte sie um Verzeihung an und beschuldigte sich selbst des Wahnsinns
he implored her forgiveness and accused himself of madness
Er bedeckte Seite um Seite mit wilden Worten der Trauer
He covered page after page with wild words of sorrow
und er schrieb noch wildere Worte des Schmerzes
and he wrote even wilder words of pain

Es liegt ein Luxus in Selbstvorwürfen
There is a luxury in self-reproach
Wenn wir uns selbst die Schuld geben, haben wir das Gefühl, dass niemand sonst das Recht hat, uns die Schuld zu geben
When we blame ourselves, we feel that no one else has a right to blame us
Es ist die Beichte, nicht der Priester, die uns die Absolution erteilt
It is the confession, not the priest, that gives us absolution
Als Dorian den Brief beendet hatte, fühlte er, daß ihm vergeben worden war
When Dorian had finished the letter, he felt that he had been forgiven
Plötzlich klopfte es an der Tür
Suddenly there came a knock to the door
und er hörte Lord Henrys Stimme draußen
and he heard Lord Henry's voice outside
»Mein lieber Junge, ich muß dich sehen, laß mich sofort herein.«
"My dear boy, I must see you, let me in at once"
"Ich kann es nicht ertragen, dass du dich so zum Schweigen bringst."
"I can't bear your shutting yourself up like this"
Er antwortete zunächst nicht, sondern blieb ganz ruhig
He made no answer at first, but remained quite still
Das Klopfen ging weiter und wurde lauter
The knocking still continued and grew louder
Ja, es war besser, Lord Henry hereinzulassen.
Yes, it was better to let Lord Henry in
es war besser, ihm das neue Leben zu erklären, das er führen würde
it was better to explain to him the new life he was going to lead
es war besser, mit ihm zu streiten, wenn es notwendig wurde, sich zu streiten
it was better to quarrel with him if it became necessary to quarrel
Er sprang auf und zeichnete den Bildschirm hastig über das Bild
He jumped up and drew the screen hastily across the picture
und dann schloß er seinem Besucher die Tür auf
and then he unlocked the door to his visitor
»Es tut mir so leid, Dorian«, sagte Lord Henry, als er eintrat
"I am so sorry for it all, Dorian," said Lord Henry as he entered
"Aber man darf nicht zu viel darüber nachdenken"
"But you must not think too much about it"
»Meinst du von Sibyl Vane?« fragte der Bursche

"Do you mean about Sibyl Vane?" asked the lad
»Ja, natürlich«, antwortete Lord Henry
"Yes, of course," answered Lord Henry
und er sank in einen Stuhl und zog langsam seine gelben Handschuhe aus
and he sunk into a chair and slowly pulled off his yellow gloves
"Es ist schrecklich, von einem Standpunkt aus, aber es war nicht deine Schuld"
"It is dreadful, from one point of view, but it was not your fault"
»Sag mir, bist du zurückgegangen und hast sie gesehen, nachdem das Stück zu Ende war?«
"Tell me, did you go behind and see her, after the play was over?"
"Ja", antwortete Dorian
"Yes," answered Dorian
"Ich war sicher, dass du es getan hast."
"I felt sure you had"
"Hast du eine Szene mit ihr gemacht?"
"Did you make a scene with her?"
»Ich war brutal, Harry – vollkommen brutal.«
"I was brutal, Harry—perfectly brutal"
"Aber jetzt ist alles in Ordnung"
"But it is all right now"
"Es tut mir nicht leid, was passiert ist"
"I am not sorry for anything that has happened"
"Es hat mich gelehrt, mich selbst besser kennenzulernen"
"It has taught me to know myself better"
"Ah, Dorian, ich bin so froh, dass du es so aufnimmst!"
"Ah, Dorian, I am so glad you take it in that way!"
"Ich hatte Angst, dass du in Reue versunken sein würdest."
"I was afraid I would find you plunged in remorse"
"Ich wollte nicht, dass du dir dein schönes lockiges Haar ausreißt"
"I didn't want you tearing out that nice curly hair of yours"
»Ich habe das alles überstanden«, sagte Dorian, schüttelte den Kopf und lächelte
"I have got through all that," said Dorian, shaking his head and smiling
"Ich bin jetzt wunschlos glücklich"
"I am perfectly happy now"
"Ich weiß zunächst, was Gewissen ist"
"I know what conscience is, to begin with"
"Das Gewissen ist nicht das, was du mir gesagt hast"

"conscience is not what you told me it was"
"Es ist das Göttlichste in uns"
"It is the divinest thing in us"
»Spotten Sie nicht mehr, Harry, wenigstens nicht vor mir.«
"Don't sneer at it, Harry, any more—at least not before me"
"Ich will gut sein"
"I want to be good"
"Ich kann den Gedanken nicht ertragen, dass meine Seele hässlich ist"
"I can't bear the idea of my soul being hideous"
"Eine sehr charmante künstlerische Grundlage für Ethik, Dorian! Ich gratuliere Ihnen dazu."
"A very charming artistic basis for ethics, Dorian! I congratulate you on it"
"Aber wie willst du anfangen?"
"But how are you going to begin?"
"Ich werde damit beginnen, Sibyl Vane zu heiraten"
"I will begin by marrying Sibyl Vane"
»Sibyl Vane heiraten!« rief Lord Henry
"Marrying Sibyl Vane!" cried Lord Henry
und er stand auf und sah ihn verwirrt an
and he stood up and looked at him in perplexed amazement
»Aber, mein lieber Dorian –«
"But, my dear Dorian—"
"Ja, Harry, ich weiß, was du sagen wirst."
"Yes, Harry, I know what you are going to say"
»Sie werden etwas Schreckliches über die Ehe sagen. Tun Sie es nicht"
"You're going to say something dreadful about marriage. Don't"
"Sag nie wieder solche Dinge zu mir"
"Don't ever say things of that kind to me again"
"Vor zwei Tagen habe ich Sibyl einen Heiratsantrag gemacht"
"Two days ago I asked Sibyl to marry me"
"Ich werde mein Wort ihr gegenüber nicht brechen"
"I am not going to break my word to her"
"Sie soll meine Frau werden"
"She is to be my wife"
»Ihre Frau! Dorian! ..."
"Your wife! Dorian! ..."
"Hast du meinen Brief nicht bekommen?"
"Didn't you get my letter?"

»Ich habe Ihnen heute morgen geschrieben und den Brief durch meinen eigenen Mann hinuntergeschickt.«
"I wrote to you this morning, and sent the note down by my own man"
»Ihr Brief? Oh ja, ich erinnere mich."
"Your letter? Oh, yes, I remember"
"Ich habe es noch nicht gelesen, Harry"
"I have not read it yet, Harry"
"Ich hatte Angst, dass etwas darin sein könnte, das mir nicht gefallen würde."
"I was afraid there might be something in it that I wouldn't like"
"Du zerschneidest das Leben mit deinen Epigrammen"
"You cut life to pieces with your epigrams"
»Sie wissen also nichts?«
"You know nothing then?"
»Was meinst du?«
"What do you mean?"
Lord Henry ging durch den Raum
Lord Henry walked across the room
er setzte sich neben Dorian Gray und nahm seine beiden Hände
he sat down by Dorian Gray and took both his hands
»Dorian«, sagte er, »mein Brief. Hab keine Angst"
"Dorian," he said, "my letter. Don't be frightened"
»Mein Brief sollte Ihnen sagen, daß Sibyl Vane tot ist.«
"My letter was to tell you that Sibyl Vane is dead"
Ein Schmerzensschrei brach von den Lippen des Knaben
A cry of pain broke from the lad's lips
er sprang auf die Füße und riss seine Hände aus Lord Henrys Griff los."
he leaped to his feet, tearing his hands away from Lord Henry's grasp"
»Tot! Sibylle tot! Es ist nicht wahr!"
"Dead! Sibyl dead! It is not true!"
"Es ist eine schreckliche Lüge! Wie kannst du es wagen, das zu sagen?"
"It is a horrible lie! How dare you say it?"
»Es ist ganz wahr, Dorian«, sagte Lord Henry ernst
"It is quite true, Dorian," said Lord Henry, gravely
"Es steht in allen Morgenzeitungen"
"It is in all the morning papers"
»Ich habe Ihnen geschrieben, um Sie zu bitten, niemanden zu

sehen, bis ich komme.«
"I wrote down to you to ask you not to see any one till I came"
"Es wird natürlich eine Untersuchung geben müssen"
"There will have to be an inquest, of course"
»und Sie dürfen nicht in die Ermittlungen verwickelt werden.«
"and you must not be mixed up in the investigation"
"Solche Dinge machen einen Mann in Paris modisch"
"Things like that make a man fashionable in Paris"
"Aber in London sind die Leute so voreingenommen"
"But in London people are so prejudiced"
"Hier sollte man sich nie mit einem Skandal verabschieden"
"Here, one should never make one's début with a scandal"
"Das sollte man sich vorbehalten, um sich für das Alter zu interessieren"
"One should reserve that to give an interest to one's old age"
»Ich nehme an, sie kennen Ihren Namen im Theater nicht?«
"I suppose they don't know your name at the theatre?"
"Wenn sie deinen Namen nicht kennen, ist es in Ordnung"
"If they don't know your name, it is all right"
»Hat dich jemand in ihr Zimmer gehen sehen?«
"Did anyone see you going round to her room?"
"Das ist ein wichtiger Punkt"
"That is an important point"
Dorian antwortete einige Augenblicke lang nicht
Dorian did not answer for a few moments
Er war benommen vor Entsetzen
He was dazed with horror
Schließlich stammelte er mit erstickter Stimme
Finally he stammered, in a stifled voice
"Harry, hast du eine Untersuchung gesagt?"
"Harry, did you say an inquest?"
»Was meinten Sie damit?«
"What did you mean by that?"
»Hat Sibylle –? Oh, Harry, ich kann es nicht ertragen!«
"Did Sibyl—? Oh, Harry, I can't bear it!"
»Aber beeilen Sie sich. Erzähl mir alles auf einmal."
"But be quick. Tell me everything at once."
"Ich habe keinen Zweifel daran, dass es kein Unfall war, Dorian."
"I have no doubt it was not an accident, Dorian"
"obwohl es der Öffentlichkeit auf diese Weise mitgeteilt werden muss"

"though it must be put in that way to the public"
"Es scheint, dass sie mit ihrer Mutter das Theater verlassen hat"
"It seems that she was leaving the theatre with her mother"
"Sie sagte, sie hätte oben etwas vergessen"
"she said she had forgotten something upstairs"
"Sie haben einige Zeit auf sie gewartet"
"They waited some time for her"
"Aber sie kam nicht wieder herunter"
"but she did not come down again"
"Sie fanden sie schließlich tot auf dem Boden ihres Ankleidezimmers liegend"
"They ultimately found her lying dead on the floor of her dressing-room"
"Sie hatte aus Versehen etwas verschluckt"
"She had swallowed something by mistake"
"irgendein schreckliches Ding, das sie in Theatern benutzen"
"some dreadful thing they use at theatres"
"Ich weiß nicht, was sie geschluckt hat"
"I don't know what it was she swallowed"
"aber es enthielt entweder Blausäure oder weißes Blei"
"but it had either prussic acid or white lead in it"
»Ich glaube, es wäre Blausäure.«
"I should fancy it was prussic acid"
"weil sie augenblicklich gestorben zu sein scheint"
"because she seems to have died instantaneously"
»Harry, Harry, es ist schrecklich!« rief der Junge
"Harry, Harry, it is terrible!" cried the lad
»Jawohl; Es ist natürlich sehr tragisch."
"Yes; it is very tragic, of course"
»aber du darfst dich nicht darin verwickeln lassen.«
"but you must not get yourself mixed up in it"
"Ich sehe am Standard, dass sie siebzehn war"
"I see by The Standard that she was seventeen"
"Ich hätte denken sollen, sie wäre fast jünger als das"
"I should have thought she was almost younger than that"
"Sie sah so kindlich aus und schien so wenig über die Schauspielerei zu wissen"
"She looked such a child, and seemed to know so little about acting"
"Dorian, du darfst dir von dieser Sache nicht auf die Nerven gehen lassen"
"Dorian, you mustn't let this thing get on your nerves"

»Sie müssen mit mir speisen«
"You must come and dine with me"
"Und nachher schauen wir uns die Oper an"
"and afterwards we will look in at the opera"
"Es ist eine Patti-Nacht, und alle werden da sein"
"It is a Patti night, and everybody will be there"
"Du kannst in die Kiste meiner Schwester kommen"
"You can come to my sister's box"
"Sie hat einige kluge Frauen dabei"
"She has got some smart women with her"
»Ich habe also Sibyl Vane ermordet«, sagte Dorian Gray halb zu sich selbst
"So I have murdered Sibyl Vane," said Dorian Gray, half to himself
»Ich habe sie so sicher ermordet, als hätte ich ihr mit einem Messer die kleine Kehle durchgeschnitten.«
"I have murdered her as surely as if I had cut her little throat with a knife"
»Und doch sind die Rosen deshalb nicht weniger schön.«
"Yet the roses are not less lovely for all that"
"Die Vögel singen genauso fröhlich in meinem Garten"
"The birds sing just as happily in my garden"
»Und heute abend soll ich mit Ihnen speisen.«
"And tonight I am to dine with you"
"Und dann sollen wir in die Oper gehen"
"and then we are to go on to the opera"
»und ich nehme an, wir werden nachher irgendwo zu Abend essen.«
"and I suppose afterwards we will sup somewhere"
"Wie außerordentlich dramatisch das Leben ist!"
"How extraordinarily dramatic life is!"
"Wenn ich das alles in einem Buch gelesen hätte, Harry, hätte ich wohl darüber geweint."
"If I had read all this in a book, Harry, I think I would have wept over it"
"Aber jetzt, wo es mir passiert ist, scheint es viel zu wunderbar für Tränen"
"but now that it has happened to me it seems far too wonderful for tears"
"Hier ist der erste leidenschaftliche Liebesbrief, den ich je in meinem Leben geschrieben habe"
"Here is the first passionate love-letter I have ever written in my life"

»Merkwürdig, daß mein erster leidenschaftlicher Liebesbrief an ein totes Mädchen gerichtet ist.«
"Strange, that my first passionate love-letter has been addressed to a dead girl"

"Können sie, frage ich mich, diese weißen, schweigsamen Menschen fühlen, die wir Tote nennen?"
"Can they feel, I wonder, those white silent people we call the dead?"

»Sibylle! Kann sie fühlen, wissen oder zuhören?"
"Sibyl! Can she feel, or know, or listen?"

»Ach, Harry, wie ich sie einst geliebt habe!«
"Oh, Harry, how I loved her once!"

"Es kommt mir jetzt Jahre her vor"
"It seems years ago to me now"

"Sie war alles für mich"
"She was everything to me"

"Dann kam diese schreckliche Nacht"
"Then came that dreadful night"

»War es wirklich erst gestern abend?«
"was it really only last night?"

"Die Nacht, in der sie so schlecht auf der Bühne spielte"
"the night when she played so badly on stage"

"Dann Nacht, als mein Herz fast brach"
"then night when my heart almost broke"

"Sie hat mir alles erklärt"
"She explained it all to me"

"Es war schrecklich erbärmlich"
"It was terribly pathetic"

"Aber ich war kein bisschen gerührt"
"But I was not moved a bit"

"Ich dachte, sie ist oberflächlich"
"I thought her shallow"

"Plötzlich passierte etwas, das mir Angst machte"
"Suddenly something happened that made me afraid"

"Ich kann Ihnen nicht sagen, was es war, aber es war schrecklich"
"I can't tell you what it was, but it was terrible"

"Ich sagte, ich würde zu ihr zurückkehren"
"I said I would go back to her"

"Ich hatte das Gefühl, etwas falsch gemacht zu haben"
"I felt I had done wrong"

"Und jetzt ist sie tot"
"And now she is dead"

»Mein Gott! Mein Gott! Harry, was soll ich tun?"
"My God! My God! Harry, what shall I do?"
"Du weißt nicht, in welcher Gefahr ich mich befinde"
"You don't know the danger I am in"
"Und es gibt nichts, was mich gerade hält"
"and there is nothing to keep me straight"
"Sie hätte das für mich getan"
"She would have done that for me"
"Sie hatte kein Recht, sich umzubringen"
"She had no right to kill herself"
"Es war egoistisch von ihr"
"It was selfish of her"
»Mein lieber Dorian«, antwortete Lord Henry
"My dear Dorian," answered Lord Henry
Er nahm eine Zigarette aus seinem Etui und holte eine Streichholzschachtel aus Goldlatten hervor
he took a cigarette from his case and produced a gold-latten matchbox
"Der einzige Weg, wie eine Frau jemals einen Mann reformieren kann, ist, sich zu langweilen"
"the only way a woman can ever reform a man is by boring"
"Sie muss ihn so sehr langweilen, dass er jedes mögliche Interesse am Leben verliert"
"she has to bore him so completely that he loses all possible interest in life"
Wenn du dieses Mädchen geheiratet hättest, wärst du elend gewesen."
If you had married this girl, you would have been wretched"
"Natürlich hättest du sie freundlich behandelt."
"Of course, you would have treated her kindly"
"Man kann immer freundlich zu Menschen sein, um die man sich nicht kümmert"
"One can always be kind to people about whom one cares nothing"
»Aber sie hätte bald herausgefunden, daß Sie ihr absolut gleichgültig waren.«
"But she would have soon found out that you were absolutely indifferent to her"
"Und wenn eine Frau das über ihren Mann herausfindet, tut sie eines von zwei Dingen."
"And when a woman finds that out about her husband she does one of two things"

"Entweder wird sie schrecklich altbacken"
"she either becomes dreadfully dowdy"
"Oder sie trägt sehr schicke Hauben, für die der Mann einer anderen Frau bezahlen muss"
"or she wears very smart bonnets that some other woman's husband has to pay for"
"Ich sage nichts über den schrecklichen sozialen Fehler"
"I say nothing about the terrible social mistake"
"Natürlich hätte ich es nicht erlaubt"
"of course, I would not have allowed it"
»aber ich versichere Ihnen, das Ganze wäre ein absoluter Fehlschlag gewesen.«
"but I assure you the whole thing would have been an absolute failure"
»Ich glaube, es wäre ein Irrtum gewesen«, murmelte der Junge
"I suppose it would have been a mistake," muttered the lad
er ging im Zimmer auf und ab und sah schrecklich bleich aus
he walked up and down the room looking horribly pale
"Aber ich dachte, es sei meine Pflicht"
"But I thought it was my duty"
"Es ist nicht meine Schuld, dass diese schreckliche Tragödie mich daran gehindert hat, das Richtige zu tun"
"It is not my fault that this terrible tragedy has prevented my doing what was right"
"Ich erinnere mich, dass Sie einmal gesagt haben, dass gute Vorsätze ein Verhängnis sind."
"I remember your saying once that there is a fatality about good resolutions"
"Sie sagten, dass gute Vorsätze immer zu spät gefasst werden"
"you said that good resolutions are always made too late"
"Mein Vorsatz wurde sicherlich zu spät gefasst"
"my resolution certainly was made too late"
"Gute Vorsätze sind nutzlose Versuche, in wissenschaftliche Gesetze einzugreifen"
"Good resolutions are useless attempts to interfere with scientific laws"
"Ihr Ursprung ist reine Eitelkeit"
"Their origin is pure vanity"
"Ihr Ergebnis ist absolut null"
"Their result is absolutely nil"
"Sie geben uns hin und wieder luxuriöse sterile Emotionen"

"They give us, now and then, some luxurious sterile emotions"
"Solche Emotionen haben einen gewissen Reiz für die Schwachen"
"such emotions have a certain charm for the weak"
»aber das ist alles, was man von ihnen sagen kann.«
"but that is all that can be said of them"
"Es sind einfach Schecks, die Männer auf eine Bank ziehen, bei der sie kein Konto haben"
"They are simply cheques that men draw on a bank where they have no account"
»Harry«, rief Dorian Gray, kam zu ihm und setzte sich neben ihn
"Harry," cried Dorian Gray, coming over and sitting down beside him
"Warum kann ich diese Tragödie nicht so sehr fühlen, wie ich möchte?"
"why is it that I cannot feel this tragedy as much as I want to?"
"Ich glaube nicht, dass ich herzlos bin. Tun Sie das?«
"I don't think I am heartless. Do you?"
Lord Henry antwortete mit seinem süßen, melancholischen Lächeln
Lord Henry answered with his sweet melancholy smile
"Du hast in den letzten vierzehn Tagen zu viele dumme Dinge getan"
"You have done too many foolish things during the last fortnight"
"Du hast nicht das Recht, dir diesen Namen zu geben, Dorian"
"you are not entitled to give yourself that name, Dorian"
Der Junge runzelte die Stirn. "Ich mag diese Erklärung nicht, Harry"
The lad frowned. "I don't like that explanation, Harry"
»aber ich bin froh, daß du mich nicht für herzlos hältst.«
"but I am glad you don't think I am heartless"
»Ich bin nichts dergleichen. Ich weiß, dass ich es nicht bin."
"I am nothing of the kind. I know I am not"
"Und doch muss ich etwas zugeben"
"And yet I must admit something"
"Diese Sache, die passiert ist, berührt mich nicht so, wie sie sollte"
"this thing that has happened does not affect me as it should"
"Es scheint mir einfach wie ein wunderbares Ende eines wunderbaren Stücks zu sein"
"It seems to me to be simply like a wonderful ending to a wonderful play"
"Es hat die ganze schreckliche Schönheit einer griechischen Tragödie"

"It has all the terrible beauty of a Greek tragedy"
"eine Tragödie, an der ich einen großen Anteil hatte"
"a tragedy in which I took a great part"
"aber eine Tragödie, durch die ich nicht verwundet worden bin"
"but a tragedy by which I have not been wounded"
»Das ist eine interessante Frage«, sagte Lord Henry
"It is an interesting question," said Lord Henry
Er fand ein köstliches Vergnügen daran, mit dem unbewußten Egoismus des Knaben zu spielen
he found an exquisite pleasure in playing on the lad's unconscious egotism
"Eine äußerst interessante Frage", fuhren seine Gedanken fort
"an extremely interesting question," his thoughts continued
»Ich glaube, die wahre Erklärung ist folgende:«
"I fancy that the true explanation is this:"
"Die wahren Tragödien des Lebens sind immer unkünstlerisch"
"the real tragedies of life are always inartistic"
"Echte Tragödien verletzen uns durch ihre rohe Gewalt"
"real tragedies hurt us by their crude violence"
"Wir sind verletzt durch ihre absolute Inkohärenz"
"we are hurt by their absolute incoherence"
"Wir sind verletzt durch ihre absurde Sinnlosigkeit"
"we are hurt by their absurd want of meaning"
"Wir können ihren gesamten Mangel an Stil nicht verstehen"
"we can't understand their entire lack of style"
"Sie betreffen uns genauso wie Vulgarität uns"
"They affect us just as vulgarity affects us"
"Sie vermitteln uns den Eindruck von roher Gewalt"
"They give us an impression of sheer brute force"
"Und wir revoltieren dagegen"
"and we revolt against that"
"Manchmal sind wir jedoch mit einem seltenen Spektakel gesegnet"
"Sometimes, however, we are blessed with a rare spectacle"
"Eine Tragödie, die künstlerische Elemente der Schönheit besitzt, durchquert unser Leben"
"a tragedy that possesses artistic elements of beauty crosses our lives"
"Manchmal sind diese Elemente der Schönheit real"
"sometimes those elements of beauty are real"
"Dann spricht das Ganze einfach unseren Sinn für dramatische Wirkung an"

"then the whole thing simply appeals to our sense of dramatic effect"
"Plötzlich stellen wir fest, dass wir nicht mehr die Schauspieler, sondern die Zuschauer des Stücks sind"
"Suddenly we find that we are no longer the actors, but the spectators of the play"
"Oder besser gesagt, wir sind sowohl die Schauspieler als auch die Zuschauer"
"Or rather, we are both the actors and the spectators"
"Wir beobachten uns selbst, und das bloße Wunder des Spektakels fesselt uns"
"We watch ourselves, and the mere wonder of the spectacle enthrals us"
"Was ist im vorliegenden Fall wirklich passiert?"
"In the present case, what is it that has really happened?"
"Jemand hat sich aus Liebe zu dir umgebracht"
"Someone has killed herself for love of you"
"Ich wünschte, ich hätte jemals eine solche Erfahrung gemacht"
"I wish that I had ever had such an experience"
"Es hätte mich dazu gebracht, die Liebe für den Rest meines Lebens zu lieben"
"It would have made me love love for the rest of my life"
"Die Menschen, die mich verehrt haben, waren nicht sehr viele"
"The people who have adored me, there have not been very many"
"Aber es gab einige, die mich verehrt haben"
"but there have been some who have adored me"
"Sie haben immer darauf bestanden, weiterzuleben"
"they have always insisted on living on"
"sie lebten weiter, lange nachdem ich aufgehört hatte, mich um sie zu kümmern"
"they lived on long after I had ceased to care for them"
"Oder sie lebten weiter, lange nachdem sie aufgehört hatten, sich um mich zu kümmern"
"or they lived on long after they ceased to care for me"
"Sie sind dick und langweilig geworden"
"They have become stout and tedious"
»und wenn ich sie treffe, gehen sie sofort hinein, um in Erinnerungen zu schwelgen.«
"and when I meet them, they go in at once for reminiscences"
»Diese schreckliche Erinnerung an eine Frau!«
"That awful memory of woman!"
»Was für eine furchtbare Sache das ist!«

"What a fearful thing it is!"
"Und was für eine völlige intellektuelle Stagnation es offenbart!"
"And what an utter intellectual stagnation it reveals!"
"Man sollte die Farbe des Lebens in sich aufnehmen, aber man sollte sich nie an seine Details erinnern"
"One should absorb the colour of life, but one should never remember its details"
"Details sind immer vulgär"
"Details are always vulgar"
"Ich muss Mohn in meinem Garten säen", seufzte Dorian
"I must sow poppies in my garden," sighed Dorian
»Es ist nicht nötig,« entgegnete sein Gefährte
"There is no necessity," rejoined his companion
"Das Leben hat immer Mohnblumen in ihren Händen"
"Life has always poppies in her hands"
"Natürlich gibt es hin und wieder Dinge"
"Of course, now and then things linger"
"Ich habe einmal eine ganze Saison lang nichts als Veilchen getragen"
"I once wore nothing but violets all through one season"
"Ich trug Veilchen als eine Form der künstlerischen Trauer um eine Romanze, die nicht sterben würde"
"I wore violets as a form of artistic mourning for a romance that would not die"
"Letztendlich starb die Romanze jedoch"
"Ultimately, however, the romance did die"
"Ich habe vergessen, was es getötet hat"
"I forget what killed it"
"Ich glaube, es war ihr Vorschlag, die ganze Welt für mich zu opfern"
"I think it was her proposing to sacrifice the whole world for me"
"Das ist immer ein schrecklicher Moment"
"That is always a dreadful moment"
"Es erfüllt einen mit dem Schrecken der Ewigkeit"
"It fills one with the terror of eternity"
»Vor einer Woche war ich bei Lady Hampshire zum Abendessen.«
"a week ago I was at Lady Hampshire's for dinner"
Ich saß beim Abendessen neben der fraglichen Dame."
I found myself seated at dinner next the lady in question"
"Sie bestand darauf, die ganze Sache noch einmal durchzugehen"
"she insisted on going over the whole thing again"

"Sie grub die Vergangenheit aus und harkte die Zukunft auf"
"she dug up the past, and raked up the future"
"Ich hatte meine Romanze in einem Bett aus Asphodel begraben"
"I had buried my romance in a bed of asphodel"
"Sie hat es wieder herausgeschleppt"
"She dragged it out again"
»und sie versicherte mir, daß ich ihr das Leben verdorben hätte.«
"and she assured me that I had spoiled her life"
"Ich muss sagen, dass sie ein riesiges Abendessen gegessen hat."
"I am bound to state that she ate an enormous dinner"
"Ich hatte also keine Angst"
"so I did not feel any anxiety"
»Aber was für einen Mangel an Geschmack sie zeigte!«
"But what a lack of taste she showed!"
"Der einzige Charme der Vergangenheit ist, dass sie die Vergangenheit ist"
"The one charm of the past is that it is the past"
"Aber Frauen wissen nie, wann der Vorhang gefallen ist"
"But women never know when the curtain has fallen"
"Sie wollen immer einen sechsten Akt"
"They always want a sixth act"
»und sobald das Interesse an dem Stück ganz vorüber ist, schlagen sie vor, es fortzusetzen.«
"and as soon as the interest of the play is entirely over, they propose to continue it"
"Wenn sie ihren eigenen Willen hätten, hätte jede Komödie ein tragisches Ende"
"If they were allowed their own way, every comedy would have a tragic ending"
"Und jede Tragödie würde in einer Farce gipfeln"
"and every tragedy would culminate in a farce"
"Sie sind charmant künstlich"
"They are charmingly artificial"
"Aber sie haben keinen Sinn für Kunst"
"but they have no sense of art"
"Du hast mehr Glück als ich"
"You are more fortunate than I am"
"Das versichere ich dir, Dorian."
"I assure you, Dorian"
»keine der Frauen, die ich gekannt habe, hätte für mich das getan, was Sibyl Vane für dich getan hat.«

"not one of the women I have known would have done for me what Sibyl Vane did for you"
"Gewöhnliche Frauen trösten sich immer"
"Ordinary women always console themselves"
"Einige von ihnen tun es, indem sie sich für sentimentale Farben entscheiden"
"Some of them do it by going in for sentimental colours"
"Vertraue niemals einer Frau, die Mauve trägt, egal wie alt sie sein mag"
"Never trust a woman who wears mauve, whatever her age may be"
"Und traue niemals einer Frau über fünfunddreißig, die rosa Schleifen liebt"
"and never trust a woman over thirty-five who is fond of pink ribbons"
"Es bedeutet immer, dass sie eine Geschichte haben"
"It always means that they have a history"
"Andere finden einen großen Trost darin, plötzlich die guten Eigenschaften ihrer Ehemänner zu entdecken"
"Others find a great consolation in suddenly discovering the good qualities of their husbands"
"Sie stellen ihr eheliches Glück zur Schau"
"They flaunt their conjugal felicity in one's face"
"Als wäre es die faszinierendste aller Sünden"
"as if it were the most fascinating of sins"
"Religion tröstet manche Frauen"
"Religion consoles some women"
"Seine Geheimnisse haben den ganzen Charme eines Flirts, sagte mir einmal eine Frau"
"Its mysteries have all the charm of a flirtation, a woman once told me"
»und ich kann wohl verstehen, was sie damit meinte.«
"and I can quite understand what she meant by it"
"Außerdem macht einen nichts so eitel, als wenn man sagt, man sei ein Sünder"
"Besides, nothing makes one so vain as being told that one is a sinner"
"Das Gewissen macht uns alle zu Egoisten"
"Conscience makes egotists of us all"
»Jawohl; es gibt wirklich kein Ende der Tröstungen, die Frauen im modernen Leben finden."
"Yes; there is really no end to the consolations that women find in modern life"

"In der Tat habe ich das Wichtigste nicht erwähnt"
"Indeed, I have not mentioned the most important one"
»Was ist das, Harry?« fragte der Bursche teilnahmslos
"What is that, Harry?" said the lad listlessly
"Oh, der offensichtliche Trost"
"Oh, the obvious consolation"
"Den Verehrer eines anderen nehmen, wenn man den eigenen verliert"
"Taking someone else's admirer when one loses one's own"
"In der guten Gesellschaft wird eine Frau immer reingewaschen"
"In good society that always whitewashes a woman"
»Aber wirklich, Dorian, wie anders muss Sibyl Vane gewesen sein als alle Frauen, denen man begegnet!«
"But really, Dorian, how different Sibyl Vane must have been from all the women one meets!"
"Ihr Tod hat für mich etwas sehr Schönes"
"There is something to me quite beautiful about her death"
"Ich bin froh, dass ich in einem Jahrhundert lebe, in dem solche Wunder geschehen"
"I am glad I am living in a century when such wonders happen"
"Sie lassen einen an die Realität der Dinge glauben, mit denen wir alle spielen"
"They make one believe in the reality of the things we all play with"
"wie Romantik, Leidenschaft und Liebe"
"such as romance, passion, and love"
"Ich war schrecklich grausam zu ihr. Das vergisst man."
"I was terribly cruel to her. You forget that"
"Ich fürchte, dass Frauen Grausamkeit mehr als alles andere schätzen"
"I am afraid that women appreciate cruelty more than anything else"
"Sie haben wunderbar primitive Instinkte"
"They have wonderfully primitive instincts"
"Wir haben sie emanzipiert"
"We have emancipated them"
"Aber sie bleiben trotzdem Sklaven, die ihre Herren suchen"
"but they remain slaves looking for their masters, all the same"
"Sie lieben es, dominiert zu werden"
"They love being dominated"
"Ich bin sicher, du warst großartig"
"I am sure you were splendid"
"Ich habe dich noch nie wirklich und absolut wütend gesehen"

"I have never seen you really and absolutely angry"
"aber ich kann mir vorstellen, wie entzückend du aussahst"
"but I can imagine how delightful you looked"
»Und immerhin haben Sie vorgestern etwas zu mir gesagt.«
"And, after all, you said something to me the day before yesterday"
"Es schien mir damals nur eine Phantasieidee zu sein"
"it seemed to me at the time to be merely fanciful idea"
"aber ich sehe jetzt, dass es absolut wahr war"
"but I see now was absolutely true"
"Und es ist der Schlüssel zu allem"
"and it holds the key to everything"
"Was war das, Harry?"
"What was that, Harry?"
»**Sie sagten mir, Sibyl Vane vertrete für Sie alle Heldinnen der Romantik.**«
"You said to me that Sibyl Vane represented to you all the heroines of romance"
»**du sagtest, sie sei Desdemona und die andere Ophelia.**«
"you said that she was Desdemona one night, and Ophelia the other"
"Wenn sie als Julia starb, wurde sie als Imogen lebendig"
"if she died as Juliet, she came to life as Imogen"
»**Sie wird jetzt nie wieder lebendig werden**«, murmelte der Junge
"She will never come to life again now," muttered the lad
und er vergrub sein Gesicht in den Händen
and he buried his face in his hands
"Nein, sie wird nie zum Leben erwachen"
"No, she will never come to life"
"Sie hat ihre letzte Rolle gespielt"
"She has played her last part"
»**Aber Sie müssen sich diesen einsamen Tod in der schäbigen Garderobe anders vorstellen.**«
"But you must think of that lonely death in the tawdry dressing-room differently"
"Stellen Sie sich ihren Tod einfach als ein seltsames, reißerisches Fragment einer jakobinischen Tragödie vor"
"think of her death simply as a strange lurid fragment from some Jacobean tragedy"
"Sie müssen sich ihren Tod als eine wunderbare Szene aus Webster oder Ford oder Cyril Tourneur vorstellen"
"you must imagine her death as a wonderful scene from Webster, or Ford, or Cyril Tourneur"

"Das Mädchen hat nie wirklich gelebt"
"The girl never really lived"
"Und so ist sie nie wirklich gestorben"
"and so she has never really died"
"Für dich zumindest war sie immer ein Traum"
"To you at least she was always a dream"
"ein Phantom, das durch Shakespeares Dramen huschte"
"a phantom that flitted through Shakespeare's plays"
"Und sie verließ sie durch ihre Gegenwart lieblicher."
"and she left them lovelier for her presence"
"ein Rohr, durch das Shakespeares Musik reicher und voller Freude klang"
"a reed through which Shakespeare's music sounded richer and more full of joy"
"In dem Moment, in dem sie das wirkliche Leben berührte, hat sie es verdorben"
"The moment she touched actual life, she marred it"
"Und das Leben hat sie verunstaltet, und so ist sie gestorben"
"and life marred her, and so she passed away"
"Trauere um Ophelia, wenn du willst"
"Mourn for Ophelia, if you like"
"Lege Asche auf dein Haupt, weil Cordelia erwürgt wurde"
"Put ashes on your head because Cordelia was strangled"
"Schreit gegen den Himmel, weil die Tochter des Brabantio gestorben ist"
"Cry out against Heaven because the daughter of Brabantio died"
"Aber vergeude deine Tränen nicht mit Sibyl Vane"
"But don't waste your tears over Sibyl Vane"
"Sie war weniger real als sie"
"She was less real than they are"
Es war eine Stille
There was a silence
Der Abend verdunkelte sich im Zimmer
The evening darkened in the room
Geräuschlos und mit silbernen Füßen krochen die Schatten aus dem Garten herein
Noiselessly, and with silver feet, the shadows crept in from the garden
Die Farben verblassten müde aus den Dingen
The colours faded wearily out of things
Nach einiger Zeit blickte Dorian Gray auf

After some time Dorian Gray looked up
murmelte er mit einem Seufzer der Erleichterung
he murmured with something of a sigh of relief
"Du hast mich mir selbst erklärt, Harry"
"You have explained me to myself, Harry"
"Ich habe alles gefühlt, was du gesagt hast"
"I felt all that you have said"
"aber irgendwie hatte ich Angst vor meinen Gefühlen"
"but somehow I was afraid of my feelings"
"und ich konnte es mir selbst nicht ausdrücken"
"and I could not express it to myself"
»Wie gut Sie mich kennen!«
"How well you know me!"
"Aber wir werden nicht mehr über das sprechen, was passiert ist"
"But we will not talk again of what has happened"
"Es war eine wunderbare Erfahrung, das ist alles"
"It has been a marvellous experience, that is all"
"Ich frage mich, ob das Leben noch etwas so Wunderbares für mich bereithält"
"I wonder if life has still in store for me anything as marvellous"
"Das Leben hält alles für dich bereit, Dorian"
"Life has everything in store for you, Dorian"
"Es gibt nichts, was Sie mit Ihrem außergewöhnlich guten Aussehen nicht können"
"There is nothing that you, with your extraordinary good looks, will not be able to do"
»Aber angenommen, Harry, ich wäre hager und alt und runzlig? Was dann?«
"But suppose, Harry, I became haggard, and old, and wrinkled? What then?"
»Ah«, sagte Lord Henry, indem er sich erhob, um zu gehen
"Ah, then," said Lord Henry, rising to go
"dann, mein lieber Dorian, müsstest du für deine Siege kämpfen."
"then, my dear Dorian, you would have to fight for your victories"
"So wie es ist, werden euch eure Siege gebracht"
"As it is, your victories are brought to you"
"Nein, du musst gut aussehen"
"No, you must keep your good looks"
"Wir leben in einer Zeit, die zu viel liest, um weise zu sein"
"We live in an age that reads too much to be wise"
"Und wir leben in einer Zeit, die zu viel denkt, um schön zu sein"

"and we live in an age that thinks too much to be beautiful"
"Wir können Sie nicht entbehren"
"We cannot spare you"
"Und jetzt solltest du dich besser anziehen und zum Club fahren."
"And now you had better dress and drive down to the club"
"Wir sind schon ziemlich spät dran"
"We are rather late, as it is"
»Ich glaube, ich werde dich in die Oper begleiten, Harry.«
"I think I shall join you at the opera, Harry"
"Ich fühle mich zu müde, um etwas zu essen"
"I feel too tired to eat anything"
»Wie lautet die Nummer der Theaterloge Ihrer Schwester?«
"What is the number of your sister's theatre box?"
"Siebenundzwanzig, glaube ich"
"Twenty-seven, I believe"
"Es ist auf der großen Ebene"
"It is on the grand tier"
"Sie werden ihren Namen an der Tür sehen"
"You will see her name on the door"
"Aber es tut mir leid, dass du nicht zum Essen kommst."
"But I am sorry you won't come and dine"
"Ich fühle mich dem nicht gewachsen", sagte Dorian teilnahmslos
"I don't feel up to it," said Dorian listlessly
»Aber ich bin Ihnen schrecklich dankbar für alles, was Sie mir gesagt haben.«
"But I am awfully obliged to you for all that you have said to me"
"Du bist sicherlich mein bester Freund"
"You are certainly my best friend"
"Niemand hat mich je so verstanden wie du"
"No one has ever understood me as you have"
"Wir stehen erst am Anfang unserer Freundschaft, Dorian."
"We are only at the beginning of our friendship, Dorian,"
er schüttelte ihm die Hand und wünschte ihm Lebewohl
he shook him by the hand and wished him good-bye
»Ich hoffe, ich werde Sie vor halb neun sehen.«
"I shall see you before nine-thirty, I hope"
"Denk daran, Patti singt"
"Remember, Patti is singing"
Als er die Tür hinter sich schloss, berührte Dorian Gray die Klingel
As he closed the door behind him, Dorian Gray touched the bell
in wenigen Minuten erschien Victor mit den Lampen und zog die

Jalousien herunter
in a few minutes Victor appeared with the lamps and drew the blinds down
Er wartete ungeduldig darauf, dass er ging
He waited impatiently for him to go
Der Mann schien sich endlos Zeit zu nehmen, um alles zu überdenken
The man seemed to take an interminable time over everything
Sobald er gegangen war, eilte er zu dem Porträt
As soon as he had left, he rushed to the portrait
und er zog den Umschlag von dem Bild ab
and he pulled off the cover from the picture
Nein; Es gab keine weitere Veränderung des Bildes
No; there was no further change in the picture
das Porträt hatte die Nachricht von Sibyl Vanes Tod erhalten, bevor er selbst davon erfahren hatte
the portrait had received the news of Sibyl Vane's death before he had known of it himself
das Bild war sich der Ereignisse des Lebens bewusst, wie sie sich ereigneten
the picture was conscious of the events of life as they occurred
Die bösartige Grausamkeit, die die feinen Linien des Mundes verunstaltete
The vicious cruelty that marred the fine lines of the mouth
sie waren ohne Zweifel in dem Augenblick erschienen, als das Mädchen das Gift getrunken hatte
they had, no doubt, appeared at the very moment that the girl had drunk the poison
Oder war sein Porträt gleichgültig gegenüber Ergebnissen?
Or was his portrait indifferent to results?
Nahm das Bild nur Kenntnis von dem, was in der Seele vorging?
Did the picture merely take cognizance of what passed within the soul?
Er hoffte, dass er eines Tages die Veränderung vor seinen Augen sehen würde
He hoped that some day he would see the change taking place before his very eyes
und er schauderte, wie er es hoffte
and he shuddered as he hoped it
Arme Sibylle! Was für eine Romanze das alles gewesen war!
Poor Sibyl! What a romance it had all been!

Sie hatte auf der Bühne oft den Tod nachgeahmt
She had often mimicked death on the stage
Dann hatte der Tod selbst sie berührt
Then Death himself had touched her
und der Tod hatte sie mit sich genommen
and Death had taken her with him
Wie hatte sie diese schreckliche letzte Szene gespielt?
How had she played that dreadful last scene?
Hatte sie ihn verflucht, als sie starb?
Had she cursed him, as she died?
Nein; sie war aus Liebe zu ihm gestorben
No; she had died for love of him
und die Liebe würde ihm jetzt immer ein Sakrament sein
and love would always be a sacrament to him now
Sie hatte alles durch das Opfer gesühnt, das sie aus ihrem Leben gebracht hatte
She had atoned for everything by the sacrifice she had made of her life
Er wollte nicht mehr darüber nachdenken, was sie ihm zugemutet hatte
He would not think any more of what she had made him go through
was sie ihn in dieser schrecklichen Nacht im Theater durchmachen ließ
what she made him go through on that horrible night at the theatre
es würde Zeiten geben, in denen er an sie denken würde
there were going to be times when he thought of her
aber jetzt wäre sie eine wunderbare tragische Figur
but now she would be a wonderful tragic figure
eine Figur, die auf die Weltbühne geschickt worden war, um die höchste Wirklichkeit der Liebe zu zeigen
a figure that had been sent on to the world's stage to show the supreme reality of love
Eine wunderbare tragische Figur?
A wonderful tragic figure?
Tränen stiegen ihm in die Augen, als er sich an ihren kindlichen Blick erinnerte
Tears came to his eyes as he remembered her childlike look
er dachte an ihre gewinnende, phantasievolle Art und ihre schüchterne, zitternde Anmut
he thought of her winsome fanciful ways, and shy tremulous grace
Er wischte die Tränen hastig weg und betrachtete das Bild noch

einmal
He brushed the tears away hastily and looked again at the picture
Er fühlte, dass die Zeit wirklich gekommen war, seine Wahl zu treffen
He felt that the time had really come for making his choice
Oder war seine Wahl bereits gefallen?
Or had his choice already been made?
Ja, das Leben hatte für ihn entschieden
Yes, life had decided that for him
Leben und seine eigene unendliche Neugier auf das Leben
life, and his own infinite curiosity about life
Ewige Jugend, unendliche Leidenschaft, subtile und geheime Freuden, wilde Freuden
Eternal youth, infinite passion, pleasures subtle and secret, wild joys
und wildere Sünden, er sollte all diese Dinge haben
and wilder sins, he was to have all these things
Das Porträt sollte die Last seiner Schande tragen: das war alles
The portrait was to bear the burden of his shame: that was all
Ein Gefühl des Schmerzes beschlich ihn
A feeling of pain crept over him
er dachte an die Entweihung, die dem schönen Gesicht auf der Leinwand bevorstand
he thought of the desecration that was in store for the fair face on the canvas
Einmal hatte er zum knabenhaften Spott über Narziss vorgetäuscht, diese bemalten Lippen zu küssen
Once, in boyish mockery of Narcissus, he had feigned to kiss, those painted lips
diese bemalten Lippen, die ihn jetzt so grausam anlächelten
those painted lips that now smiled so cruelly at him
Morgen für Morgen hatte er vor dem Porträt gesessen und sich über seine Schönheit gewundert
Morning after morning he had sat before the portrait wondering at its beauty
Sollte sich sein Bild jetzt mit jeder Stimmung, der er nachgab, ändern?
Was his picture to alter now with every mood to which he yielded?
Sollte sein Porträt ein monströses und abscheuliches Ding werden?
Was his portrait to become a monstrous and loathsome thing?
Sollte sein Bild in einem verschlossenen Raum versteckt werden?
should his picture be hidden away in a locked room?

Sollte sein Porträt vor dem Sonnenlicht geschützt werden?
should his portrait be shut out from the sunlight?
das Sonnenlicht, das so oft sein glänzendes goldenes Haar berührt hatte
the sunlight that had so often touched his bright golden hair
Schade eigentlich! Schade eigentlich!
The pity of it! the pity of it!
Einen Moment lang dachte er daran, zu beten
For a moment, he thought of praying
die schreckliche Sympathie, die zwischen ihm und dem Bild bestand, sollte aufhören
the horrible sympathy that existed between him and the picture should cease
Sie hatte sich als Antwort auf ein Gebet verändert
It had changed in answer to a prayer
vielleicht könnte es als Antwort auf ein Gebet unverändert bleiben
perhaps in answer to a prayer it might remain unchanged
Und doch, wer würde die Chance aufgeben, immer jung zu bleiben?
And yet, who would surrender the chance of remaining always young?
Sicherlich niemand, der etwas über das Leben wusste
certainly not anyone that knew anything about life
So fantastisch diese Chance auch sein mag
however fantastic that chance might be
oder mit welchen verhängnisvollen Folgen sie behaftet sein könnte
or with what fateful consequences it might be fraught
Außerdem, war es wirklich unter seiner Kontrolle?
Besides, was it really under his control?
War es tatsächlich das Gebet gewesen, das die Auswechslung bewirkt hatte?
Had it indeed been prayer that had produced the substitution?
Könnte es nicht einen merkwürdigen wissenschaftlichen Grund für all das geben?
Might there not be some curious scientific reason for it all?
Das Denken kann seinen Einfluss auf einen lebenden Organismus ausüben
thought can exercise its influence upon a living organism
Kann das Denken dann nicht einen Einfluß auf tote und unorganische Dinge ausüben?
can thought not then exercise an influence upon dead and inorganic

things?
Könnte das Begehren nicht äußere Dinge im Einklang mit unseren Stimmungen und Leidenschaften schwingen lassen?
could desire not vibrate external things in unison with our moods and passions?
wie Atom, das in heimlicher Liebe oder seltsamer Affinität nach Atom ruft
like atom calling to atom in secret love or strange affinity
Aber der Grund war nicht von Bedeutung
But the reason was of no importance
Er würde nie wieder durch ein Gebet eine schreckliche Macht in Versuchung führen
He would never again tempt by a prayer any terrible power
Wenn sich das Bild ändern sollte, dann sollte es sich ändern
If the picture was to alter, it was to alter
Warum sollte man sich zu sehr damit befassen?
Why inquire too closely into it?
Denn es wäre ein wahres Vergnügen, es anzusehen
For there would be a real pleasure in watching it
Er würde in der Lage sein, seinem Geist an seine geheimen Orte zu folgen
He would be able to follow his mind into its secret places
Dieses Porträt würde für ihn der magischste aller Spiegel sein
This portrait would be to him the most magical of mirrors
Wie sein Bild ihm seinen eigenen Körper offenbart hatte, so würde es ihm seine eigene Seele offenbaren
As his picture had revealed to him his own body, so it would reveal to him his own soul
das Porträt sollte in den Winter gehen
the portrait was going to go into winter
und er würde immer noch dort stehen, wo der Frühling am Rande des Sommers zittert
and he would still be standing where spring trembles on the verge of summer
Als das Blut aus seinem Gesicht kroch
When the blood crept from its face
als sie eine blasse Kreidemaske mit bleiernen Augen zurückgelassen hatte
when it had left behind a pallid mask of chalk with leaden eyes
er würde den Glanz der Knabenzeit bewahren
he would keep the glamour of boyhood

Nicht eine Blüte seiner Lieblichkeit würde je verwelken
Not one blossom of his loveliness would ever fade
Nicht ein einziger Puls seines Lebens würde jemals nachlassen
Not one pulse of his life would ever weaken
Wie die Götter der Griechen würde er stark und flink und fröhlich sein
Like the gods of the Greeks, he would be strong, and fleet, and joyous
Was machte es aus, was mit dem farbigen Bild auf der Leinwand geschah?
What did it matter what happened to the coloured image on the canvas?
Er würde sicher sein
He would be safe
Das war alles
That was everything
Er zog die Leinwand wieder an ihren früheren Platz vor dem Bild
He drew the screen back into its former place in front of the picture
Er lächelte, als er das Bild bedeckte
he smiled as he covered the picture
und er ging in sein Schlafzimmer
and he passed into his bedroom
sein Kammerdiener wartete bereits auf ihn
his valet was already waiting for him
Eine Stunde später war er in der Oper
An hour later he was at the opera
und Lord Henry lehnte sich über seinen Stuhl
and Lord Henry was leaning over his chair

Neuntes Kapitel
Chapter Nine

Als er am nächsten Morgen beim Frühstück saß
As he was sitting at breakfast next morning
Basil Hallward wurde in das Zimmer geführt
Basil Hallward was shown into the room
"Ich bin so froh, dass ich dich gefunden habe, Dorian", sagte er ernst
"I am so glad I have found you, Dorian," he said gravely
"Ich habe gestern Abend angerufen und sie haben mir gesagt, dass Sie in der Oper sind"
"I called last night, and they told me you were at the opera"
"Natürlich wusste ich, dass das unmöglich war"
"Of course, I knew that was impossible"
"Aber ich wünschte, du hättest ein Wort hinterlassen, wo du wirklich hingegangen bist."
"But I wish you had left word where you had really gone to"
"Ich habe einen schrecklichen Abend verbracht"
"I passed a dreadful evening"
"Ich hatte halb Angst, dass auf eine Tragödie die nächste folgen könnte"
"I was half afraid that one tragedy might be followed by another"
»Ich glaube, Sie haben mir telegraphieren können, als Sie zum ersten Mal davon hörten.«
"I think you might have telegraphed for me when you heard of it first"
"Ich habe ganz zufällig davon gelesen"
"I read of it quite by chance"
"Es war in einer späten Ausgabe von The Globe, die ich im Club aufgelesen habe"
"it was in a late edition of The Globe that I picked up at the club"
"Ich bin sofort hierher gekommen und habe mich unglücklich gefühlt, dass ich dich nicht gefunden habe."
"I came here at once and was miserable at not finding you"
"Ich kann Ihnen nicht sagen, wie untröstlich ich über die ganze Sache bin"
"I can't tell you how heart-broken I am about the whole thing"
"Ich weiß, wie sehr du leiden musst"
"I know how much you must be suffering"
»Aber wo warst du?«
"But where were you?"

»Bist du hinuntergegangen und hast die Mutter des Mädchens gesehen?«
"Did you go down and see the girl's mother?"
»Einen Augenblick lang dachte ich daran, Ihnen dorthin zu folgen.«
"For a moment I thought of following you there"
"Sie gaben die Adresse in der Zeitung an"
"They gave the address in the paper"
»Irgendwo in der Euston Road, nicht wahr?«
"Somewhere in the Euston Road, isn't it?"
"Aber ich hatte Angst, in einen Kummer einzudringen, den ich nicht lindern konnte."
"But I was afraid of intruding upon a sorrow that I could not lighten"
»Arme Frau! In welch einem Zustand sie sein muß!«
"Poor woman! What a state she must be in!"
»Und ihr einziges Kind auch!«
"And her only child, too!"
»Was hat sie dazu gesagt?«
"What did she say about it all?"
»Mein lieber Basil, woher soll ich das wissen?« murmelte Dorian Gray
"My dear Basil, how would I know?" murmured Dorian Gray
er nippte an einem blaßgelben Wein aus einer zarten, goldperlenbesetzten Blase aus venezianischem Glas
he sipped some pale-yellow wine from a delicate, gold-beaded bubble of Venetian glass
und er sah schrecklich gelangweilt aus
and he looked dreadfully bored
"Ich war in der Oper"
"I was at the opera"
"Du hättest auch dorthin kommen sollen"
"You should have come there too"
"Ich traf Lady Gwendolen, Harrys Schwester, zum ersten Mal"
"I met Lady Gwendolen, Harry's sister, for the first time"
"Wir waren in ihrer Theaterloge"
"We were in her theatre box"
"Sie ist absolut charmant"
"She is perfectly charming"
"und Patti sang göttlich"
"and Patti sang divinely"
"Sprich nicht über schreckliche Themen"

"Don't talk about horrid subjects"
"Wenn man nicht über etwas spricht, ist es noch nie passiert"
"If one doesn't talk about a thing, it has never happened"
"Es ist einfach der Ausdruck, wie Harry sagt, der den Dingen Realität verleiht."
"It is simply expression, as Harry says, that gives reality to things"
"Ich darf erwähnen, dass sie nicht das einzige Kind der Frau war."
"I may mention that she was not the woman's only child"
»Es gibt einen Sohn, einen reizenden Kerl, glaube ich.«
"There is a son, a charming fellow, I believe"
"Aber er ist nicht auf der Bühne"
"But he is not on the stage"
"Er ist ein Seemann oder so"
"He is a sailor, or something"
"Und jetzt erzähl mir von dir und was du malst."
"And now, tell me about yourself and what you are painting"
Basil sprach sehr langsam und mit einem angestrengten Anflug von Schmerz in seiner Stimme
Basil spoke very slowly and with a strained touch of pain in his voice
»Sie sind in die Oper gegangen, während Sibyl Vane tot in einer schmutzigen Wohnung lag?«
"You went to the opera while Sibyl Vane was lying dead in some sordid lodging?"
"Wie kannst du mit mir darüber reden, dass andere Frauen charmant sind?"
"how can you talk to me of other women being charming"
"Und wie kannst du davon sprechen, dass Patti göttlich singt?"
"and how can you can talk of Patti singing divinely?"
"Das Mädchen, das du geliebt hast, hat noch nicht einmal die Ruhe eines Grabes zum Schlafen"
"the girl you loved has not even the quiet of a grave to sleep in yet"
»es gibt Schrecken für ihren kleinen weißen Körper!«
"there are horrors in store for that little white body of hers!"
»Halt, lieber Basil! Ich will es nicht hören!« rief Dorian und sprang auf
"Stop, dear Basil! I won't hear it!" cried Dorian, leaping to his feet
»Du darfst mir nichts erzählen.«
"You must not tell me about things."
"Was getan ist, ist getan. Was Vergangenheit ist, ist Vergangenheit"
"What is done is done. What is past is past"
»Sie nennen das Gestern die Vergangenheit?«

"You call yesterday the past?"
"Was hat der tatsächliche Zeitablauf damit zu tun?"
"What has the actual lapse of time got to do with it?"
"Es sind nur oberflächliche Menschen, die Jahre brauchen, um eine Emotion loszuwerden"
"It is only shallow people who require years to get rid of an emotion"
"Ein Mensch, der Herr seiner selbst ist, kann einen Kummer so leicht beenden, wie er ein Vergnügen erfinden kann"
"A man who is master of himself can end a sorrow as easily as he can invent a pleasure"
"Ich will meinen Gefühlen nicht ausgeliefert sein"
"I don't want to be at the mercy of my emotions"
"Ich möchte sie nutzen, sie genießen und dominieren"
"I want to use them, to enjoy them, and to dominate them"
"Dorian, das ist schrecklich!"
"Dorian, this is horrible!"
"Irgendetwas hat dich komplett verändert"
"Something has changed you completely"
"Du siehst genau so aus, wie der wunderbare Junge, der früher in mein Atelier kam"
"You look exactly the same wonderful boy who used to come down to my studio"
"Der Junge, der Tag für Tag saß, um sein Porträt zeichnen zu lassen"
"the boy who, day after day, sat for his portrait to be drawn"
"Aber du warst damals einfach, natürlich und liebevoll"
"But you were simple, natural, and affectionate then"
"Du warst das unberührteste Geschöpf der ganzen Welt"
"You were the most unspoiled creature in the whole world"
"Nun, ich weiß nicht, was über dich gekommen ist"
"Now, I don't know what has come over you"
"Du sprichst, als hättest du kein Herz und kein Mitleid in dir."
"You talk as if you had no heart, nor pity in you"
"Es ist alles Harrys Einfluss, das sehe ich."
"It is all Harry's influence, I see that"
Der Bursche errötete und ging zum Fenster
The lad flushed up and went to the window
Er blickte einige Augenblicke lang auf den grünen, flackernden, sonnenverwöhnten Garten hinaus
he looked out for a few moments on the green, flickering, sun-lashed garden

»Ich habe Harry viel zu verdanken, lieber Basil«, sagte er endlich
"I owe a great deal to Harry, dear Basil," he said at last

"Ich schulde ihm mehr als dir"
"I owe more to him than I owe to you"

"Du hast mich nur gelehrt, eitel zu sein"
"You only taught me to be vain"

"Nun, dafür bin ich bestraft, Dorian"
"Well, I am punished for that, Dorian"

"oder ich werde eines Tages dafür bestraft"
"or, I shall be punished for that someday"

»Ich weiß nicht, was du meinst, lieber Basil«, rief er und drehte sich um
"I don't know what you mean, dear Basil," he exclaimed, turning round

"Ich weiß nicht, was du willst. Was willst du?"
"I don't know what you want. What do you want?"

"Ich will das Dorian Gray, das ich früher gemalt habe", sagte der Künstler traurig
"I want the Dorian Gray I used to paint," said the artist sadly

»lieber Basil«, sagte der Bursche und ging zu ihm hinüber
"dear Basil," said the lad, going over to him

Er legte die Hand auf seine Schulter
he put his hand on his shoulder

"Du bist zu spät gekommen"
"you have come too late"

"Gestern, als ich hörte, dass Sibyl Vane sich umgebracht hat..."
"Yesterday, when I heard that Sibyl Vane had killed herself..."

Hallward blickte mit einem Ausdruck des Entsetzens zu ihm auf
Hallward looked up at him with an expression of horror

»Sie hat sich umgebracht! Du lieber Himmel! gibt es daran keinen Zweifel?« rief er
"Killed herself! Good heavens! is there no doubt about that?" he cried

»Meine Liebe! Sie glauben doch nicht, daß es ein gewöhnlicher Unfall war?«
"My dear! Surely you don't think it was a vulgar accident?"

"Natürlich hat sie sich umgebracht"
"Of course she killed herself"

"Der ältere Mann vergrub sein Gesicht in seinen Händen"
"The elder man buried his face in his hands"

»Wie furchtbar«, murmelte er, und ein Schauder durchlief ihn
"How fearful," he muttered, and a shudder ran through him

»Nein«, sagte Dorian Gray, »es ist nichts Furchtbares daran.«
"No," said Dorian Gray, "there is nothing fearful about it"
"Es ist eine der großen romantischen Tragödien unserer Zeit"
"It is one of the great romantic tragedies of the age"
"In der Regel führen Menschen, die handeln, das alltäglichste Leben"
"As a rule, people who act lead the most commonplace lives"
"Sie sind gute Ehemänner oder treue Ehefrauen oder etwas Langweiliges"
"They are good husbands, or faithful wives, or something tedious"
"Du weißt, was ich meine"
"You know what I mean"
"bürgerliche Tugend und solche Dinge"
"middle-class virtue and those sort of things"
»Wie anders Sibylle war!«
"How different Sibyl was!"
"Sie erlebte ihre schönste Tragödie"
"She lived her finest tragedy"
"Sie war immer eine Heldin"
"She was always a heroine"
"Die letzte Nacht, in der sie gespielt hat, die Nacht, in der du sie gesehen hast"
"The last night she played, the night you saw her"
"Sie hat sich an diesem Abend auf der Bühne schlecht benommen"
"she acted badly on the stage that night"
"Weil sie die Wirklichkeit der Liebe entdeckt hatte"
"because she had discovered the reality of love"
"Als sie die Unwirklichkeit der Liebe erkannte, starb sie"
"When she knew love's unreality, she died"
"Sie starb genau so, wie Julia hätte sterben können"
"she died just as Juliet might have died"
"Sie ging wieder in die Sphäre der Kunst über"
"She passed again into the sphere of art"
"Sie hat etwas von einer Märtyrerin"
"There is something of the martyr about her"
"Ihr Tod hat die ganze erbärmliche Nutzlosigkeit des Martyriums"
"Her death has all the pathetic uselessness of martyrdom"
"All ihre Schönheit war verschwendete Schönheit"
"all of her beauty was wasted beauty"
»Aber, wie ich schon sagte, Sie dürfen nicht glauben, daß ich nicht gelitten habe.«

"But, as I was saying, you must not think I have not suffered"
"Wenn du gestern zu einem bestimmten Zeitpunkt hereingekommen wärst"
"If you had come in yesterday at a particular moment"
»Ungefähr halb fünf vielleicht, oder viertel vor sechs.«
"about half-past five, perhaps, or a quarter to six"
"Wenn du gekommen wärst, hättest du mich in Tränen aufgelöst gesehen"
"if you had come then you would have seen me in tears"
"Harry hat mir die Neuigkeiten gebracht, um genau zu sein."
"Harry brought me the news, in fact"
"aber selbst er hatte keine Ahnung, was ich durchmachte"
"but even he had no idea what I was going through"
"Ich habe immens gelitten, dann ist es gestorben"
"I suffered immensely, then it passed away"
"Ich kann eine Emotion nicht wiederholen"
"I cannot repeat an emotion"
"Niemand kann es, außer Sentimentalisten"
"No one can, except sentimentalists"
»Und du bist furchtbar ungerecht, lieber Basil.«
"And you are awfully unjust, dear Basil"
"Du kommst hierher, um mich zu trösten"
"You come down here to console me"
"Das ist charmant von dir"
"That is charming of you"
"Du findest mich getröstet und bist wütend"
"You find me consoled, and you are furious"
"Wie ein sympathischer Mensch du bist!"
"How like a sympathetic person you are!"
"Du erinnerst mich an eine Geschichte, die Harry mir über einen bestimmten Philanthropen erzählt hat."
"You remind me of a story Harry told me about a certain philanthropist"
"Er verbrachte zwanzig Jahre seines Lebens damit, zu versuchen, einige Missstände wiedergutzumachen"
"he spent twenty years of his life in trying to get some grievance redressed"
"Oder er verbrachte seine Zeit damit, ein ungerechtes Gesetz zu ändern"
"or he spent his time trying to get some unjust law altered"
"Ich habe vergessen, was es genau war"

"I forget exactly what it was"
"Schließlich hatte er Erfolg, und nichts konnte seine Enttäuschung übertreffen"
"Finally he succeeded, and nothing could exceed his disappointment"
"Er hatte absolut nichts zu tun"
"He had absolutely nothing to do"
"Er wäre fast an Langeweile gestorben"
"he almost died of ennui"
"Und er wurde ein überzeugter Misanthrop"
"and he became a confirmed misanthrope"
"Wenn du mich wirklich trösten willst, lehre mich lieber, zu vergessen, was geschehen ist"
"if you really want to console me, teach me rather to forget what has happened"
"Oder lehre mich, es von einem richtigen künstlerischen Standpunkt aus zu sehen"
"or teach me to see it from a proper artistic point of view"
»War es nicht Gautier, der von la consolation des arts zu schreiben pflegte?«
"Was it not Gautier who used to write about la consolation des arts?"
"Ich erinnere mich, dass ich in deinem Atelier ein kleines mit Pergament überzogenes Buch in die Hand genommen habe."
"I remember picking up a little vellum-covered book in your studio"
»und ich bin zufällig auf diesen entzückenden Satz gestoßen.«
"and I chanced upon that delightful phrase"
»Nun, ich bin nicht wie der junge Mann, von dem Sie mir erzählt haben, als wir zusammen in Marlow waren.«
"Well, I am not like that young man you told me of when we were down at Marlow together"
"Der junge Mann, der zu sagen pflegte, dass gelber Satin einen für alle Nöte des Lebens trösten kann"
"the young man who used to say that yellow satin could console one for all the miseries of life"
"Ich liebe schöne Dinge, die man anfassen kann"
"I love beautiful things that one can touch"
"Alte Brokate, grüne Bronzen, Lackarbeiten, geschnitzte Elfenbeine"
"Old brocades, green bronzes, lacquer-work, carved ivories"
"Exquisite Umgebung, Luxus, Pomp"
"exquisite surroundings, luxury, pomp"
"Aus all dem kann man viel herausholen"

"there is much to be got from all these"
"Aber das künstlerische Temperament, das sie erzeugen, das ist es, wonach ich suche"
"But the artistic temperament that they create, that is what I'm after"
"Du weißt sehr gut, was Harry sagt"
"you know very well what Harry says"
"Zuschauer des eigenen Lebens zu werden, bedeutet, dem Leiden des Lebens zu entkommen"
"To become the spectator of one's own life is to escape the suffering of life"
"Ich weiß, dass du überrascht bist, dass ich so mit dir spreche."
"I know you are surprised at my talking to you like this"
"Du hast nicht gemerkt, wie ich mich entwickelt habe"
"You have not realized how I have developed"
"Ich war ein Schuljunge, als du mich kanntest"
"I was a schoolboy when you knew me"
"Ich bin jetzt ein Mann"
"I am a man now"
"Ich habe neue Leidenschaften, neue Gedanken, neue Ideen"
"I have new passions, new thoughts, new ideas"
"Ich bin anders, aber du darfst mich nicht weniger mögen"
"I am different, but you must not like me less"
"Ich bin verändert, aber du musst immer mein Freund sein"
"I am changed, but you must always be my friend"
"Natürlich mag ich Harry sehr."
"Of course, I am very fond of Harry"
"Aber ich weiß, dass du besser bist als er."
"But I know that you are better than he is"
"Du bist nicht stärker"
"You are not stronger"
"Weil du zu viel Angst vor dem Leben hast"
"because you are too much afraid of life"
"Aber du bist besser als er"
"but you are better than he is"
"Und wie glücklich wir früher zusammen waren!"
"And how happy we used to be together!"
»Verlaß mich nicht, lieber Basil, und streite nicht mit mir.«
"Don't leave me, dear Basil, and don't quarrel with me"
"Ich bin, was ich bin"
"I am what I am"
"Mehr gibt es nicht zu sagen"

"There is nothing more to be said"
Der Maler fühlte sich seltsam bewegt
The painter felt strangely moved
Der Junge war ihm unendlich teuer
The lad was infinitely dear to him
und seine Persönlichkeit war der große Wendepunkt in seiner Kunst gewesen
and his personality had been the great turning point in his art
Er konnte den Gedanken nicht mehr ertragen, ihm Vorwürfe zu machen
He could not bear the idea of reproaching him any more
Schließlich war seine Gleichgültigkeit wahrscheinlich nur eine Stimmung, die vergehen würde
After all, his indifference was probably merely a mood that would pass away
Es gab so viel in ihm, das gut war
There was so much in him that was good
Es war so viel Edles in ihm
there was so much in him that was noble
»Nun, Dorian«, sagte er endlich mit einem traurigen Lächeln
"Well, Dorian," he said at length, with a sad smile
"Ich werde nach dem heutigen Tag nicht mehr mit dir über diese schreckliche Sache sprechen."
"I won't speak to you again about this horrible thing, after today"
»Ich hoffe nur, daß Ihr Name nicht in diesem Zusammenhang erwähnt wird.«
"I only hope your name won't be mentioned in connection with it"
"Die Untersuchung soll heute Nachmittag stattfinden."
"The inquest is to take place this afternoon"
»Haben sie dich gerufen?«
"Have they summoned you?"
Dorian schüttelte den Kopf
Dorian shook his head
ein Ausdruck des Ärgers huschte über sein Gesicht, als er das Wort »Untersuchung« erwähnte
a look of annoyance passed over his face at the mention of the word "inquest"
Es hatte etwas so Grobes und Vulgäres an sich
There was something so crude and vulgar about it
»Sie kennen meinen Namen nicht«, antwortete er
"They don't know my name," he answered

»Aber sie hat es doch gewiß getan?«
"But surely she did?"
"sie kannte nur meinen Vornamen"
"she only knew my Christian name"
»und ich bin ganz sicher, daß sie es nie jemandem erwähnt hat.«
"and I am quite sure she never mentioned to anyone"
"Sie hat mir einmal gesagt, dass sie alle ziemlich neugierig sind, wer ich bin."
"She told me once that they were all rather curious to learn who I was"
»und sie sagte ihnen immer, mein Name sei Märchenprinz.«
"and she invariably told them my name was Prince Charming"
"Es war hübsch von ihr"
"It was pretty of her"
"Du musst mir ein Porträt von Sibylle zeichnen"
"You must draw me a portrait of Sibyl"
"Ich hätte gerne etwas mehr von ihr als ein paar Erinnerungen"
"I would like to have something more of her than a few memories"
"Die Menorien von ein paar Küssen und ein paar gebrochenen Worten"
"the menories of a few kisses and some broken words"
"Ich werde versuchen, etwas zu tun, Dorian, wenn es dir gefällt."
"I will try and do something, Dorian, if it pleases you"
"Aber du musst doch selbst wieder zu mir kommen"
"But you must come and sit to me yourself again"
"Ich komme nicht ohne dich aus"
"I can't get on without you"
"Ich kann nie wieder für dich sitzen"
"I can never sit for you again"
»Es ist unmöglich!« rief er und fuhr zurück
"It is impossible!" he exclaimed, starting back
Der Maler starrte ihn an
The painter stared at him
»Mein lieber Junge, was für ein Unsinn!« rief er
"My dear boy, what nonsense!" he cried
»Wollen Sie damit sagen, daß Ihnen nicht gefällt, was ich mit Ihnen gemacht habe?«
"Do you mean to say you don't like what I did of you?"
"Wo ist es? Lass es mich mir ansehen."
"Where is it? Let me look at it"
Warum hast du eine Decke davor gezogen?"

Why have you pulled a cover in front of it?"
"Es ist das Beste, was ich je gemacht habe"
"It is the best thing I have ever done"
"Nimm die Hülle weg, Dorian."
"Do take the cover away, Dorian"
"Es ist einfach eine Schande von deinem Diener, meine Arbeit so zu verbergen."
"It is simply disgraceful of your servant to hide my work like that"
"Ich hatte das Gefühl, dass der Raum anders aussah, als ich hereinkam"
"I felt the room looked different as I came in"
»Mein Diener hat nichts damit zu tun, lieber Basil.«
"My servant has nothing to do with it, dear Basil"
»Sie glauben nicht, daß ich ihm mein Zimmer für mich einrichten ließ?«
"You don't imagine I let him arrange my room for me?"
»Er richtet mir manchmal meine Blumen – das ist alles.
"He settles my flowers for me sometimes—that is all.
»Nein; Ich habe es selbst gemacht"
"No; I did it myself"
"Das Licht war zu stark auf dem Porträt"
"The light was too strong on the portrait"
»Zu stark! Gewiß nicht, mein Lieber?«
"Too strong! Surely not, my dear fellow?"
"Es ist ein bewundernswerter Ort dafür"
"It is an admirable place for it"
"Lass es mich sehen"
"Let me see it"
Und Hallward ging auf die Ecke des Zimmers zu
And Hallward walked towards the corner of the room
Ein Schrei des Entsetzens brach aus Dorian Grays Lippen
A cry of terror broke from Dorian Gray's lips
Er beeilte sich, zwischen den Maler und seine Zeichnung zu gelangen
he rushed to get between the painter and his drawing
»lieber Basil«, sagte er und sah sehr blaß aus, »du darfst es nicht ansehen.«
"dear Basil," he said, looking very pale, "you must not look at it"
"Ich möchte nicht, dass du dir mein Bild ansiehst"
"I don't wish you to look at my picture"
"Du willst nicht, dass ich mir meine eigene Arbeit ansehe!"

"you don't want me to look at my own work!"

"Dorian, sag mir, dass du es nicht ernst meinst"
"Dorian, tell me you are not serious"

»Warum sollte ich es mir nicht ansehen?« rief Hallward lachend
"Why shouldn't I look at it?" exclaimed Hallward, laughing

"Wenn du versuchst, es dir anzusehen..."
"If you try to look at it..."

"Auf mein Ehrenwort, ich würde nie wieder mit Ihnen sprechen"
"on my word of honour, I would never speak to you again"

"Ich meine es ganz ernst"
"I am quite serious"

"Ich biete keine Erklärung an"
"I don't offer any explanation"

"Und du darfst keine Erklärung verlangen"
"and you are not to ask for any explanation"

"Aber denk daran, wenn du dieses Cover berührst, ist alles vorbei zwischen uns."
"But, remember, if you touch this cover, everything is over between us"

Hallward war wie vom Donner gerührt
Hallward was thunderstruck

Er schaute Dorian Gray völlig erstaunt an
He looked at Dorian Gray in absolute amazement

Er hatte ihn noch nie so gesehen
He had never seen him like this before

Der Junge war tatsächlich bleich vor Wut
The lad was actually pallid with rage

Seine Hände waren geballt
His hands were clenched

und die Pupillen seiner Augen waren wie Scheiben von blauem Feuer
and the pupils of his eyes were like disks of blue fire

Er zitterte am ganzen Körper
He was trembling all over

"Dorian!"
"Dorian!"

"Sprich nicht!"
"Don't speak!"

»Aber was ist los?«
"But what is the matter?"

Er drehte sich auf dem Absatz um und ging zum Fenster

he turned on his heel and went over towards the window
"**Natürlich werde ich es mir nicht ansehen, wenn du es nicht willst.**"
"Of course I won't look at it if you don't want me to"
"**Aber es scheint wirklich ziemlich absurd, dass ich meine eigene Arbeit nicht sehen sollte**"
"But, really, it seems rather absurd that I shouldn't see my own work"
"**Ich werde es im Herbst in Paris ausstellen**"
"I am going to exhibit it in Paris in the autumn"
»**Vorher werde ich es wohl noch einmal lackieren müssen.**«
"I shall probably have to give it another coat of varnish before that"
"**Also muss ich es eines Tages sehen, und warum nicht heute?**"
"so I must see it someday, and why not today?"
»**Sie wollen es ausstellen?**« rief Dorian Gray
"You want to exhibit it?" exclaimed Dorian Gray
ein seltsames Gefühl des Entsetzens beschlich ihn
a strange sense of terror crept over him
Würde die Welt sein Geheimnis erfahren?
Was the world going to be shown his secret?
Würden die Leute das Geheimnis seines Lebens bestaunen?
Were people to gape at the mystery of his life?
Das war unmöglich
That was impossible
Etwas, von dem er nicht wußte, was, mußte sofort getan werden
Something, he did not know what, had to be done at once
»**Jawohl; Ich nehme nicht an, dass Sie dagegen etwas einzuwenden haben.**"
"Yes; I don't suppose you will object to that"
"**Georges Petit wird meine besten Bilder sammeln**"
"Georges Petit is going to collect all my best pictures"
"**Er organisiert eine Sonderausstellung meiner Bilder**"
"he is organising a special exhibition of my paintings"
"**Die Ausstellung wird in der Rue de Sèze sein**"
"the exhibition will be in the Rue de Sèze"
"**und die Ausstellung wird in der ersten Oktoberwoche eröffnet**"
"and the exhibition will open the first week in October"
"**Das Porträt wird nur einen Monat weg sein**"
"The portrait will only be away for a month"
"**Ich denke, Sie könnten das Gemälde für diese Zeit leicht aufsparen**"
"I think you could easily spare the painting for that time"

"Tatsächlich sind Sie sicher nicht in der Stadt"
"In fact, you are sure to be out of town"
"Und du bewahrst es sowieso hinter einer Tarnung"
"And you are keeping it behind a cover anyway"
"Es ist dir also klar, dass es dir egal ist"
"so clearly you don't care much about it"
Dorian Gray fuhr sich mit der Hand über die Stirn
Dorian Gray passed his hand over his forehead
Da waren Schweißperlen
There were beads of perspiration there
Er fühlte, daß er am Rande einer schrecklichen Gefahr stand
He felt that he was on the brink of a horrible danger
"Sie haben mir vor einem Monat gesagt, dass Sie es niemals ausstellen würden"
"You told me a month ago that you would never exhibit it"
"Warum hast du deine Meinung geändert?"
"Why have you changed your mind?"
"Ihr Leute gebt vor, konsequent zu sein"
"You people pretend to be consistent"
"Aber du hast genauso viele Stimmungen wie andere"
"but you have just as many moods as others have"
"Der einzige Unterschied ist, dass deine Stimmungen ziemlich bedeutungslos sind"
"The only difference is that your moods are rather meaningless"
»Sie können nicht vergessen haben, was Sie mir feierlich versichert haben.«
"You can't have forgotten what you assured me most solemnly"
»Sie sagten, nichts würde Sie veranlassen, es auf eine Ausstellung zu schicken.«
"you said nothing would induce you to send it to any exhibition"
"Du hast Harry genau das Gleiche gesagt"
"You told Harry exactly the same thing"
Plötzlich hielt er inne, und ein Leuchten trat in seine Augen
He stopped suddenly, and a gleam of light came into his eyes
Er erinnerte sich, was Lord Henry einmal zu ihm gesagt hatte
He remembered what Lord Henry had said to him once
er hatte es halb im Ernst und halb im Scherz gesagt
he had said it half seriously, and half in jest
"Wenn du eine seltsame Viertelstunde haben willst, habe ich genau das Richtige"
"If you want to have a strange quarter of an hour, I have just the

thing"
"Lass dir von Basil sagen, warum er dein Bild nicht ausstellen will"
"get Basil to tell you why he won't exhibit your picture"
"Er sagte mir, warum er es nicht tun würde"
"He told me why he wouldn't"
"Und es war eine Offenbarung für mich"
"and it was a revelation to me"
Ja, vielleicht hatte auch Hallward sein Geheimnis
Yes, perhaps Hallward, too, had his secret
Er sollte ihn fragen und es versuchen
He should ask him and try
»Basil«, sagte er und kam ganz nahe heran
"Basil," he said, coming over quite close
und er sah ihm direkt ins Gesicht
and he looked him straight in the face
"Jeder von uns hat ein Geheimnis"
"we have each of us a secret"
"Lass es mich wissen, und ich werde dir das meine sagen."
"Let me know yours, and I shall tell you mine"
"Was war der Grund, warum Sie sich weigerten, mein Bild auszustellen?"
"What was your reason for refusing to exhibit my picture?"
Der Maler schauderte wider seinen Willen.
The painter shuddered in spite of himself.
"Dorian, wenn ich es dir sagen würde, magst du mich vielleicht weniger."
"Dorian, if I told you, you might like me less"
"Und du würdest mich sicher auslachen"
"and you would certainly laugh at me"
"Ich könnte es nicht ertragen, dass du beides tust."
"I could not bear your doing either of those two things"
"Wenn du willst, dass ich dein Bild nie wieder ansehe, bin ich zufrieden."
"If you wish me never to look at your picture again, I am content"
"Ich muss dich immer ansehen"
"I have always you to look at"
"Wenn Sie wünschen, dass die beste Arbeit, die ich je getan habe, vor der Welt verborgen bleibt, haben Sie meine Erlaubnis."
"If you wish the best work I have ever done to be hidden from the world, you have my permission"
"Deine Freundschaft ist mir teurer als jeder Ruhm oder jeder Ruf"

"Your friendship is dearer to me than any fame or reputation"
»Nein, Basil, du mußt es mir sagen«, beharrte Dorian Gray
"No, Basil, you must tell me," insisted Dorian Gray
"Ich denke, ich habe ein Recht darauf, es zu wissen"
"I think I have a right to know"
Sein Gefühl des Entsetzens war verflogen
His feeling of terror had passed away
und Neugier war an die Stelle des Schreckens getreten
and curiosity had taken the place of terror
Er war entschlossen, Basil Hallwards Geheimnis zu lüften
He was determined to find out Basil Hallward's mystery
»Setzen wir uns, Dorian«, sagte der Maler mit beunruhigter Miene
"Let us sit down, Dorian," said the painter, looking troubled
"Lass uns zusammensetzen und mir nur eine Frage beantworten"
"Let us sit down, and just answer me one question"
"Ist dir auf dem Bild etwas Merkwürdiges aufgefallen?"
"Have you noticed in the picture something curious?"
"Ist Ihnen etwas aufgefallen, das Ihnen wahrscheinlich zuerst nicht aufgefallen ist?"
"have you noticed something that probably at first did not strike you?"
"Etwas, das sich dir plötzlich offenbart hat"
"something that revealed itself to you suddenly"
»lieber Basil!« rief der Knabe
"dear Basil!" cried the lad
er umklammerte die Armlehnen seines Stuhls mit zitternden Händen
he clutched the arms of his chair with trembling hands
und er sah ihn mit wilden, erschrockenen Augen an
and he gazed at him with wild startled eyes
"Ich sehe, dass du es getan hast. Sprich nicht"
"I see you did. Don't speak"
"Warte, bis du hörst, was ich zu sagen habe."
"Wait till you hear what I have to say"
"Dorian, von dem Moment an, als ich dich kennengelernt habe, hatte deine Persönlichkeit den außergewöhnlichsten Einfluss auf mich."
"Dorian, from the moment I met you, your personality had the most extraordinary influence over me"
"Ich wurde von dir beherrscht, Seele, Hirn und Macht"
"I was dominated, soul, brain, and power, by you"

"Du wurdest für mich die sichtbare Inkarnation dieses unsichtbaren Ideals"
"You became to me the visible incarnation of that unseen ideal"
"Ein Ideal, dessen Erinnerung uns Künstler wie ein exquisiter Traum verfolgt"
"an ideal whose memory haunts us artists like an exquisite dream"
"Ich habe dich angebetet"
"I worshipped you"
"Ich wurde eifersüchtig auf jeden, mit dem du gesprochen hast"
"I grew jealous of every one to whom you spoke"
"Ich wollte dich ganz für mich allein haben"
"I wanted to have you all to myself"
"Ich war nur glücklich, als ich bei dir war"
"I was only happy when I was with you"
"Als du von mir weg warst, warst du immer noch in meiner Kunst präsent"
"When you were away from me, you were still present in my art"
"Natürlich habe ich dir nie etwas darüber gesagt"
"Of course, I never let you know anything about this"
"Es wäre unmöglich gewesen"
"It would have been impossible"
"Du hättest es nicht verstanden"
"You would not have understood it"
"Ich habe es selbst kaum verstanden"
"I hardly understood it myself"
"Ich wusste nur, dass ich Perfektion von Angesicht zu Angesicht gesehen hatte"
"I only knew that I had seen perfection face to face"
"Und die Welt war in meinen Augen wunderbar geworden"
"and the world had become wonderful to my eyes"
»vielleicht zu wunderbar, denn in solchen wahnsinnigen Anbetungen liegt Gefahr.«
"too wonderful, perhaps, for in such mad worships there is peril"
"die Gefahr, sie zu verlieren, nicht weniger als die Gefahr, sie zu behalten"
"the peril of losing them, no less than the peril of keeping them"
"Wochen und Wochen vergingen, und ich ging immer mehr in dir auf"
"Weeks and weeks went on, and I grew more and more absorbed in you"
"Dann kam eine neue Entwicklung"

"Then came a new development"
"Ich hatte dich gezeichnet wie Paris in zierlicher Rüstung"
"I had drawn you as Paris in dainty armour"
»und ich hatte dich als Adonis gezeichnet mit Jägermantel und poliertem Eberspeer.«
"and I had drawn you as Adonis with huntsman's cloak and polished boar-spear"
"Mit schweren Lotusblüten gekrönt, hast du auf dem Bug von Adrians Kahn gesessen"
"Crowned with heavy lotus-blossoms you had sat on the prow of Adrian's barge"
"Du hast über den grünen, trüben Nil geblickt"
"you gazed across the green turbid Nile"
Du hattest dich über den stillen Teich eines griechischen Waldes gebeugt."
You had leaned over the still pool of some Greek woodland"
"Und du hattest im stillen Silber des Wassers das Wunder deines eigenen Antlitzes gesehen."
"and you had seen in the water's silent silver the marvel of your own face"
"Und es war alles das, was Kunst sein sollte; unbewusst, ideal und fern"
"And it had all been what art should be; unconscious, ideal, and remote"
"Dann, eines verhängnisvollen Tages, malte ich etwas anderes"
"then, one fatal day, I painted something else"
"Ich habe beschlossen, ein wunderbares Porträt von dir zu malen, wie du wirklich bist"
"I determined to paint a wonderful portrait of you as you actually are"
"Ich hatte beschlossen, dich nicht im Kostüm der Toten zu malen"
"I had decided not to paint you in the costume of dead ages"
»aber ich wollte dich in deinem eigenen Kleid und in deiner eigenen Zeit malen.«
"but I was going to paint you in your own dress and in your own time"
"Vielleicht war es der Realismus der Methode"
"maybe it was the realism of the method"
"Oder vielleicht war es nur das Wunder deiner eigenen Persönlichkeit"
"or maybe it was the mere wonder of your own personality"

"**Was es war, weiß ich nicht**"
"which it was, I do not know"
"**Aber ich weiß, wie ich mich gefühlt habe, als ich daran gearbeitet habe**"
"But I know how I felt as I worked at it"
"**Du wurdest mir ohne Nebel und Schleier vorgestellt**"
"you were presented to me without mist or veil"
"**Jede Flocke und jeder Farbfilm schien mir mein Geheimnis zu enthüllen**"
"every flake and film of colour seemed to me to reveal my secret"
"**Ich bekam Angst, dass andere von meinem Götzendienst erfahren könnten**"
"I grew afraid that others would know of my idolatry"
"**Ich hatte das Gefühl, Dorian, dass ich zu viel erzählt hatte.**"
"I felt, Dorian, that I had told too much"
"**Ich habe gesagt, dass ich zu viel von mir selbst hineingesteckt habe**"
"I said that I had put too much of myself into it"
"**Dann beschloss ich, das Bild niemals ausstellen zu lassen.**"
"Then it was that I resolved never to allow the picture to be exhibited"
"**Du warst ein wenig verärgert**"
"You were a little annoyed"
"**Aber dann hast du nicht begriffen, was es für mich bedeutete**"
"but then you did not realize all that it meant to me"
"**Harry, mit dem ich darüber gesprochen habe, hat mich ausgelacht**"
"Harry, to whom I talked about it, laughed at me"
"**Aber das hat mir nichts ausgemacht**"
"But I did not mind that"
"**Als das Bild fertig war und ich allein damit saß, hatte ich das Gefühl, dass ich Recht hatte**"
"When the picture was finished, and I sat alone with it, I felt that I was right"
"**Nun, nach ein paar Tagen hat das Ding mein Atelier verlassen**"
"Well, after a few days the thing left my studio"
"**»es schien mir, als wäre ich töricht gewesen, als ich mir einbildete, etwas darin gesehen zu haben.«**"
"it seemed to me that I had been foolish in imagining that I had seen anything in it"
"**Mehr als das, du warst extrem gut aussehend**"
"more than that, you were extremely good-looking"

"und dein gutes Aussehen könnte ich malen"
"and your good looks I could paint"
"Selbst jetzt kann ich mich des Gefühls nicht erwehren, dass es ein Fehler ist"
"Even now I cannot help feeling that it is a mistake"
"Wer weiß, ob sich die Leidenschaft, die man empfindet, jemals wirklich in der Arbeit zeigt, die man schafft"
"who knows if the passion one feels is ever really shown in the work one creates"
"Kunst ist immer abstrakter, als uns lieb ist"
"Art is always more abstract than we fancy"
"Form und Farbe sagen uns von Form und Farbe – das ist alles"
"Form and colour tell us of form and colour—that is all"
"Es scheint mir oft, dass die Kunst den Künstler tatsächlich verbirgt"
"It often seems to me that art actually conceals the artist"
"Es verbirgt den Künstler viel vollständiger, als es ihn jemals enthüllt"
"it conceals the artist far more completely than it ever reveals him"
"Und dann bekam ich dieses Angebot aus Paris"
"And then I got this offer from Paris"
"Ich beschloss, Ihr Porträt zur Hauptsache meiner Ausstellung zu machen"
"I determined to make your portrait the principal thing in my exhibition"
"Es ist mir nie in den Sinn gekommen, dass du ablehnen würdest"
"It never occurred to me that you would refuse"
"Ich sehe jetzt, dass du Recht hattest"
"I see now that you were right"
"Das Bild kann nicht angezeigt werden"
"The picture cannot be shown"
"Du darfst mir nicht böse sein, Dorian, wegen dem, was ich dir gesagt habe."
"You must not be angry with me, Dorian, for what I have told you"
"Wie ich zu Harry sagte, einmal bist du dazu gemacht, angebetet zu werden."
"As I said to Harry, once, you are made to be worshipped"
Dorian Gray holte tief Atem
Dorian Gray drew a long breath
Die Farbe kehrte in seine Wangen zurück
The colour came back to his cheeks

und ein Lächeln spielte um seine Lippen
and a smile played about his lips
Die Gefahr war vorüber
The peril was over
Er war für den Moment in Sicherheit
He was safe for the time
Und doch konnte er nicht umhin, unendliches Mitleid mit dem Maler zu empfinden
Yet he could not help feeling infinite pity for the painter
der liebe Basil hatte ihm soeben dieses seltsame Geständnis gemacht
dear Basil had just made this strange confession to him
und er fragte sich, ob er selbst jemals so von der Persönlichkeit eines Freundes beherrscht werden würde
and he wondered if he himself would ever be so dominated by the personality of a friend
Lord Henry hatte den Charme, sehr gefährlich zu sein
Lord Henry had the charm of being very dangerous
aber das war die einzige Gefahr für Lord Henry
but that was the only danger to Lord Henry
Er war zu klug und zu zynisch, um ihn wirklich zu mögen
He was too clever and too cynical to be really fond of
Würde es jemals jemanden geben, der ihn mit einem seltsamen Götzendienst erfüllen würde?
Would there ever be someone who would fill him with a strange idolatry?
War das eines der Dinge, die das Leben bereithielt?
Was that one of the things that life had in store?
»Es ist ungewöhnlich für mich, Dorian«, sagte Hallward
"It is extraordinary to me, Dorian," said Hallward
"Es ist außergewöhnlich, dass Sie das auf dem Porträt gesehen haben"
"it is extraordinary that you should have seen this in the portrait"
"Hast du es wirklich gesehen?"
"Did you really see it?"
»Ich habe etwas darin gesehen«, antwortete er
"I saw something in it," he answered
"etwas, das mir sehr merkwürdig vorkam"
"something that seemed to me very curious"
»Nun, es macht Ihnen nichts aus, wenn ich mir das Ding jetzt ansehe?«

"Well, you don't mind my looking at the thing now?"
Dorian schüttelte den Kopf
Dorian shook his head
»Das darfst du mich nicht fragen, lieber Basil.«
"You must not ask me that, dear Basil"
"Ich könnte dich unmöglich vor diesem Bild stehen lassen"
"I could not possibly let you stand in front of that picture"
"Das wirst du doch eines Tages tun?"
"You will someday, surely?"
"Niemals"
"Never"
"Nun, vielleicht hast du recht"
"Well, perhaps you are right"
"Und nun auf Wiedersehen, Dorian"
"And now good-bye, Dorian"
"Du warst die einzige Person in meinem Leben, die meine Kunst wirklich beeinflusst hat"
"You have been the one person in my life who has really influenced my art"
"Was immer ich getan habe, das gut ist, schulde ich dir"
"Whatever I have done that is good, I owe to you"
»Ah! du weißt nicht, was es mich gekostet hat, dir alles zu erzählen, was ich dir gesagt habe."
"Ah! you don't know what it cost me to tell you all that I have told you"
»Meine Liebe«, sagte Dorian, »was hast du mir gesagt?«
"My dear," said Dorian, "what have you told me?"
"Du hast einfach gesagt, dass du das Gefühl hast, dass du mich zu sehr bewunderst"
"you've simply said that you felt that you admired me too much"
"Das ist nicht einmal ein Kompliment"
"That is not even a compliment"
"Es war nicht als Kompliment gedacht"
"It was not intended as a compliment"
"Es war als Geständnis gemeint"
"it was meant as a confession"
"Jetzt, wo ich es gestanden habe, scheint etwas aus mir herausgegangen zu sein"
"Now that I have confessed it, something seems to have gone out of me"
"Vielleicht sollte man seine Anbetung nie in Worte fassen"

"Perhaps one should never put one's worship into words"
"Es war ein sehr enttäuschendes Geständnis"
"It was a very disappointing confession"
"Nun, was hast du erwartet, Dorian?"
"Why, what did you expect, Dorian?"
"Du hast nichts anderes auf dem Bild gesehen, oder?"
"You didn't see anything else in the picture, did you?"
"Es gab nichts anderes zu sehen?"
"There was nothing else to see?"
»Nein; es gab nichts anderes zu sehen"
"No; there was nothing else to see"
"Warum fragst du?"
"Why do you ask?"
"Aber du darfst nicht über Anbetung sprechen"
"But you mustn't talk about worship"
"Es ist töricht"
"It is foolish"
»Du und ich sind Freunde, Basil, und wir müssen es immer bleiben.«
"You and I are friends, Basil, and we must always remain so"
»Sie haben Harry«, sagte der Maler traurig
"You have got Harry," said the painter sadly
»Oh, Harry!« rief der Junge mit einem Lachen
"Oh, Harry!" cried the lad, with a ripple of laughter
"Harry verbringt seine Tage damit, etwas Unglaubliches zu sagen"
"Harry spends his days in saying what is incredible"
"Und er verbringt seine Abende damit, das Unwahrscheinliche zu tun"
"and he spends his evenings in doing what is improbable"
"Genau die Art von Leben, die ich führen möchte"
"Just the sort of life I would like to lead"
"Aber ich glaube nicht, dass ich zu Harry gehen würde, wenn ich in Schwierigkeiten wäre."
"But still I don't think I would go to Harry if I were in trouble"
"Ich würde lieber zu dir gehen, Basil"
"I would sooner go to you, Basil"
"Willst du dich wieder hinsetzen, damit ich dich zeichne?"
"You will sit for me to draw you again?"
"Unmöglich!"
"Impossible!"
"Du verdirbst mir das Leben als Künstler, indem du dich weigerst,

Dorian"
"You spoil my life as an artist by refusing, Dorian"
"Kein Mensch stößt auf zwei ideale Dinge"
"No man comes across two ideal things"
"Nur wenige Männer stoßen auf eine ideale Sache"
"Few men come across one ideal thing"
"Ich kann es dir nicht erklären, lieber Basil."
"I can't explain it to you, dear Basil"
"aber ich darf nie wieder für dich sitzen"
"but I must never sit for you again"
"Ein Porträt hat etwas Fatales"
"There is something fatal about a portrait"
"Es hat ein Eigenleben"
"It has a life of its own"
"Ich komme und trinke Tee mit dir"
"I will come and have tea with you"
"Das wird genauso angenehm sein"
"That will be just as pleasant"
»Angenehmer für Sie, fürchte ich«, murmelte Hallward bedauernd
"Pleasanter for you, I am afraid," murmured Hallward regretfully
"Und nun auf Wiedersehen"
"And now good-bye"
"Es tut mir leid, dass du mich nicht noch einmal auf das Bild schauen lässt"
"I am sorry you won't let me look at the picture once again"
"Aber das ist nicht zu ändern"
"But that can't be helped"
"Ich verstehe sehr gut, was du darüber denkst"
"I quite understand what you feel about it"
Als er den Raum verließ, lächelte Dorian Gray in sich hinein
As he left the room, Dorian Gray smiled to himself
Armer, lieber Basil! Wie wenig wußte er von dem wahren Grunde!
Poor dear Basil! How little he knew of the true reason!
Und wie seltsam das alles war
And how strange it all was
er war nicht gezwungen worden, sein eigenes Geheimnis zu enthüllen
he hadn't been forced to reveal his own secret
stattdessen war ihm fast zufällig etwas anderes gelungen
instead, almost by chance, he had succeeded in something else
Er hatte seinem Freund ein Geheimnis entrissen!

he had wrested a secret from his friend!
Wie viel erklärte ihm dieses seltsame Geständnis!
How much that strange confession explained to him!
Die absurden Eifersuchtsanfälle des Malers und seine wilde Hingabe
The painter's absurd fits of jealousy and his wild devotion
seine ausschweifenden Lobeshymnen und seine merkwürdige Zurückhaltung
his extravagant panegyrics and his curious reticence
Er verstand jetzt sein ganzes seltsames Benehmen
he understood all his strange behaviour now
und er hatte Mitleid mit seinem Freund
and he felt sorry for his friend
Es schien ihm etwas Tragisches darin zu sein
There seemed to him to be something tragic in it
Freundschaft sollte nicht so sehr von Romantik gefärbt sein
friendship should not be so coloured by romance
Er seufzte und berührte die Glocke
He sighed and touched the bell
Das Porträt muss unbedingt versteckt werden
The portrait must be hidden away at all costs
Er konnte nicht noch einmal ein solches Risiko eingehen, entdeckt zu werden
He could not run such a risk of discovery again
Es war verrückt von ihm gewesen, das Ding auch nur eine Stunde lang liegen zu lassen
It had been mad of him to have allowed the thing to remain, even for an hour
in einem Raum, zu dem jeder seiner Freunde Zugang hatte
in a room to which any of his friends had access

Zehntes Kapitel
Chapter Ten

Als sein Diener eintrat, sah er ihn unverwandt an
When his servant entered, he looked at him steadfastly
Er fragte sich, ob er daran gedacht hatte, hinter die Deckung zu spähen
he wondered if he had thought of peering behind the cover
Der Mann war ganz teilnahmslos und wartete auf seine Befehle
The man was quite impassive and waited for his orders
Dorian zündete sich eine Zigarette an, ging zu dem Glas und warf einen Blick hinein
Dorian lit a cigarette and walked over to the glass and glanced into it
Er konnte das Spiegelbild von Victors Gesicht perfekt sehen
He could see the reflection of Victor's face perfectly
Es war wie eine friedliche Maske der Unterwürfigkeit
It was like a placid mask of servility
Es gab nichts, wovor man Angst haben musste
There was nothing to be afraid of
Dennoch hielt er es für das Beste, auf der Hut zu sein
Yet he thought it best to be on his guard
er sagte ihm, er solle der Haushälterin sagen, daß er sie sehen wolle
he told him to tell the house-keeper that he wanted to see her
und dann sagte er ihm, er solle zum Rahmenmacher gehen
and then he told him to go to the frame-maker
und er bat darum, daß zwei seiner Leute auf einmal herumgeschickt würden
and he asked for two of his men to be sent round at once
Als der Mann ging, schienen seine Augen in die Richtung des Porträts zu wandern
as the man left his eyes seemed to wander in the direction of the portrait
Oder war das nur seine eigene Einbildung?
Or was that merely his own fancy?
Nach einigen Augenblicken eilte Mrs. Leaf in die Bibliothek
After a few moments Mrs. Leaf bustled into the library
sie trug ihr schwarzes Seidenkleid
she was in her black silk dress
und sie trug altmodische Fadenhandschuhe an ihren faltigen Händen
and she wore old-fashioned thread mittens on her wrinkled hands
Er fragte sie nach dem Schlüssel für das Schulzimmer

He asked her for the key of the schoolroom
»Das alte Schulzimmer, Mr. Dorian?« rief sie
"The old schoolroom, Mr. Dorian?" she exclaimed
"Aber Dorian, der Raum ist voller Staub"
"but Dorian, the room is full of dust"
"Ich muss es in Ordnung bringen und in Ordnung bringen, bevor du dich darauf einlässt."
"I must get it arranged and put straight before you go into it"
»Es ist nicht für Sie geeignet, es zu sehen, Sir.«
"It is not fit for you to see, sir"
"Ich will nicht, dass es richtig gestellt wird, Leaf"
"I don't want it put straight, Leaf"
"Ich will nur den Schlüssel"
"I only want the key"
»Nun, Sir, Sie werden mit Spinnweben bedeckt sein, wenn Sie hineingehen.«
"Well, sir, you'll be covered with cobwebs if you go into it"
"Es wurde seit fast fünf Jahren nicht mehr geöffnet, seit Seine Lordschaft gestorben ist."
"it hasn't been opened for nearly five years, since his lordship died"
Er zuckte zusammen, als er seinen Großvater erwähnte
He winced at the mention of his grandfather
Er hatte hasserfüllte Erinnerungen an ihn
He had hateful memories of him
»Das macht nichts«, antwortete er
"That does not matter," he answered
»Ich will nur den Ort sehen – das ist alles.«
"I simply want to see the place—that is all"
"Gib mir den Schlüssel"
"Give me the key"
»Und hier ist der Schlüssel, Sir«, sagte die alte Dame
"And here is the key, sir," said the old lady
und sie ging mit zitternder Unsicherheit über den Inhalt ihrer Hände
and she went over the contents of her hands with tremulous uncertainty
"Hier ist der Schlüssel, ich werde ihn gleich von den anderen entfernen"
"Here is the key, I'll have it off the others in a moment"
»Aber Sie denken nicht daran, dort oben zu wohnen, Sir?
"But you're not thinking of living up there, sir?

"Du hast es so bequem hier unten"
"you have it so comfortable down here"
»Nein, nein«, rief er gereizt
"No, no," he cried petulantly
"Danke, Leaf. Das wird reichen."
"Thank you, Leaf. That will do"
Sie verweilte einige Augenblicke
She lingered for a few moments
und sie war geschwätzig über einige Einzelheiten des Haushalts
and she was garrulous over some detail of the household
Er seufzte und sagte ihr, sie solle die Dinge so regeln, wie sie es für richtig halte
He sighed and told her to manage things as she thought best
Sie verließ den Raum mit einem Lächeln
She left the room, wreathed in smiles
Als sich die Tür schloss, steckte Dorian den Schlüssel in seine Tasche
As the door closed, Dorian put the key in his pocket
und er sah sich im Zimmer um.
and he looked round the room.
Sein Blick fiel auf eine große, violette Satindecke, die stark mit Gold bestickt war
His eye fell on a large, purple satin coverlet heavily embroidered with gold
ein prächtiges Stück venezianischer Arbeit des späten 17. Jahrhunderts
a splendid piece of late seventeenth-century Venetian work
sein Großvater hatte es in einem Kloster in der Nähe von Bologna gefunden
his grandfather had found it in a convent near Bologna
Ja, das würde dazu dienen, das schreckliche Ding in
Yes, that would serve to wrap the dreadful thing in
der Stoff hatte vielleicht oft als Sarg für die Toten gedient
the fabric had perhaps served often as a pall for the dead
Jetzt ging es darum, etwas zu verbergen, das eine eigene Verderbnis hatte
Now it was to hide something that had a corruption of its own
etwas, das schlimmer war als die Verderbnis des Todes selbst
something that was worse than the corruption of death itself
etwas, das Schrecken hervorbringen und doch niemals sterben würde

something that would breed horrors and, yet would never die
Was der Wurm für den Leichnam war, seine Sünden für das gemalte Bild auf der Leinwand
What the worm was to the corpse, his sins would be to the painted image on the canvas
Sie würden seine Schönheit verderben und seine Anmut auffressen
They would mar its beauty and eat away its grace
Sie würden es beschmutzen und beschämend machen
They would defile it and make it shameful
Und doch würde das Ding weiterleben
And yet the thing would still live on
Es würde immer lebendig sein
It would be always alive
Er schauderte und bereute einen Augenblick, daß er es Basil nicht gesagt hatte
He shuddered, and for a moment he regretted that he had not told Basil
er wünschte, er hätte ihm den wahren Grund gesagt, warum er das Bild hatte verstecken wollen
he wished he had told him the true reason why he had wished to hide the picture away
Basil hätte ihm geholfen, Lord Henrys Einfluß zu widerstehen
Basil would have helped him to resist Lord Henry's influence
er hätte ihm geholfen, den noch giftigeren Einflüssen seines eigenen Temperaments zu widerstehen
he would have helped him resist the even more poisonous influences of his own temperament
Die Liebe, die er ihm entgegenbrachte, enthielt nichts, was nicht edel und intellektuell war
The love that he bore him had nothing in it that was not noble and intellectual
Es war nicht jene bloße körperliche Bewunderung der Schönheit, die aus den Sinnen geboren wird
It was not that mere physical admiration of beauty that is born of the senses
Es war nicht die Liebe, die stirbt, wenn die Sinne ermüden
it was not the love that dies when the senses tire
Es war eine solche Liebe, wie Michelangelo und Montaigne sie gekannt hatten
It was such love as Michelangelo and Montaigne had known

es war dieselbe Liebe, die Winckelmann und Shakespeare gekannt hatten
it was the same love Winckelmann and Shakespeare had known
Ja, der liebe Basil hätte ihn retten können
Yes, dear Basil could have saved him
Aber jetzt war es zu spät
But it was too late now
Die Vergangenheit konnte immer vernichtet werden
The past could always be annihilated
Reue, Verleugnung oder Vergesslichkeit könnten das bewirken
Regret, denial, or forgetfulness could do that
Aber die Zukunft war unvermeidlich
But the future was inevitable
Es gab Leidenschaften in ihm, die ihr schreckliches Ventil finden würden
There were passions in him that would find their terrible outlet
es würde Träume geben, die den Schatten ihres Bösen real werden ließen
there were going to be dreams that would make the shadow of their evil real
und er hob die große purpurgoldene Textur auf
and he lifted the great purple-and-gold texture
War das Gesicht auf der Leinwand abscheulicher als zuvor?
Was the face on the canvas viler than before?
Es schien ihm, als sei es unverändert
It seemed to him that it was unchanged
und doch wurde sein Abscheu vor seinem Bild noch verstärkt
and yet, his loathing of his picture was intensified
Goldenes Haar, blaue Augen und rosenrote Lippen – sie waren alle da
Gold hair, blue eyes, and rose-red lips—they all were there
Es war einfach der Ausdruck, der sich verändert hatte
It was simply the expression that had altered
Es lag eine besondere Grausamkeit in der Veränderung
there was a special cruelty to the change
nichts im Vergleich zu der Zurechtweisung der Veränderung des Bildes
nothing compared to the rebuke of the change in the picture
wie oberflächlich waren Basil' Vorwürfe über Sibylle Vane gewesen!
how shallow Basil's reproaches about Sibyl Vane had been!

Seine eigene Seele blickte ihn von der Leinwand aus an
His own soul was looking out at him from the canvas
und seine Seele rief ihn zum Gericht
and his soul was calling him to judgement
Ein Ausdruck des Schmerzes überkam ihn
A look of pain came across him
und er warf den reichen Schleier über das Bild
and he flung the rich pall over the picture
Als er das tat, klopfte es an der Tür
As he did so, a knock came to the door
Er ging hinaus, als sein Diener eintrat
He went out as his servant entered
»Die Personen sind hier, Monsieur.«
"The persons are here, Monsieur"
Er fühlte, daß der Mann sofort loswerden mußte
He felt that the man must be got rid of at once
Er darf nicht wissen, wohin das Bild gebracht wurde
He must not be allowed to know where the picture was being taken to
Er hatte etwas Schlaues an sich
There was something sly about him
und er hatte nachdenkliche, verräterische Augen
and he had thoughtful, treacherous eyes
Er setzte sich an den Schreibtisch und kritzelte eine Notiz an Lord Henry
Sitting down at the writing-table he scribbled a note to Lord Henry
er bat ihn, ihm etwas zu lesen zu schicken
he asked him to send him something to read
und er erinnerte ihn daran, dass sie sich an diesem Abend um acht Uhr fünfzehn treffen würden
and he reminded him that they were to meet at eight-fifteen that evening
»Warten Sie auf eine Antwort«, sagte er und reichte ihm den Brief
"Wait for an answer," he said, handing the letter to him
"und dann die Männer in den Raum führen"
"and then show the men into the room"
In zwei oder drei Minuten klopfte es wieder
In two or three minutes there was another knock
es war L. Ron Hubbard selbst, der berühmte Rahmenmacher der South Audley Street
it was Mr. Hubbard himself, the celebrated frame-maker of South

Audley Street
er kam mit einem etwas grobschlächtig aussehenden jungen Assistenten herein
he came in with a somewhat rough-looking young assistant
L. Ron Hubbard war ein blühender kleiner Mann mit rotem Backenbart
Mr. Hubbard was a florid, red-whiskered little man
seine Bewunderung für die Kunst war jedoch beträchtlich gedämpft
his admiration for art, however, was considerably tempered
aufgrund der eingefleischten Mittellosigkeit der meisten Künstler, die mit ihm zu tun hatten
due to the inveterate impecuniosity of most of the artists who dealt with him
In der Regel verließ er seinen Laden nie
As a rule, he never left his shop
Er wartete darauf, dass die Leute zu ihm kamen
He waited for people to come to him
Aber er machte immer eine Ausnahme zugunsten von Dorian Gray
But he always made an exception in favour of Dorian Gray
Dorian hatte etwas an sich, das jeden bezauberte
There was something about Dorian that charmed everybody
Es war eine Freude, ihn zu sehen
It was a pleasure even to see him
»Was kann ich für Sie tun, Mr. Gray?« fragte er
"What can I do for you, Mr. Gray?" he said
und er rieb sich seine fetten, sommersprossigen Hände
and he rubbed his fat freckled hands
"Ich dachte, ich würde mir die Ehre erweisen, persönlich vorbeizukommen"
"I thought I would do myself the honour of coming round in person"
»Ich habe gerade einen schönen Rahmen bekommen, Sir.«
"I have just got a beauty of a frame, sir"
"Ich habe es bei einem Verkauf gekauft"
"I picked it up at a sale"
»Der alte Florentiner. Kam aus Fonthill, glaube ich.«
"Old Florentine. Came from Fonthill, I believe"
"Bewundernswert geeignet für ein religiöses Thema, Mr. Gray"
"Admirably suited for a religious subject, Mr. Gray"
"Es tut mir so leid, dass Sie sich die Mühe gemacht haben, zu kommen, Mr. Hubbard."

"I am so sorry you have given yourself the trouble of coming round, Mr. Hubbard"

"Ich werde auf jeden Fall vorbeischauen und mir den Rahmen ansehen"

"I shall certainly drop in and look at the frame"

"obwohl ich in letzter Zeit nicht das Temperament für religiöse Kunst hatte"

"though I haven't been in the temperament for religious art, of late"

"aber heute möchte ich nur ein Bild für mich auf das Dach des Hauses tragen"

"but today I only want a picture carried to the top of the house for me"

"Es ist ein ziemlich schweres Bild"

"It is rather a heavy picture"

"Also dachte ich, ich würde dich bitten, mir ein paar deiner Männer zu leihen."

"so I thought I would ask you to lend me a couple of your men"

"Überhaupt kein Problem, Mr. Gray"

"No trouble at all, Mr. Gray"

"Ich freue mich, Ihnen behilflich zu sein"

"I am delighted to be of any service to you"

»Welches ist das Kunstwerk, Sir?«

"Which is the work of art, sir?"

"Das", antwortete Dorian und schob den Umschlag zurück

"This," replied Dorian, moving the cover back

"Kannst du es bewegen, mit Deckung und allem, so wie es ist?"

"Can you move it, covering and all, just as it is?"

"Ich möchte nicht, dass es zerkratzt wird, wenn ich nach oben gehe"

"I don't want it to get scratched going upstairs"

»Es wird keine Schwierigkeiten geben, Sir«, sagte der freundliche Rahmenmacher

"There will be no difficulty, sir," said the friendly frame-maker

Das Bild war an einer langen Messingkette aufgehängt

the picture was suspended by a long brass chain

mit Hilfe seines Assistenten begann L. Ron Hubbard, das Bild auszuhängen

with the aid of his assistant, Mr. Hubbard began to unhook the picture

»Und nun, wohin sollen wir es tragen, Mr. Gray?«

"And, now, where shall we carry it to, Mr. Gray?"

"Ich werde Ihnen den Weg zeigen, Mr. Hubbard"

"I will show you the way, Mr. Hubbard"
"Bitte, wenn Sie mir freundlicherweise folgen wollen"
"please, if you will kindly follow me"
"Oder vielleicht solltest du besser vorangehen"
"Or perhaps you had better go in front"
"Ich fürchte, es ist ganz oben im Haus"
"I am afraid it is right at the top of the house"
"Wir gehen über die vordere Treppe hinauf, da sie breiter ist"
"We will go up by the front staircase, as it is wider"
Er hielt ihnen die Tür auf
He held the door open for them
und sie gingen hinaus in die Halle und begannen den Aufstieg
and they passed out into the hall and began the ascent
Der kunstvolle Charakter des Rahmens hatte das Bild extrem sperrig gemacht
The elaborate character of the frame had made the picture extremely bulky
L. Ron Hubbard hatte den wahren Kaufmannsgeist
Mr. Hubbard had the true tradesman's spirit
er wollte keinen Gentleman sehen, der etwas Nützliches tut
he did not want to see a gentleman doing anything useful
aber trotz seiner Proteste half Dorian bei mehreren Gelegenheiten
but despite his protests, Dorian helped on a number of occasions
Schließlich erreichten sie die Spitze des Treppenabsatzes
eventually they reached the top of the landing
»Eine kleine Last zu tragen, Sir«, keuchte der kleine Mann
"Something of a load to carry, sir," gasped the little man
Und er wischte sich die glänzende Stirn
And he wiped his shiny forehead
»Ich fürchte, es ist ziemlich schwer«, murmelte Dorian
"I am afraid it is rather heavy," murmured Dorian
Er schloß die Tür auf, die in den Raum führte
he unlocked the door that opened into the room
das Zimmer, das für ihn das seltsame Geheimnis seines Lebens bewahren sollte
the room that was to keep for him the curious secret of his life
der Raum, der seine Seele vor den Augen der Menschen verbergen sollte
the room that was to hide his soul from the eyes of men
Er hatte den Ort seit mehr als vier Jahren nicht mehr betreten
He had not entered the place for more than four years

Zuerst war es ein Spielzimmer gewesen, als er ein Kind war
first it had been a playroom when he was a child
und dann diente es als Lernraum, wenn er etwas älter wurde
and then it served as a room to study in when he grew somewhat older
Es war ein großer, wohlproportionierter Raum
It was a large, well-proportioned room
es war vom letzten Lord Kelso eigens erbaut worden
it had been specially built by the last Lord Kelso
tatsächlich war es für den kleinen Enkel gebaut worden
in fact, it had been build for the little grandson
Ein Grund dafür war seine seltsame Ähnlichkeit mit seiner Mutter
one reason was his strange likeness to his mother
aber es gab auch andere Gründe, warum er ihn hasste
but there were other reasons also why he hated him
und er wollte seinen Enkel auf Distanz halten
and he wanted to keep his grandson at a distance
das Zimmer schien sich nur wenig verändert zu haben
the room appeared to have but little changed
Es gab den riesigen italienischen Cassone
There was the huge Italian cassone
es hatte immer noch fantastisch bemalte Paneele und angelaufene vergoldete Leisten
it still had fantastically painted panels and tarnished gilt mouldings
er hatte sich als Knabe oft darin versteckt
he had often hidden himself in it as a boy
Da war das Bücherregal aus Satinholz, gefüllt mit seinen Eselsohren-Schulbüchern
There was the satinwood book-case filled with his dog-eared schoolbooks
An der Wand dahinter hing derselbe zerlumpte flämische Wandteppich
On the wall behind it was hanging the same ragged Flemish tapestry
darauf spielten ein verblichener König und eine verblichene Königin in einem Garten Schach
on it a faded king and queen were playing chess in a garden
eine Kompanie von Straßenhändlern ritt vorbei, die vermummte Vögel an ihren Handschuhen trugen
a company of hawkers rode by, carrying hooded birds on their gauntleted wrists
Wie gut er sich an alles erinnerte!

How well he remembered it all!
Jeder Moment seiner einsamen Kindheit kam ihm wieder in den Sinn, als er sich umsah
Every moment of his lonely childhood came back to him as he looked round
Er erinnerte sich an die makellose Reinheit seines Knabenlebens
He recalled the stainless purity of his boyish life
und es kam ihm schrecklich vor, daß hier das verhängnisvolle Porträt versteckt werden sollte
and it seemed horrible to him that it was here the fatal portrait was to be hidden away
Wie wenig hatte er in jenen toten Tagen an alles gedacht, was ihm bevorstand!
How little he had thought, in those dead days, of all that was in store for him!
Aber es gab keinen anderen Ort im Haus, der so sicher vor neugierigen Blicken war wie dieser
But there was no other place in the house so secure from prying eyes as this
Er hatte den Schlüssel, und niemand sonst konnte ihn betreten
He had the key, and no one else could enter it
Unter seiner violetten Hülle konnte das auf die Leinwand gemalte Gesicht bestialisch, durchnässt und unrein werden
Beneath its purple pall, the face painted on the canvas could grow bestial, sodden, and unclean
Was machte das aus? Niemand konnte es sehen
What did it matter? No one could see it
Er selbst würde es nicht sehen
He himself would not see it
Warum sollte er der abscheulichen Verderbnis seiner Seele zusehen?
Why should he watch the hideous corruption of his soul?
Er behielt seine Jugend, das reichte
He kept his youth, that was enough
Und außerdem, könnte sein Wesen nicht doch noch feiner werden?
And, besides, might not his nature grow finer, after all?
Es gab keinen Grund, warum die Zukunft so voller Scham sein sollte
There was no reason that the future should be so full of shame
Etwas Liebe könnte über sein Leben kommen und ihn reinigen
Some love might come across his life, and purify him

etwas Liebe könnte ihn vor den Sünden schützen, die sich in seinem Geist regten
some love might shield him from those sins stirring in his spirit
die merkwürdigen, noch ungeahnten Sünden
those curious as of yet unpictured sins
ihr Geheimnis verleiht ihnen ihre Subtilität und ihren Charme
their mystery lends them their subtlety and their charm
Vielleicht wäre eines Tages der grausame Blick aus dem scharlachroten, empfindlichen Mund verschwunden
Perhaps, some day, the cruel look would have passed away from the scarlet sensitive mouth
und er könnte der Welt Basil Hallwards Meisterwerk zeigen
and he might show to the world Basil Hallward's masterpiece
Nein; das war unmöglich
No; that was impossible
Stunde um Stunde und Woche um Woche wurde das Ding auf der Leinwand alt
Hour by hour, and week by week, the thing upon the canvas was growing old
Es könnte der Abscheulichkeit der Sünde entgehen
It might escape the hideousness of sin
aber die Abscheulichkeit des Alters stand ihm bevor.
but the hideousness of age was in store for it
Die Wangen wurden hohl oder schlaff
The cheeks would become hollow or flaccid
Gelbe Krähenfüße krochen um die verblassenden Augen herum und machten sie schrecklich
Yellow crow's feet would creep round the fading eyes and make them horrible
Das Haar würde seinen Glanz verlieren
The hair was going lose its brightness
der Mund würde klaffen oder hängen
the mouth was going to gape or droop
sonst würde der Mund töricht oder grob werden, wie es der Mund alter Männer ist
or the mouth would become foolish or gross, as the mouths of old men are
Da wären die faltige Kehle und die kalten, blau geäderten Hände
There would be the wrinkled throat and the cold, blue-veined hands
der verdrehte Körper, an den er sich im Großvater erinnerte
the twisted body, that he remembered in the grandfather

der Großvater, der in seiner Knabenzeit so streng zu ihm gewesen war
the grandfather who had been so stern to him in his boyhood
Das Bild musste versteckt werden, es gab keinen anderen Weg
The picture had to be concealed, there was no other way
»Bringen Sie es herein, Mr. Hubbard, bitte«, sagte er müde und drehte sich um
"Bring it in, Mr. Hubbard, please," he said, wearily, turning round
"Es tut mir leid, dass ich dich so lange aufgehalten habe"
"I am sorry I kept you so long"
"Ich dachte an etwas anderes"
"I was thinking of something else"
L. Ron Hubbard schnappte immer noch nach Luft
Mr Hubbard was still gasping for breath
»Ich freue mich immer, mich auszuruhen, Mr. Gray«, antwortete der Rahmenmacher
"Always glad to have a rest, Mr. Gray," answered the frame-maker
»Wo sollen wir es hinstellen, Sir?«
"Where shall we put it, sir?"
»Oh, nirgends besonders. Hier: das wird reichen"
"Oh, nowhere particular. Here: this will do"
"Ich will nicht, dass es aufgehängt wird"
"I don't want to have it hung up"
"Lehnen Sie es einfach an die Wand. Danke"
"Just lean it against the wall. Thanks"
»Könnte man sich das Kunstwerk ansehen, Sir?«
"Might one look at the work of art, sir?"
Dorian erschrak für einen Moment
Dorian was startled for a moment
"Es würde Sie nicht interessieren, Mr. Hubbard"
"It would not interest you, Mr. Hubbard"
und er behielt den Mann im Auge
and he kept his eye on the man
Er fühlte sich bereit, sich auf ihn zu stürzen und ihn zu Boden zu werfen
He felt ready to leap upon him and fling him to the ground
wenn er es wagte, den prächtigen Stoff zu heben, der das Geheimnis seines Lebens verbarg
if he dared to lift the gorgeous fabric that concealed the secret of his life
»Ich werde dich jetzt nicht mehr belästigen.«

"I shan't trouble you any more now"
»Ich bin Ihnen sehr dankbar für Ihre Freundlichkeit, hierher zu kommen.«
"I am much obliged for your kindness in coming round"
"Überhaupt nicht, überhaupt nicht, Mr. Gray"
"Not at all, not at all, Mr. Gray"
"Immer bereit, alles für Sie zu tun, Sir"
"Always ready to do anything for you, sir"
Und L. Ron Hubbard stapfte die Treppe hinunter, gefolgt von dem Assistenten
And Mr. Hubbard tramped downstairs, followed by the assistant
die Assistentin blickte Dorian mit einem Blick schüchtern Verwunderung an
the assistant glanced back at Dorian with a look of shy wonder
Er hatte noch nie jemanden gesehen, der so wunderbar war
He had never seen anyone so marvellous
Als das Geräusch ihrer Schritte verklungen war, schloss Dorian die Tür ab
When the sound of their footsteps had died away, Dorian locked the door
Er fühlte sich jetzt sicher; niemand würde das schreckliche Ding jemals ansehen
He felt safe now; no one would ever look upon the horrible thing
Kein Auge außer dem seinen würde je seine Schande sehen
No eye but his would ever see his shame
Als er die Bibliothek erreichte, stellte er fest, daß es kurz nach fünf Uhr war
On reaching the library, he found that it was just after five o'clock
der Tee war schon gebracht worden
the tea had been already brought up
auf dem Tisch lag ein Geschenk von Lady Radley
there was a present from Lady Radley on the table
Lady Radley war die Frau seines Vormunds
Lady Radley was his guardian's wife
eine hübsche Berufskranke, die den vorhergehenden Winter in Kairo verbracht hatte
a pretty professional invalid who had spent the preceding winter in Cairo
es gab auch eine Notiz von Lord Henry
there was also note from Lord Henry
und neben dem Zettel lag ein in gelbes Papier gebundenes Buch

and beside the note was a book bound in yellow paper
der Bezug leicht eingerissen und die Kanten verschmutzt
the cover slightly torn and the edges soiled
Ein Exemplar der dritten Ausgabe der St. James's Gazette
A copy of the third edition of The St. James's Gazette
Es war offensichtlich, daß Victor zurückgekehrt war
It was evident that Victor had returned
Er fragte sich, ob er die Männer im Flur getroffen hatte, als sie das Haus verließen
He wondered if he had met the men in the hall as they were leaving the house
vielleicht hatte er aus ihnen herausgewurmt, was sie getan hatten
perhaps he had wormed out of them what they had been doing
Er würde sicher sehen, dass das Bild verschwunden war
He would be sure to see the picture had gone
er hatte es ohne Zweifel schon bemerkt, als er das Teegeschirr hingelegt hatte
he had no doubt notice it already, while he had been laying the tea-things
Die Abdeckung war nicht zurückgesetzt worden
The cover had not been set back
und an der Wand war ein leerer Fleck zu sehen
and a blank space was visible on the wall
Vielleicht würde er ihn eines Nachts die Treppe hinaufschleichen sehen
Perhaps some night he might find him creeping upstairs
vielleicht würde er ihn dabei erwischen, wie er versuchte, die Tür des Zimmers aufzubrechen
perhaps he would find him trying to force the door of the room
Es war eine schreckliche Sache, einen Spion im eigenen Haus zu haben
It was a horrible thing to have a spy in one's house
Er hatte von reichen Männern gehört, die ihr ganzes Leben lang erpresst worden waren
He had heard of rich men who had been blackmailed all their lives
ein Diener, der einen Brief gelesen oder ein Gespräch belauscht hatte
a servant who had read a letter, or overheard a conversation
ein Diener, der eine Karte mit einer Adresse abholte
a servant who picked up a card with an address
ein Diener, der unter einem Kissen eine verwelkte Blume oder

einen Fetzen zerknitterter Spitzen gefunden hatte
a servant who had found beneath a pillow a withered flower, or a shred of crumpled lace

Er seufzte, schenkte sich Tee ein und öffnete Lord Henrys Brief
He sighed, and having poured himself out some tea, opened Lord Henry's note

Der Zettel lautete lediglich, dass er ihm die Abendzeitung geschickt habe
the note was simply to say that he sent him the evening paper

und der Zettel erwähnte ein Buch, das ihn interessieren könnte
and the note mentioned a book that might interest him

und er wurde gebeten, um acht Uhr fünfzehn im Club zu sein
and he was asked to be at the club at eight-fifteen

Er öffnete träge das St. James's und sah es durch
He opened The St. James's languidly, and looked through it

Ein roter Bleistiftstrich auf der fünften Seite fiel ihm ins Auge
A red pencil-mark on the fifth page caught his eye

Er lenkte die Aufmerksamkeit auf den folgenden Absatz
It drew attention to the following paragraph

UNTERSUCHUNG EINER SCHAUSPIELERIN
INQUEST ON AN ACTRESS

Heute Morgen fand in der Bell Tavern in der Hoxton Road eine Untersuchung statt
An inquest was held this morning at the Bell Tavern, Hoxton Road

die Untersuchung wurde von Mr. Danby, dem Bezirksgerichtsmediziner, über den Leichnam von Sibyl Vane durchgeführt
the inquest was held by Mr. Danby, the District Coroner, on the body of Sibyl Vane

eine junge Schauspielerin, die kürzlich am Royal Theatre in Holborn engagiert wurde
a young actress recently engaged at the Royal Theatre, Holborn

Es wurde ein Urteil über den Tod durch Missgeschick gefällt
A verdict of death by misadventure was returned

Der Mutter des Verstorbenen wurde großes Mitgefühl ausgesprochen
Considerable sympathy was expressed for the mother of the deceased

ihre Mutter war während der Zeugenaussage sehr betroffen
her mother was greatly affected during the giving of evidence

und die Aussage von Dr. Birrell, der die Obduktion des Verstorbenen vorgenommen hatte

and the evidence of Dr. Birrell, who had made the post-mortem examination of the deceased
Er runzelte die Stirn und zerriß das Papier in zwei Teile
He frowned, and tore the paper in two
Er ging durch das Zimmer und warf die Nachricht weg
he went across the room and flung the news away
Wie häßlich das alles war!
How ugly it all was!
Echte Hässlichkeit macht die Dinge schrecklich!
real ugliness makes things horrible!
Er war ein wenig verärgert über Lord Henry
He felt a little annoyed with Lord Henry
er hätte ihm den Bericht nicht schicken sollen
he shouldn't have sent him the report
Und es war sicherlich dumm von ihm, es mit Rotstift markiert zu haben
And it was certainly stupid of him to have marked it with red pencil
Victor hätte es lesen können
Victor could have read it
Dafür konnte der Mann mehr als genug Englisch
The man knew more than enough English for that
Vielleicht hatte er es gelesen und begonnen, etwas zu ahnen
Perhaps he had read it and had begun to suspect something
Und doch, was machte das aus?
And, yet, what did it matter?
Was hatte Dorian Gray mit Sibyl Vanes Tod zu tun?
What had Dorian Gray to do with Sibyl Vane's death?
Es gab nichts zu befürchten
There was nothing to fear
Dorian Gray hatte sie nicht getötet
Dorian Gray had not killed her
Sein Blick fiel auf das gelbe Buch, das Lord Henry ihm geschickt hatte
His eye fell on the yellow book that Lord Henry had sent him
Was war das für ein Buch, fragte er sich
What was this book, he wondered
Er ging auf den kleinen, perlmuttfarbenen achteckigen Stand zu
He went towards the little, pearl-coloured octagonal stand
es hatte ihm immer wie das Werk einiger seltsamer ägyptischer Bienen ausgesehen, die in Silber gearbeitet hatten
it had always looked to him like the work of some strange Egyptian

bees that wrought in silver
und er nahm das Buch auf und warf sich in einen Lehnstuhl
and taking up the volume, he flung himself into an arm-chair
und er fing an, die Blätter des Buches umzublättern
and he began to turn over the leaves of the book
Nach ein paar Minuten war er in sich versunken
After a few minutes he became absorbed
Es war das seltsamste Buch, das er je gelesen hatte
It was the strangest book that he had ever read
In exquisiten Kleidern tanzten die Sünden der Welt vor ihm
in exquisite clothing the sins of the world were dancing before him
und all das geschah mit dem zarten Klang der Flöten
and all of it was happening to the delicate sound of flutes
Dinge, von denen er dunkel geträumt hatte, wurden für ihn plötzlich Wirklichkeit
Things that he had dimly dreamed of were suddenly made real to him
Dinge, von denen er nie geträumt hatte, wurden nach und nach enthüllt
Things of which he had never dreamed were gradually revealed
Es war ein Roman ohne Handlung und nur eine Figur
It was a novel without a plot and only one character
es war einfach eine psychologische Studie über einen gewissen jungen Pariser
it was simply a psychological study of a certain young Parisian
er hatte sein Leben damit verbracht, frühere Denkweisen zu verstehen
he had spent his life trying to understand previous modes of thought
Denkweisen, die allen Jahrhunderten angehörten, außer seiner eigenen
modes of thought that belonged to all centuries but his own
er versuchte, in sich die verschiedenen Stimmungen zusammenzufassen, durch die der Weltgeist gegangen war
he tried to sum up in himself the various moods through which the world-spirit had passed
er liebte jene Entsagungen, die die Menschen unklugerweise Tugend genannt haben
he loved those renunciations that men have unwisely called virtue
er liebte sie nur, weil sie künstlich waren
he loved them merely because they were artificial
aber er liebte jene natürlichen Rebellionen, die die Weisen noch

Sünde nennen
but he loved those natural rebellions that wise men still call sin
tatsächlich liebte er die Sünden genauso sehr wie die Tugenden
in fact, he loved the sins just as much as the virtues
Der Stil, in dem es geschrieben war, war dieser seltsame juwelenbesetzte Stil
The style in which it was written was that curious jewelled style
lebendig und dunkel zugleich, voller Argot und Archaismen
vivid and obscure at once, full of argot and of archaisms
voller technischer Ausdrücke und ausgeklügelter Paraphrasen
full of technical expressions and of elaborate paraphrases
typisch für die Werke einiger der besten Künstler der französischen Schule der Symbolisten
typical of the work of some of the finest artists of the French school of Symbolists
Es gab Metaphern, so monströs wie Orchideen und so subtil in der Farbe
There were metaphors as monstrous as orchids, and as subtle in colour
Das Leben der Sinne wurde mit den Begriffen der mystischen Philosophie beschrieben
The life of the senses was described in the terms of mystical philosophy
Man wusste manchmal kaum, was man wirklich las
One hardly knew at times what one was really reading
die spirituellen Ekstasen eines mittelalterlichen Heiligen
the spiritual ecstasies of some medieval saint
oder die morbiden Geständnisse eines modernen Sünders
or the morbid confessions of a modern sinner
Es war ein giftiges Buch
It was a poisonous book
Der schwere Duft von Weihrauch schien an seinen Seiten zu haften
The heavy odour of incense seemed to cling to its pages
Der alte Moschusgeruch schien das Gehirn zu beunruhigen
the old musky smell seemed to trouble the brain
Die Kadenz der Sätze und die subtile Monotonie ihrer Musik
The cadence of the sentences and the subtle monotony of their music
voller komplexer Refrains und kunstvoll wiederholter Sätze
full of complex refrains and movements elaborately repeated
Der Junge ging von Kapitel zu Kapitel
the lad passed from chapter to chapter

es erzeugte in seinem Geist eine Art Träumerei
it produced in his mind a form of reverie
eine Krankheit des Träumens, die ihn des hereinbrechenden Tages unbewußt machte
a malady of dreaming, that made him unconscious of the falling day
und er bemerkte kaum die kriechenden Schatten des Abends
and he hardly noticed the creeping shadows of the evening
Wolkenlos und von einem einzigen Stern durchbrochen, schimmerte ein kupfergrüner Himmel durch die Fenster
Cloudless, and pierced by one solitary star, a copper-green sky gleamed through the windows
Er las bei seinem fahlen Licht weiter, bis er nicht mehr lesen konnte
He read on by its wan light till he could read no more
Dann, nachdem sein Kammerdiener ihn mehrmals an die späte Stunde erinnert hatte, stand er auf
Then, after his valet had reminded him several times of the lateness of the hour, he got up
Er ging in das Nebenzimmer und legte das Buch auf den kleinen florentinischen Tisch
going into the next room, he placed the book on the little Florentine table
und er fing an, sich für das Abendessen anzukleiden
and he began to dress for dinner
Es war fast neun Uhr, als er den Klub erreichte
It was almost nine o'clock before he reached the club
er fand Lord Henry allein im Morgenzimmer sitzen und sah sehr gelangweilt aus
he found Lord Henry sitting alone, in the morning-room, looking very much bored
»Es tut mir so leid, Harry«, rief er
"I am so sorry, Harry," he cried
"Aber es ist wirklich ganz deine Schuld"
"but really it is entirely your fault"
"Das Buch, das Sie mir geschickt haben, hat mich so fasziniert, dass ich vergessen habe, wie die Zeit verging"
"That book you sent me so fascinated me that I forgot how the time was going"
»Ja, ich dachte, es würde Ihnen gefallen,« erwiderte sein Wirt und erhob sich von seinem Stuhl
"Yes, I thought you would like it," replied his host, rising from his

chair
"Ich habe nicht gesagt, dass es mir gefällt, Harry, ich habe gesagt, dass es mich fasziniert"
"I didn't say I liked it, Harry, I said it fascinated me"
"Es gibt einen großen Unterschied"
"There is a great difference"
»Ah, das haben Sie entdeckt?« murmelte Lord Henry
"Ah, you have discovered that?" murmured Lord Henry
Und sie traten in den Speisesaal
And they passed into the dining-room

www.ingramcontent.com/pod-product-compliance
Lightning Source LLC
Chambersburg PA
CBHW012003090526
44590CB00026B/3845